DARBY COSTELLO

Der astrologische Mond

Standardwerke der Astrologie

DARBY COSTELLO

Der astrologische Mond

Aus dem Englischen übersetzt
von Ulrike Johanna Ballhaus
und Reinhardt Stiehle

CHIRON VERLAG

ISBN 978-3-89997-237-5

Kærlighed er en gave – airam rof

Umschlag: Judith Hamann, Tübingen
Foto © shutterstock
Die Horoskope wurden mit Sarastro erstellt
Druck: SDL, Berlin

Zu beziehen über:
Chiron Verlag, Postfach 1250, D-72002 Tübingen
www.chironverlag.com

Inhalt

Teil 1
Der Mond als Quelle des Lebens

Dieses Seminar wurde am 26. Juli 1996 am Regent College in London gehalten als Teil des Sommersemesters des Seminarprogramms des *Centers for Psychological Astrology*.

Einführung

Heute werden wir die Metaphorik des Mondes in der Astrologie erkunden. Ich denke, man kann sagen, dass der Mond von allen Himmelskörpern derjenige ist, bei dem die Vorstellungskraft von größter Bedeutung ist. Damit will ich sagen, dass über keinen anderen Planeten so viele Geschichten darüber im Umlauf sind, wer er ist und was er repräsentiert, welche Rolle er im Mythos oder selbst in unserem Leben spielt. Auf sehr praktische Weise ist er seit mindestens 30.000 Jahren von Frauen benutzt worden, um sich über den weiblichen Menstruationszyklus auf dem Laufenden zu halten. Dadurch ist er eng mit dem weiblichen Aspekt des Seins verbunden. Die meisten Mythen und Legenden, die mit dem Mond zu tun haben, handeln von Frauen. Allerdings trifft dies nicht auf der ganzen Welt zu. An manchen Orten wird der Mond auch mit dem Männlichen und mit sterbenden und wiederauferstehenden Gottheiten assoziiert. Doch dies führt uns wieder zurück zum Weiblichen, wie wir sehen werden.

Dies ist mein Plan für heute: Ich werde zunächst allgemein über den Mond reden, um unsere Vorstellungskraft in Gang zu bringen. Dann werde ich betrachten, wie der astrologische Mond unsere ersten Erfahrungen im Leben ausdrückt. Dies hängt zwangsläufig mit unserer Mutter zusammen und damit, wie sie uns nährt, zuerst im Mutterleib und später in oder aus ihren Armen heraus. Dann möchte ich uns dahin führen, über unsere Monde nachzudenken, da sie unsere Fähigkeit zu Intimität mit anderen und dem Leben widerspiegeln. Der Mond zeigt uns unsere Verbindung mit der Quelle des Lebens und wie wir eine Beziehung zu unserer Seele herstellen können.

Später wende ich mich dem progressiven Mond zu. Ich möchte zeigen, wie wir mithilfe des progressiven Mondes bestimmte Dimensionen im Gefühlsleben und bestimmte Entwicklungen der

Seele erleben können. Als Astrologen können wir die Symbolik benutzen, um der Entwicklung von der Kreatur zum menschlichen Wesen und weiter zur Seele nachzuspüren. Den Werdegang hin zu einer Person, die ihren Platz zwischen Zeit und Unendlichkeit erkennt. Anstatt verängstigt zu sein lässt sich Nahrung daraus ziehen.

Für moderne psychologische Astrologen ist der Mond mit dem Thema Bemuttern verbunden. Er sagt etwas aus über die Art des körperlichen und emotionalen Nährens, das wir jeweils durch unsere Mutter erfahren haben. Der Mond zeigt aber auch die Vergangenheit. Er steht symbolisch für einen Container, in dem alle alltäglichen Erlebnisse unseres Lebens gesammelt sind. Alles, was uns passiert, wird vom Mond gesammelt und festgehalten. Sein Zeichen und seine Aspekte verraten uns, wie dieses Sammeln stattfindet. Folglich sagt er etwas über das Gedächtnis aus. Der Mond beschreibt auch, wie wir unsere Verbindung zu allem Leben erfahren. Er zeigt, wie wir unser Menschsein allgemein erleben und wie wir die seelische Nahrung empfangen, die wir für unser Überleben brauchen. Da es unsere Mutter ist, die uns am Anfang damit versorgt, beschreibt der Mond unsere Beziehung zu ihr.

Der Mond im Geburtshoroskop zeigt die Art, wie man seelische Nahrung bekommen hat, und zudem auch, wie man selbst später diese Art des Nährens weitergibt. Ferner können wir sagen, dass der Mond die Verhaltensmuster und die Rhythmen des täglichen Lebens beschreibt, die schon im Bauch der Mutter und in den ersten Jahren mit ihr angelegt werden. Von da aus möchte ich den Gedanken ausarbeiten, wie dieses Muttererlebnis und dieses Erleben des alltäglichen Rhythmus die Grundlage für die Entwicklung unseres Seelenlebens sind. Jeder kann zuerst seinen Radixmond anschauen und dann seinen progressiven Mond und dabei an die Strecke denken, die er in Bezug auf seine seelische Entwicklung zurückgelegt hat.

Dies wollen wir heute ausarbeiten: Der Mond als Startplatz für die Entwicklung unserer Seele und der vorgeschobene Mond als das Navigationssystem, das Symbol für jenen Ort in uns, mit dem wir die Reise der Seele verfolgen, soll im Mittelpunkt stehen.

Teilnehmer: Darby, wie verwendest Du das Wort »Seele«? Verstehst Du es im christlichen Sinne?

Darby: Ich spreche von der Seele als einer Metapher für die Dimension in uns selbst zwischen dem nichtmateriellen Bereich Gottes oder der Götter bzw. des Ewigen und der Ebene des Zeitlichen, unserer Substanz, die für uns wichtig ist in unserem Verhältnis zwischen Zeit und Raum.

Die Seele in diesem Sinne ist etwas, das zwischen Geist und Materie, zwischen dem Unsichtbaren und dem Sichtbaren, zwischen der erahnten ewigen Realität und der manifesten zeitlichen Realität vermittelt. Und diese persönliche Seele ist unser Tor zu dem, was früher auch Weltseele oder *Anima Mundi* genannt wurde. Worte berühren die Realität und verdrehen sie auch, oder?

Bei unserer Betrachtung des Mondes heute sollten wir zunächst die schwangere Mutter als Ausgangspunkt sehen, uns jedoch zurück und vorwärts zu einer ewigen Wirklichkeit führen lassen. Diese ewige Wirklichkeit kann auch Mutter genannt werden, Mutter als das Leben selbst, Mutter als die Substanz, die uns als Seelen in Zeit und Raum gebärt, die auf den Geist in uns aufpasst und ihn hütet. Der Mond in unserem Horoskop beschreibt die Art und Weise, wie wir die Aufnahme von Lebensnahrung erleben, die wir als Erstes von unserer Mutter empfangen. Aus diesem Bezug heraus entwickeln sich die Gewohnheiten und die alltäglichen Rhythmen, aus denen heraus wir für uns und andere Nahrung suchen und geben. Durch dieses Geben und Nehmen treten wir mit anderen in Verbindung und dadurch bewegen wir uns durch Ewigkeit und Zeit. Alles das kommt durch den Mond und in der zeitlichen Entwicklung gesehen durch den vorgeschobenen Mond.

Zunächst werden wir den Radixmond betrachten. Wir werden uns an vieles erinnern, was wir von der Mythologie und der psychologischen Astrologie über den Mond wissen. Wir werden über den Mond in den verschiedenen Zeichen und Häusern sprechen und über seine Aspekte zu anderen Planeten, und so alle unsere Informationen über ihn sammeln.

Für unsere Urahnen war der Mond wahrscheinlich von größerer Bedeutung als die Sonne, weil er optisch das größere Licht war und weil er die Nacht in zyklischer Weise erleuchtete. Die Sonne war so sehr ein Teil des Tages, dass man sagen konnte, sie *war* der Tag. Aber der Mond hatte seine Phasen und all unsere Nachtaktivitäten hingen davon ab, ob er abnehmend oder zunehmend war. Die Jagd nach Nahrung wurde bestimmt von den Phasen des Mondes. Die Qualität der Sicherheit in der Nacht hing von seinen Phasen ab. Als unser Bewusstsein erwachte, bemerkten wir den Zusammenhang mit dem weiblichen Zyklus.

Aber stellen wir uns zunächst einmal das Leben ohne den Mond vor. Es wäre seltsam. Wir wären wie auf einem völlig anderen Planeten. Wir hätten den Tag mit der Sonne, daran würde sich nichts ändern. Und in verschiedenen Teilen der Welt wäre die Sonne unterschiedlich heiß oder hell genau wie jetzt auch. Aber die Nacht, wie wäre sie? Es gäbe gar kein Licht, nur Dunkelheit!

Hätte sich das Leben auf der Erde ohne den Mond genauso entwickeln können? Wir wollen uns für einen Moment vorstellen, dass das Leben sich ganz anders entwickelt hätte ohne das reflektierte Licht. Nichts wäre da gewesen, das uns etwas über Reflektion gelehrt hätte, denn der Mond wäre nicht am Himmel gewesen. Über Jahrtausende hätte der Mond das Licht der Sonne nicht reflektiert, bevor wir die geistige Freiheit hatten, über solche Dinge nachzudenken. Wohlgemerkt, die Erde war nicht immer der freundliche Ort, der sie heute ist. Die letzte Eiszeit endete vor nur ungefähr 9.000 Jahren. Und soweit wir wissen, gab es in den 20.000 Jahren davor nicht viel Raum zum Nachdenken. Zumindest sind uns aus jener Zeit keine künstlerischen Ergebnisse wie Höhlenmalereien oder Hornschnitzereien überliefert.

Die Sterne wären wohl da gewesen. Wir hätten diesen außergewöhnlichen Hintergrund der Sterne jede Nacht an dem schwarzen Himmel gehabt. Die Nacht wäre eine große Dunkelheit mit winzigen Lichtpunkten gewesen und der Tag wäre Licht gewesen. Es hätte nichts dazwischen gegeben, was vermittelt hätte. Dunkel, Licht. Nacht, Tag, Nacht, Tag – und das immer so weiter, Jahr um Jahr.

Diese Vorstellung ist ziemlich erschreckend für uns, weil wir heute auf einem Planeten leben, der einen die Sonne reflektierenden Satelliten hat. So ist die Nacht gewissermaßen der Ort der Reflektion für uns. Wären wir ohne Mond gedankenlose Wesen? Sternenlicht ist kein reflektiertes Licht. Würden wir über das Leben nachdenken? Inwieweit hängt unser Bewusstsein von der simplen Tatsache ab, dass der Mond als Vermittler am Himmel die Sonne mit seinem Abnehmen und Zunehmen widerspiegelt? Diejenigen von Euch, die weit entfernt von Städten leben, kennen die Macht des Mondes in seinen verschiedenen Phasen, sowohl von einem praktischen als auch einem spirituellen und emotionalen Standpunkt aus. Der Mond in Beziehung mit der Sonne, immer wechselnd, zunehmend und abnehmend.

In den alten Kulturen und heute noch in nicht industriellen Gegenden der Erde war und ist die Macht des Mondes enorm. Spürbar. An Orten ohne Elektrizität herrscht der Mond über die Nacht. Bei Neumond geschehen Dinge, die bei Vollmond nie passieren würden. Wenn der Mond schwarz ist, finden versteckte oder verbotene Aktionen statt, die nie bei Vollmond stattfänden. Bei Neumond trauen die Menschen sich nicht, aus dem Haus zu gehen, nachdem die Sonne untergegangen ist, es sei denn, es geht um Heimlichkeiten. Der Vollmond ist eine Zeit für Feste und Nachtleben. Er ist auch eine Zeit, in der man Gefühle, die man am hellen Tag nicht zeigen könnte oder möchte, ausdrückt. Auch in der dunklen Phase würde man diese Gefühle nicht zeigen. Emotionen kommen nur bei Vollmond hervor, wir alle wissen dies.

Sogar in unserer modernen Welt gibt es Spuren von diesem alten Wissen. Ich habe früher in einem psychiatrischen Krankenhaus in New England gearbeitet. Ich war dabei, meinen Abschluss in Psychologie an der Universität zu machen und arbeitete in den Semesterferien in der Psychiatrie. Während Vollmond wurde mehr Personal eingesetzt und es wurden mehr Beruhigungsmittel verabreicht. Wir pflegten zu sagten, dass wir auch unter Drogen gesetzt werden wollten, um bei Vollmond mit den Patienten besser fertigwerden zu können.

Teilnehmer: Es wird auch gesagt, dass die Polizei bei Vollmond mehr Scherereien erwartet und dazu neigt, mehr Personal einzusetzen. Aber das ist doch merkwürdig, weil man annehmen sollte, dass die Verbrecher eher bei Neumond unterwegs sind, um ihre Aktivitäten besser zu verheimlichen.

Darby: Ja, das ist wirklich merkwürdig, nicht wahr? Aber ich glaube, der erwartete Ärger hat mehr mit einem Kontrollverlust über die Gefühle, die der Vollmond mit sich bringt, zu tun. Mit dem Loslassen der Gefühle. Man kann klar erkennen, dass Menschen, die nicht viel Kontrolle über ihr Leben haben, bei Vollmond stärker aus sich herausgehen werden.

Diejenigen von Euch, die einen starkgestellten Mond im Horoskop haben, zum Beispiel in Wasserzeichen, oder die Krebsgeborenen unter Euch kennen die Kraft des Vollmondes wahrscheinlich aus ihren eigenen Gefühlen heraus. Ihr geht bei Vollmond nicht unbedingt raus und zertrümmert Gegenstände, wenn ihr genug seelische Nahrung und Zufriedenstellung erhalten habt und Eure Gefühle kanalisieren könnt. Aber Ihr seid ja alle lunare Menschen und habt bestimmt Eure Erfahrungen mit dem Zu- und Abnehmen des Mondes.

In unserer Kultur wurde der Mond lange Zeit mit der nichtrationalen Seite des Lebens in Verbindung gebracht. Und das Nichtrationale wurde als schlecht und gefährlich angesehen und sollte um jeden Preis vermieden werden. Es klingt im englischen Wort »lunatic« an, was so viel wie »irre« bedeutet. Im englischen Wörterbuch steht: »Geisteskrankheit. Ursprünglich wurde angenommen, dass diese Krankheit von den Mondphasen herbeigeführt wurde.« Weiterhin steht dort ein Satz, den ich mag: »Diese mentale Schwäche stört die bürgerlichen Rechte.« Also ist »lunatic« die Geisteskrankheit, die in den Bereich des Saturns eingreift. Auch gab es früher in England einen »Master in Lunacy«. Dies war ein Beamter, der die Aufgabe hatte, Leute, die als verrückt angezeigt wurden, auf ihre geistige Gesundheit hin zu untersuchen.

Dann gibt es auch Geschichten von Indianerfrauen des Sioux-Stammes, die es so organisierten, dass sie alle bei Vollmond ihre

Menstruation hatten. Das ist gar nicht so widersinnig, wie es klingen mag. Einige von Euch Frauen kennen es vielleicht. Wenn mehrere Frauen zusammen in einer Wohngemeinschaft oder einem Schlafsaal leben, gibt es Zeiten, wo sie so gut aufeinander eingestimmt sind, dass alle zur selben Zeit menstruieren. Am Anfang lebt man zusammen und jede hat noch ihren eigenen Zyklus, aber mit der Zeit passt man sich so aneinander an, dass es nur noch einen Rhythmus gibt. Dann ist da noch diese Geschichte aus Afrika. Bei gewissen Stämmen werden die Frauen während ihrer Menstruation isoliert. Sie wohnen dann in eigenen Hütten am Fluss. Ich selbst war nie vor Ort, aber ich kann mir das gut vorstellen und finde, es ist eine wundervolle Idee.

Als ich in Südafrika lebte, arbeitete ich im MUSEUM MENSCH UND WISSENSCHAFT. Es gab dort einen kleinen Elfenbeinkalenderstock, von dem es hieß, er sei 30.000 Jahre alt. Laut den Anthropologen und Archäologen handelte es sich um einen Menstruationskalender, denn er hatte 28 Markierungen. Diese waren jeweils unterteilt in Gruppen mit sieben Kerben und nach 14 Kerben gab es eine tiefere Markierung. Er wurde als »Mondkalender für Frauen« beschrieben und ich konnte mir vorstellen, dass das stimmte. Ich hielt ihn in der Hand und stellte mir vor, dass eine Frau ihn sich geschnitzt hatte und vielleicht einen Grashalm um ihn gewickelt hatte, den sie jeden Tag eine Markierung weiterschob.

Werfen wir nun einen Blick in CHAMBERS ETYMOLOGISCHES WÖRTERBUCH (Ausgabe 1947). Hier wird der Mond als ein die Erde umkreisender Satellit beschrieben, »Mond« ist also ein anderes Wort für Monat. Es wird weiter gesagt, dass er ein Maß für die Zeit ist, ein Zeitmesser. Das Wort Mond hat seine Wurzeln im Wort *Ma*, das Maßstab, aber auch Mutter bedeutet. Das gilt für deutsche, angelsächsische und slawische Sprachen, Latein, Griechisch und Sanskrit. Das lateinische Word ist Mensis. Also: Mond, Maßstab, Menstruation, Monat.

Der Kalenderstock aus Elfenbein erinnert uns daran, dass Frauen und der Mond miteinander verbunden sind, seit es Bewusstsein gibt. Die Mondphasen bedeuteten etwas für die Frauen, etwas sehr Praktisches. Hier beginnt die Metapher, das Symbol. Langsam wurden im Laufe der Zeit der Mond und der weibliche Zyklus in der Vorstellung so miteinander verwoben, dass eine Brücke zwischen ihnen entstanden ist. Diese Brücken, diese Metaphern, bringen uns in den Bereich der Mythen.

Die Mythologie des Mondes

Es mag viele andere Faktoren geben, die uns dazu anregen, Mythen zu erschaffen, aber der Mond am Himmel zwischen unserem Planeten und dem Weltall, der die Sonne auf so charakteristische Weise reflektiert, ist einer der mächtigsten. Wir haben die Neigung, uns Dinge erklären und Muster verstehen zu wollen. Wir wollen uns auch an Dinge erinnern. Der weibliche Zyklus ist mit dem Mond verbunden. Wenn die Menstruation aufhört, wächst der weibliche Körper, bis er voll ist und die Frau gebiert. Dann wird ihr Körper wieder kleiner und die Menstruation setzt erneut ein. Wird sie wieder schwanger, beginnt der Prozess von vorn. Zumindest war es so in vortechnischem Zeitalter, als Geburtenkontrolle noch eine unsichere Sache war. Dann ist die Frau nicht der Mond, sondern von ihm getrennt und durch die Menstruation wieder mit ihm verbunden. Von alters her wird der Mond mit dem Weiblichen assoziiert.

Göttinnen

In den meisten Kulturen, die ihre Spuren auf der Erde hinterlassen haben, wird der Mond mit Weiblichkeit und Mütterlichkeit in Zusammenhang gebracht. Aber es gibt auch Momente, in denen der Mond für das Männliche steht. In diesen Fällen ist die Mutter die Sonne und das Ewige Allumfassende und der Mond ihr sterbender und wiederauferstehender Trabant. In der deutschen Sprache zum Beispiel heißt es *der* Mond und *die* Sonne. In den meisten Fällen jedoch erkennen wir den Mond in seinen Göttinnen. Die griechischen Göttinnen Selene, Artemis und Hecate und die römische Diana sind uns vertraut. In Indien symbolisiert Shakti den Mond. In China gibt es Quan Yin, die ich allerdings nicht kenne.

In Westafrika gibt es Yin Maya, was auch Meerjungfrau bedeutet. In Ägypten existiert natürlich die große Göttin Isis.

In vielen Kulturen haben der zunehmende Mond, der Vollmond und der abnehmende Mond unterschiedliche Namen. Der zunehmende Mond ist oft das Mädchen, der Vollmond ist die fruchtbare schwangere Frau, der abnehmende Mond ist das alte Weib, die Hexe oder die weise Frau.

Der Mond und die Toten

In SYMBOLE DER TRANSFORMATION bezieht sich C. G. Jung auf den Mond als Sammelplatz für die Seelen der Verstorbenen. Josef Campbell bringt den frühen Kult der Stiergöttin mit dem »gehörnten Mond« in Verbindung. Dieser stirbt, verschwindet und wird nach drei Tagen wiedergeboren. Er deutet auf das ständige Sich-Verändern des Mondes und auf unseren Glauben an die eine oder die andere Art von Auferstehung nach dem Tod.

Es besteht eine starke frühe Verbindung zwischen Mond und Tod, aber der Tod ist hier nicht im Sinne unseres linearen Denkens als Verschwinden ins Nichts gemeint. Dies ist der Tod, der ausgedrückt wird durch die Verbindung des Mondes zur Sonne. Der Zyklus von zunehmendem Mond, Vollmond, abnehmendem Mond und schließlich dem Tod des Lichts bei Neumond. Es handelt sich um den Tod als jenen Ort, wohin alles zurückkehrt, bevor neues Leben geboren werden kann. Der Tod als Tor zu neuem Leben. In den Veden kehren die Seelen zum Mond zurück, um von den mütterlichen Geistern verschlungen zu werden. Auf den Trobriand-Inseln wird der Mond mit Hexen, die die Toten essen, in Verbindung gebracht. In der Kosmologie der Maya wird die Mondmutter Menschenesser genannt, was ziemlich abschätzig gemeint ist. In den orphischen Mysterien, von denen Pythagoras und seine Schule lehrten, war der Mond die Heimat der Toten, und es ist ein weibliches Tor, das die Seelen passieren müssen, um zum paradiesischen Sternenfeld zu gelangen.

Pythagoras lebte im 6. Jahrhundert vor Christus und war wahrscheinlich von der ägyptischen Kosmologie beeinflusst. Seine Lehren und seine Schule waren geheim. Er war Philosoph und Mystiker und sein Ziel war es, individuelle Seelen mit der großen Weltseele zu vereinen. Er quält uns, weil wir an seine Lehren nicht herankommen. Sein Wissen sickert durch andere Lehren hindurch. Das Einzige, was wir in der Schule über ihn gelernt haben, ist sein Lehrsatz zum Dreieck. Er arbeitete jedoch mit der Musik der Sphären, mit der Harmonie des Universums und erforschte, wie sie sich in der Musik und der Mathematik zeigt. In seinen Lehren ging es um Rituale von Tod und Sterben und um die Art des Sterbens. Um zu den Sternen zu gelangen, musste man durch den Mond. Der Mond ist unser Mediator zur Sonne und zu den Sternen. Er reflektiert das Licht der Sonne und ist unser eigener Satellit. Er lenkt unseren Blick und unser Bewusstsein nach oben, damit wir die Bewegung der Sterne um uns wahrnehmen und die Veränderungen in der Welt zur Kenntnis nehmen.

Der Mond und der Körper

Nun wollen wir für einen Moment zu unserem Körper und dem Mond zurückkehren. Verschiedene Gerüchte aus der Wissenschaft besagen, dass die Mondphasen die elektrischen Impulse im Gehirn beeinflussen. Wenn man denselben Schaltkreis im Gehirn Monat für Monat misst, verändern sich die elektrischen Impulse in Harmonie mit den Mondphasen. Ein Freund schickte mir einen Artikel, den Laura Boomer in OPTIONS geschrieben hatte. Sie zitiert groß angelegte Studien zu verschiedenen Zeiten, die die Auswirkungen des Mondes auf den weiblichen Zyklus belegen. In der ersten Hälfte unseres Jahrhunderts gab es in Deutschland Studien, die zeigen, dass mehr Frauen während des Neumondes oder bei Vollmond einen Eisprung haben oder menstruieren als zu anderen Zeiten des Monats. Dies erklärt auch, dass es heutzutage schwierig ist, die Menstruationszyklen zu erforschen, da unsere Atmosphäre so stark von künstlichem Licht beeinflusst ist, dass die natürlichen Rhythmen beeinträchtigt sind. Licht beeinflusst die Hormone und Frauen, die in einem Umfeld mit überwiegend künstlichem Licht leben, entwickeln Zyklen, die nicht mehr natürlich sind.

Uranus beherrscht die Elektrizität und er wurde als Erster der äußeren Planeten entdeckt. Frauen, die einen Aspekt zwischen Mond und Uranus im Horoskop haben, erleben oft auf die eine oder andere Weise einen schwer zu handhabenden Menstruationszyklus. Ihr lunares Leben ist von Anfang an gestört, angefangen von der Beziehung zur Mutter, zum eigenen Körper und zu ihrer Weiblichkeit. Der natürliche Rhythmus zwischen Mutter und Kind verlief von Anfang an nicht in harmonischen Bahnen. Der Rhythmus des Körpers und der Gefühle ist durcheinander. Solche Aspekte verlangen ein erhöhtes Bewusstsein. Es ist, als wäre man in der Verbannung. Vielleicht ist es eine Art von Verlust, aber es ist auch die Öffnung für neue Blickwinkel, die uns weiterbringen. Frauen mit Mond-Uranus sind vom natürlichen lunaren Bewusstsein abgeschnitten. Sie werden auf eine andere Ebene des lunaren Bewusstseins katapultiert und müssen dort ein lunares Bewusstsein erlangen. Mondaspekte zu äußeren Planeten schieben uns ins Exil und zwingen uns dazu, uns mit neuen Formen von Bewusstsein zu verbinden. Genau wie die Menschen im Exil müssen wir eine neue Heimat bei fremden Gruppen finden.

Die Störung des natürlichen Rhythmus

Wenn wir Menschen mit harten Aspekten zwischen Mond und Chiron, Uranus, Neptun oder Pluto vor uns haben, sehen wir Personen, deren natürliche Rhythmen gestört sind und die in vielerlei Hinsicht nicht in Berührung mit ihrem Instinkt sind. Aber wir sehen auch Menschen, die um neue Formen des rhythmischen Verhaltens ringen. Sie müssen irgendwie in einen anderen Gang schalten, der zu ihrem Körper und ihrer Seele passt. Sie müssen neue Formen für ihr Beziehungsleben schaffen, da sie mit ihrem Instinkt nicht so gut in Verbindung stehen. Wie wir wissen, haben Menschen mit starken Aspekten von Chiron, Uranus, Neptun und Pluto zu den persönlichen Planeten oft die Möglichkeit, das Herkömmliche so zu transformieren und ihre Aufmerksamkeit so zu vertiefen, dass dies ein Maßstab für neue Möglichkeiten wird.

Wenn der Mond in diese harten Aspekte verwickelt ist, muss dieser Wechsel während des täglichen Lebenslaufs stattfinden. Wir können nicht einfach normal weiterleben, sondern müssen neue Wege finden, um uns wieder mit unserem Körper in Verbindung zu bringen. Neue Rituale müssen gefunden werden, weil das natürliche, instinktive Leben nicht mehr funktioniert, uns nicht mehr zufriedenstellt und uns nicht mehr natürlich vorkommt. Das Verhältnis zu unserem Körper und uns selbst passt uns nicht mehr. Wir müssen deswegen neue Wege finden und unsere Verbindung zum Leben vertiefen oder erweitern. Aspekte zwischen dem Mond und den äußeren Planeten machen es leichter, für neue evolutionäre Schritte offen zu sein, es sei denn, man ist schockgefroren vor Angst und kann sich nur noch um seine eigenen, persönlichen Angelegenheiten kümmern.

Aber mit Aspekten von äußeren Planeten zum Mond gibt es einen Aufruf zu Wachstum jenseits der eigenen persönlichen Geschichte. Auch für Aspekte vom Mond zu Jupiter oder Saturn gilt dies, nur wird man in diesem Fall nicht von so weit her gerufen.

Menschen mit starken Wechselwirkungen zwischen den äußeren Planeten und dem Mond sind getrieben, emotional aus den Familienverbänden, dem eigenen »Stamm«, dem Heim, der Stadt herauszutreten. Der Teil von ihnen, der ihnen fremd ist, muss aus dem natürlichen Stammesleben heraustreten und andere berühren, die sich auch fremd fühlen. Es ist einfacher für sie, sich mit denjenigen zu verbinden, deren Rhythmus nicht im Takt der Natur schwingt. Sie verstehen sich besser mit Menschen aus anderen Gruppierungen als mit Personen, die einen ähnlichen Hintergrund haben. Wenn diese Menschen aus sich herausgehen und Kontakt suchen, werden neue Bande geknüpft. Neue Formen von »Familie« werden gebildet. Es sind gerade diese »unnatürlichen« lunaren Typen, die den experimentellen Boden für neue Möglichkeiten schaffen, weil sie sich im alten natürlichen Rhythmus nicht wohlfühlen.

Der Mond und der Verstand

Teilnehmer: Ist der Mond auch mit dem Geist verbunden?

Darby: Geist ist so ein großes Wort. Wenn wir den Geist, das Gemüt oder die Psyche als Vorratskammer von Erinnerungen ansehen, dann wird dies sicherlich mit dem Mond assoziiert. Unser Mond ist der Speicher für alles, was uns widerfährt. Jeder Eindruck, den wir seit unserer Geburt empfangen haben, wird im Bereich des Mondes gespeichert. Ohne unseren Mond würden wir Dinge erleben, die danach aber spurlos verschwinden würden. Es gäbe keine Erinnerung mehr, keine Spur.

Teilnehmer: Wenn Eltern fragen »Ist mein Kind intelligent?« – untersuchst Du dann den Mond oder den Merkur?

Darby: Eltern fragen so etwas, wenn man aus irgendeinem Grunde das Horoskop ihres Kindes analysiert. Es überrascht mich immer wieder, dass sie so etwas fragen können. Es wäre doch klüger, zu fragen: »Welche Art von Intelligenz hat mein Kind?« Aber nun zu der Frage …

Der Mond repräsentiert den Geist, die Psyche, also die natürliche Intelligenz. Im Unterschied dazu ist Merkur unsere Fähigkeit, Informationen zu sammeln, um diese bei Bedarf jederzeit wieder in das Bewusstsein zu bringen. Außerdem birgt er die Fähigkeit oder die Unfähigkeit, diese, wenn nötig, in Worte zu fassen.

Teilnehmer: Der Mond absorbiert, Merkur drückt aus.

Darby: Das ist gut!

Teilnehmer: Der Körper besteht hauptsächlich aus Wasser, nicht wahr?

Darby: Neulich las ich Michael Odents Buch WASSER UND SEXUALITÄT, in dem es um natürliche Geburt geht. Die Lektüre rief mir wieder in den Sinn, dass Wissenschaftler anhand von Experimenten gezeigt haben, dass Wasser »erinnert«. Es kann Spuren von Strukturen bewahren, die gar nicht mehr in ihm sind. Das ist die Ausgangslage von homöopathischen Mitteln, die in Wasser hergestellt werden. Lebewesen nennt Michael Odent »dynamische flüssige Kristalle«. Schön, nicht wahr? Das ist sehr mondenhaft.

Wie auch immer, lasst' uns das Wort *mind* (Geist, Psyche) etymologisch betrachten. Es kommt vom lateinischen Wort *mens* und dem griechischen *menos*. Vielleicht gibt es auch einen Bezug zu dem Sanskritwort *manas*. Diese Begriffe haben alle die Silbe *man* als Wurzel, was »denken« bedeutet. Mein Lexikon sagt, *man* bedeutet das denkende Tier.

Schauen wir nun auf das Wort *man* im Sinne von Menschheit – also für die ganze Menschheit. Etymologie heizt gerne politische Kontroversen an. Das lateinische Wort *mens* bedeutet nach LEWIS AND SHORT der Geist, die Veranlagung; das Herz, Seele – das Gewissen – die intellektuellen Fähigkeiten, das Gemüt, Verstehen, Intellekt, Vernunft, Urteil, Einsicht, Betrachtung, Überlegung usw. *Mens* scheint auch mit den Sinnen in Verbindung zu stehen, wie zum Beispiel der Ausdruck »von Sinnen« zeigt. Im alten Rom gab es eine Göttin Mens. Sie war die Göttin der Gedanken und wurde am 8. Juni gefeiert. Erinnert Euch daran, Ihr Zwillinge!

Traditionell wurden alle diese Worte, die mit denken, unterscheiden, beurteilen zu tun haben, mit *mens* assoziiert. Heute möchten wir dies alles mit Merkur in Verbindung bringen. Aber das Wörterbuch verbindet sie auch mit »Herz und Seele«. Hier können wir Mond und Geist zusammenfügen, obwohl *mens* nicht dieselbe Wurzel wie »Mond« hat. Es ist kein lunares Wort. Aber es gibt eine Art von Intelligenz, wo Herz und Seele aktiv sind.

Auf der geistigen Ebene kann der Mond als Herzstück in Sachen Wissen angesehen werden und die Seele als ein Behälter für alles, was einem je widerfahren ist. Um zu lernen, müssen wir fähig sein, zu erinnern, was wir absorbiert haben. Um also die Lernfähigkeit eines Individuums beurteilen zu können, muss man sich den Mond anschauen. Ein Lernen, das nichts mit dem Mond zu tun hat, kann auch nicht nähren. Durch Merkur sammelt man Informationen, aber es ist die Ebbe und Flut des Mondes, die diese aufnimmt und einem zu eigen macht. Mithilfe von Merkur nehmen wir Informationen auf. Aber diese sind erst dann ein Teil von uns, wenn wir sie mit unserem Mond in uns absorbiert haben. Wenn wir etwas wiederholen, das wir gehört oder gelesen haben, dann ist das Information. Aber wenn wir diese Information mit dem eigenen Erleben verschmelzen lassen und in dem eigenen Erleben zum Ausdruck bringen, dann spiegelt das auch unsere lunare Intelligenz wider. Unsere Fähigkeit, Informationen zu sammeln, wird zusammengefügt mit unserer Fähigkeit, diese zu absorbieren und uns zu eigen zu machen. Geschieht dies, dann ist der Mond ins Spiel gekommen. Das führt mich dazu, uns daran zu erinnern, dass man von einem astrologischen Standpunkt aus seine Sonne scheinen lassen muss, um sein Schicksal zu erfüllen. Doch dies muss man mit dem Mond tun, es gibt dazu keine andere Möglichkeit. Es sind die täglichen Aktivitäten des physischen und emotionalen Lebens, die den Boden bereiten für die Erfüllung des Schicksals. Wir stellen uns vor, dass die Sonne unser Schicksal bestimmt, aber wir erfahren unser Schicksal und das Sein durch den Mond. Die Ansammlung von Erfahrungen, von denen wir einige in Erinnerung behalten, aber viele auch unter der Oberfläche der Wasser unserer Seele schwimmen, gibt unserer Existenz Form und Rhythmus. Von einem praktischen Gesichtspunkt aus kann man sagen, Bewusstsein braucht Unbewusstheit, um bewusst zu sein.

Teilnehmer: Ist das praktisch?

Darby: Ja, das ist praktisch im Sinne des 9. Hauses. Etwas Praktisches über die Natur des Lebens. Zum Beispiel hatte ich einen Klienten, der mir sagte: »Ich habe die Sonne im 10. Haus, aber ich habe den Mond im 8. mit Quadrat zu Neptun. Und dieser Neptun verhindert, dass ich in meinem Geschäft gut mit Geld umgehen kann. So kann ich Erfolg nicht aufrechterhalten. Dieser Mond mit einem Quadrat zum Mond im 8. Haus ist mir im Weg, wenn ich

Erfolg haben will. Ohne ihn könnte ich mit meiner Sonne im 10. Haus alles erreichen, was ich wollte.«

Ich antwortete ihm: »Aber er kann Dir gar nicht im Weg stehen. Träumen, Bummeln und Zeit verlieren ist zumindest zur Hälfte Deine Art, Dein Schicksal zu erfüllen. Um dort anzukommen, kannst Du nur Tag für Tag vorgehen, mit Deinen täglichen Gewohnheiten, durch die Rhythmen und Gewohnheiten des alltäglichen Lebens. Durch sie, also letztlich durch Deinen Mond, wirst Du Erfolg haben und zu Deiner Sonne im 10. Haus gelangen.«

Traditionelle Herrscher des Mondes

Der Mond symbolisiert Frauen, Weiblichkeit und das Feminine. Er herrscht über die Nacht, ist kalt, feucht, phlegmatisch und fruchtbar. Interessante Vorstellungen erwachsen aus diesen Worten. Ihr Männer hier im Raum, denkt an Eure Frauen und Freundinnen als nächtlich, kalt, feucht, phlegmatisch und fruchtbar … interessant oder? Solche Bilder haben eine Kraft, um die Wahrnehmung zu vertiefen. Sie sind reich und rutschen hinter unsere angelernten sozialen Rollen und Ideen. Der Mond beherrscht auch den Magen und die Brüste. Bei Männern herrscht er über das linke Auge und bei den Frauen über das rechte. Er steht für die Öffentlichkeit, das wissen wir durch die Verbindung zum Krebs. Der Mond symbolisiert Lebensmittelgeschäfte, Küchenutensilien, Backen und Wäsche. Des Weiteren Süßwasserfische, Segeln und Brauereien.

Betrachtet diese Dinge in Eurem Leben und seht an, welche Beziehung dazu der Mond, seine Position und die Aspektverbindungen im Horoskop beschreiben. Wie ist Euer Verhältnis zum Lebensmittelhändler? Welche Brauerei wird bevorzugt? Der Mond herrscht über das Baden. Worin badet Ihr? Im Meer, im See, in der Badewanne oder in der Menschenmenge? Badet Ihr lieber oder duscht Ihr lieber? Bleibt Ihr lange im Wasser? Wie sind Eure Rituale beim Waschen und Baden? Der Mond herrscht über Montag und über Silber. Mondbetonte Menschen sind gefühlvoll, sensibel, häuslich, empfänglich und leben gern in der Nähe von Gewässern.

Teilnehmer: Die Gezeiten wurden noch nicht erwähnt.

Darby: Gut, dass ich daran erinnert werde. Das Meer! Natürlich gibt es die Gezeiten, die Verbindung von Wasser und Mond. Auch bei uns Menschen gibt es Ebbe und Flut. Unsere Emotionen ebben auch ab und steigern sich. Wenn wir jemanden mögen, unterliegen unsere Gefühle den Gezeiten. Es ist gut, wenn man das erkennt und damit lernt zu navigieren. Man verbindet sich dann mit den Wassern des Lebens und seine eigene Seele mit der Seele der Welt, der *Anima Mundi.*

Teilnehmer: Würde man nicht eher Neptun mit der Seele der Welt in Verbindung bringen?

Darby: Ja, durchaus, in all seinen geheimnisvollen Facetten. Wir haben nur so ein winziges Verständnis von den Sphären Neptuns. Aber wenn wir an Mond-Neptun-Menschen denken, oder jene mit Mond in den Fischen oder mit Planeten im 12. Haus – sie neigen zu Verwirrung. Sie verschmelzen ihre Gefühle mit denen anderer und mit der Welt selbst.

Mutter und Kind

Nun möchte ich auf unser aller Anfang eingehen, das Geborenwerden aus dem Körper unserer Mutter. Und ich möchte die Arbeit der Physikerin Danah Zohar vorstellen. Sie hat das Buch DAS QUANTUM SELBST geschrieben, das meinen Geist auf eine Reise schickte. Es basiert auf der Quantenmechanik, die sie auf das menschliche Leben übertrug. Während des Schreibens wurde sie schwanger, sollte das Buch aber unbedingt fertigstellen, da es eine Auftragsarbeit war. Das Kind wuchs in ihrem Bauch heran.

Sie ist eine sehr intelligente und intellektuelle Frau, eine Physikerin und Philosophin. Aber sie war schwanger während des Schreibens. Sie beschreibt den inneren Prozess während der Schwangerschaft und bei der Geburt. Während sie das Buch schrieb, hatte sie wunderbare Ideen, geboren aus ihrem Wissen und ihren Gefühlen. Ich habe einige ihrer Gedanken über das Verhältnis zu ihrem Kind vor und nach der Geburt als Kopie mitgebracht, weil sie mich so inspiriert hat.

Sie sagt zum Beispiel: »Das Selbst ist nicht nur ein Ding. Wir sind als Selbst ein Partikel und eine Welle«. Ich hatte dabei die Vorstellung, dass dies einer Metapher für Sonne und Mond gleichkommt. Die Sonne verleiht dem Selbst als Partikel Ausdruck, der Mond bringt das Selbst als Welle zum Ausdruck. Als Sonne scheint mein Partikel aus dem Zentrum meines Seins. Es scheint auf die Erde, in der Luft, auf und durch das Wasser. Oder es scheint einfach als das Feuer selbst, je nachdem in welchem Element es sich befindet. Es kann stark oder verhalten scheinen, je nach Stellung im Tierkreiszeichen, Element usw. Auf jeden Fall repräsentiert es mein strahlendes Licht. Doch das Selbst ist auch eine Welle und hat eine lunare Seite an sich.

Da für uns heute der Mond im Mittelpunkt steht, befassen wir uns mit dem Selbst als Welle. Wir wollen diese menschliche Fähigkeit zur Vereinigung und das Bedürfnis danach mit den Worten von Danah Zohar betrachten: »Das Kind ist mit der Mutter verschmolzen vom Anfang an bis hin zu den ersten Monaten nach der Geburt meiner Tochter.« Und weiter: »Während der Schwangerschaft mit meinem ersten Kind und noch einige Zeit danach, erlebte ich in mir ein merkwürdiges und völlig verändertes Dasein. Ich verlor in vielfacher Hinsicht das Gefühl für mich als Individualität. Gleichzeitig gewann ich ein Gespür davon, Teil eines größeren und fortschreitenden Prozesses zu sein. Die Grenzen meines Körpers verschoben sich zunächst nach innen, um neu das in mir wachsende Leben anzunehmen und mit dem wachsenden Wesen eins zu werden. Ich fühlte mich vollkommen selbstzufrieden, ein Mikrokosmos, in dem sich alles Leben entfaltet. Später dehnten sich die Grenzen nach außen und nahmen die Form des kleinen Wesens an. Mein Körper und ich existierten, um eine Quelle für Nahrung und Leben zu sein. Mein Rhythmus war der eines anderen und meine Sinne wurden eins mit den ihren.«

Hier spricht eine Frau aus der Tiefe der mütterlichen Natur. Hier spricht die Natur selbst, aber mit moderner Sprache. Nehmen wir dieses Zitat: »Während dieser Monate schien »ich« (sie setzt ich in Anführungszeichen!) sehr unbestimmt und vage zu sein. Etwas, auf das ich mich selbst nicht konzentrieren oder in Griff bekommen konnte. Und dennoch erlebte ich mich in einer Ausdehnung nach allen Richtungen: zurück in die Vergangenheit und vorwärts in die Zukunft, nach innen zu allen Möglichkeiten hin und nach außen zu jedem Sein.«

Sie spricht aus einer tiefen lunaren Erfahrung heraus, dem Wachsen des Kindes in ihr, und beschreibt die Empfindungen und das Wissen, das aus diesem Zustand aufsteigt. Sie sagt, dass sie nach dieser Erfahrung weiß, dass wir ein Wellen-Selbst haben, das sich wiederum mit größeren Wellen vereinigt, um abermals in noch größeren Wellen aufzugehen. Durch unsere persönliche Erfahrung und unserer Geschichte sind wir mit dem eigenen Leben verbunden. Mit der Menschheit sind wir eins, indem wir die Geschichte und die Gefühle mit anderen Menschen teilen. Mit dem Leben an sich sind wir verbunden als direkte Nachfahren unserer Ahnen bis zurück zum Anfang aller Zeit. Diese Erfahrungen haben wir gemeinsam mit jedem Lebewesen im Universum. Wellen treffen auf größere Wellen und gehen in ihnen auf. Manchmal ist man das Selbst als Teilchen und manchmal ist man das Selbst als Welle. Wohlgemerkt, ich verwende Partikel und Selbst, Sonne und Mond, in einem besonderen Sinn. Wir können uns selbst als Besonderheit, aber auch uns selbst als Teil einer Gemeinschaft erleben.

Es ist, als ob sie sich durch die Tage ihrer Schwangerschaft bewegte und während der Mond durch den Tierkreis gelaufen ist, wurde sie von jeder Möglichkeit des Seins berührt – und das passierte Tag für Tag während der neun Monate ihrer Schwangerschaft. Sie war durch das Wachsen ihres Kindes in ihrem Körper mit allem Leben an sich verbunden, bis zurück zum Anbeginn der Zeit.

Der Mond repräsentiert unsere Mutter, aber auch die Mutter

unserer Mutter und überhaupt alle Mütter und durch sie alle Wesen, die jemals existierten. Wir wurden aus diesem Körper geboren, der ebenfalls aus einem anderen Körper geboren wurde, usw. Also, obwohl die Sonne in unserem Horoskop der Punkt ist, der uns als besonders darstellt, unser unverwechselbares Selbst zeigt, verdeutlicht der Mond, wie wir den Raum der Unendlichkeit durch tägliche Muster und Gewohnheiten betreten. Am Beginn dieses besonderen Lebens bekamen wir die Form für diese Rhythmen von unserer Mutter. Doch da hinter ihr sozusagen alle diese anderen Mütter stehen, könnten wir sagen, dass sie sich zu einer einzigen archetypischen Mutter zusammenfügen, die dann von unserer eigenen Mutter verstärkt, verzerrt und personalisiert wird.

Der Mond in den Zeichen

Wenn wir das Tierkreiszeichen verstehen, durch welches wir unsere Gefühle zum Ausdruck bringen, wissen wir, welche der zwölf Tierkreisenergien wir am direktesten empfinden können. Dieses Zeichen besagt, durch welchen astrologischen Archetypus man den Rhythmus der Mutter erlernt, aufnimmt, sich zu diesem in Beziehung setzt oder darauf reagiert.

Sagen wir einmal, jene Person hat den Mond in einem Erdzeichen: Dann ist es ihr körperlicher Rhythmus, ihre Art zu nähren, die denjenigen am meisten berühren. Sie spricht auch zu demjenigen, hat Verbindungen mit anderen Leuten, hat ihre eigenen Emotionen und Leidenschaften. Aber am stärksten reagiert man darauf, wie sie einen berührt, wie sie einen aufnimmt, hinlegt und sich um die körperlichen Bedürfnisse kümmert.

Während wir in ihrem Bauch wachsen, nehmen wir alle möglichen Bilder, Gewohnheiten, Kommunikationsmuster und Gefühle durch sie auf. Aber man entwickelt sich auch als eine eigene Person und diese Person wird zu einer bestimmten Zeit mit ihrem besonderen Horoskop geboren, an einem bestimmten Ort. Das Zeichen, in dem der Mond steht, sagt etwas darüber aus, was man im Mutterleib aufgenommen hat. Vom Tag der Geburt an wird sich das Verhältnis der Mutter zur materiellen Welt einem am meisten einprägen, falls der eigene Geburtsmond in einem Erdzeichen steht.

Soeben muss ich an zwei Personen denken, Bruder und Schwester, die von einer Wassermannfrau mit Sonne/Mond-Konjunktion geboren wurden. Der Junge hat den Mond in der Jungfrau und das Mädchen im Stier. Beide Kinder waren ganz anders als ihre Mutter, als sie klein waren. Die Mutter versuchte immer, sich selbst in ihnen wiederzufinden und wollte, dass sie ihren luftigen Wassermann-Mond lebten. Aber die Kinder suchten

Stabilität und etwas Praktisches bei ihr. Beides konnte sie nicht auf natürliche Art geben. Unnötig zu erwähnen, dass die Monde der Kinder hart aspektiert waren. Der Mond des Jungen hatte ein Quadrat zu Uranus und der des Mädchens ein Saturnquadrat.

Die Kinder nahmen von der Mutter etwas in ihrem Verhalten nicht sofort Ersichtliches auf, eine praktische Art das Leben zu meistern, aber sie nahmen es durch ihren Körper auf. Sie gingen durch den Körper der Mutter zurück bis zu den Vorfahren und fanden erdbetonte Mondrhythmen in sich. Vielleicht nahmen sie etwas von einer Groß- oder Urgroßmutter auf. Die Mutter konnte ihre Kinder nie wirklich verstehen und diese wollten etwas von ihr, was sie ihnen nicht geben konnte. Zum Glück gab es Liebe und Toleranz zwischen ihnen, aber oft wurden sie enttäuscht. Sie wollten Erde von ihr und sie antwortete mit Ideen.

Ich denke, die Liebe entsprang der Art, wie sie sie als Kinder behandelte und sich um ihre körperlichen Bedürfnisse kümmerte. Ihre Körper trugen eine Erinnerung daran in sich. Als sie in das Teenager-Alter kamen und sie einfach für die Kinder hätte da sein müssen, versuchte sie immer ihnen auf eine bestimmte Art etwas Geistiges, Informationen zu geben, aber das wollten die Kinder nicht von ihr. Später im Leben mussten beide Kinder lernen, ihre Erwartungen loszulassen. Sie mussten ihre eigenen inneren Quellen finden und selbst für ihr emotionales Wohl sorgen.

Teilnehmer: Meine Mutter hat den Mond im Steinbock und meine beiden Geschwister haben den Mond in den Wasserzeichen Krebs und Fische. Sie scheinen tatsächlich etwas von ihr zu wollen, was ich nicht brauchte.

Darby: Wo steht Dein Mond?

Teilnehmer: Er ist in der Jungfrau.

Darby: Ja, das sagt uns, dass Du nicht dasselbe von Deiner Mutter brauchst wie Deine anderen Geschwister. Der Mond scheint etwas Spezielles von Deiner Mutter aufzunehmen und durch das Element erinnerst Du sie. Du bist mit den tiefsten Gefühlen und mit dem innersten Wesen an sie gebunden. Sich genährt, aber auch sehr verlassen zu fühlen, ist bei diesem Zeichen besonders ausgeprägt. Sofern Deine Mutter ansonsten keine starke Wasserbetonung hat, ist es in Ordnung. Ansonsten werden diese beiden wässrigen Monde Feuchtigkeit in einer trockenen Landschaft suchen. Der Mond des Kindes sagt Dir, was Dir Dein Kind geben kann, welches Element Du bekommst, wenn Du es nährst.

Wir werden mit dem Mond an einer bestimmten Stelle geboren. Einen Monat später ist der Mond durch das ganzes Horoskop gelaufen und hat jeden Planeten berührt. Das ist das erste Flüstern der emotionalen Anlage.

Zwei Monate später hat der Mond noch einmal dieselbe Runde zurückgelegt, jeden Aspekt im Horoskop berührt und ist zu seiner Radixposition zurückgekehrt. Drei Monate später hat er es wieder getan. Und wenn es dreizehn Mal passierte, ist ein ganzes Jahr vergangen. Hatte er 26 Umläufe, waren es sogar schon zwei Jahre.

In diesem ganz frühen Anfang kann man fast spüren oder sehen, worauf dieses Kind emotional reagieren wird. Was man als Mutter bewusst oder unbewusst tut oder denkt, spielt fast keine Rolle. Wichtig ist der Mond. Wisst Ihr, die meisten Mütter denken »mein Kind wird anders sein, ich werde es richtig machen«. Die Mütter geben ihr ganzes Selbst für diese Aufgabe. Aber das Kind absorbiert vom Körper und der Seele der Mutter, was es will. Wenn der Mond im Feuer steht, wird es die Energie und den Einfallsreichtum der Mutter aufnehmen. Es wird sich auf die inneren Bilder einstimmen, welche die Mutter vorantreiben. Ist der Mond in einem Luftzeichen, wird es ihre Ideen sowie die Kommunikationsmuster, die Teil ihrer Herkunft sind, aufsaugen. Es wird sich die Art, wie sie Informationen sammelt und ausdrückt, einverleiben. Wenn das Kind den Mond in einem Luftzeichen hat, ist der Drang, Ideen zu äußern, tief verbunden mit der gefühlsmäßigen Beziehung zu der Mutter.

Teilnehmer: Mein Mond steht in den Zwillingen und ich habe neulich festgestellt, dass ich richtig außer mir bin, wenn ich missverstanden werde. Es ist ein Klischee, aber meine Mutter hat mich nie verstanden. Sie hat den Mond im Skorpion und sie fühlt sich, glaube ich, oft von mir verlassen.

Teilnehmer: Ich habe den Mond im Skorpion und meine Mutter hat ihn in den Zwillingen. Ich will immer, dass sie den Mund hält und sie empfindet mich als ein Buch mit sieben Siegeln.

Der Mond in den Feuerzeichen

Darby: Am besten bespreche ich jetzt alle Zeichen in den Elementen. Ich sagte schon, wenn der Mond in einem Feuerzeichen steht, absorbiert man die Energie und die Vorstellungskraft der Mutter. Es erfolgt durch sie und spiegelt sich in ihrem Verhalten, aber es geht tiefer. Es kommt von den feurigen Frauen aus der Ahnenreihe. Diese energiegeladene, fantasievolle Gefühlsnatur ist der Weg dieser Seele, sich mit dem Leben auseinanderzusetzen. Dies nimmt man von der Mutter in sich auf und macht es sich zu eigen – ein Leben lang.

Ist man mit dem Mond im Widder geboren worden, nimmt man das Heroische, Aggressive, Gedankenlose, Kopflose, sich selbst Aufopfernde …

Teilnehmer: Widder? Sich opfernd?

Darby: Ja, so selbstsüchtig sie sich zeigen können, es gibt bei ihnen einen starken Hang der Selbstaufopferung. Ich glaube, dies kommt von dem heroischen Impuls, sich vor die Kanonen werfen zu müssen, um das Dorf zu retten. Und um entweder tot oder lebendig als Held gefeiert zu werden. Das Bedürfnis, mithilfe von Mut Ehre zu gewinnen, ist enorm. Wenn es durch den Mond kommt, drückt es sich als Ebbe und Flut zwischen emotionalem Mut und Furchtsamkeit aus. Die selbstsüchtigsten Triebe der Mutter werden im Kind reflektiert, aber auch die mutigsten.

Im Löwen hat der Mond eine recht großartige Vorstellung von sich selbst und dem Leben. Die Mutter war eine Königin. Ob sie eine gute oder böse Königin war, hängt von anderen Dingen ab. Für viele von uns mit Pluto im Löwen war sie oft die böse oder verrückte Königin. Aber natürlich nicht immer, sie kann auch einfach nur auf plutonische Weise stark gewesen sein.

Für diejenigen von Euch mit Neptun im Skorpion war sie vielleicht die traurige oder verlorene Königin. Aber sie war Eure Königin und sie hatte es auch zu sein, sonst hättet Ihr es ihr nicht verziehen. Ihr habt absorbiert, dass die alltäglichen Aktivitäten Vergnügen bereiten sollen oder wenigstens Machtgefühle, und es entsteht ein Gefühl von Wut, wenn dies nicht eintritt.

Mit Mond im Schützen nimmt man durch den Körper und die Seele der Mutter deren abenteuerlustige, philosophische Seite in sich auf. Man spürt deutlich ihre innere Unruhe und Sehnsucht nach einer Zukunft in Freiheit ohne tägliche Plackerei und Kleinkrämerei.

Der Mond in den Erdzeichen

Wer den Mond im Erdelement hat, wurde eingestimmt auf die Fähigkeit, sich ganz praktisch dem Leben zu stellen. Die Aspekte sagen, ob die Mutter dieses Bedürfnis erfüllen konnte oder nicht.

Im Stier hat man sich das Bedürfnis der Mutter nach materieller Sicherheit und ihre Fähigkeit, diese zu erlangen, einverleibt. Ebenso ihre Einstellung zu natürlicher Schönheit. Durch die Mutter hat man das emotionale Verlangen nach körperlicher Sicherheit und die Fähigkeit bekommen, selbst für die eigenen körperlichen Bedürfnisse zu sorgen.

Mit Mond in der Jungfrau erhielt man die mütterliche Sorge um Gesundheit und die Rituale eines geordneten täglichen Lebens. All die vorsichtigen, handwerklich geschickten Männer und Frauen, alle Ahnen, die besonders sensibel auf ihre physische Umgebung reagierten, schwingen mit im Gefühlskörper des Geborenen.

Für diejenigen mit Neptun in der Jungfrau, besonders mit der Konjunktion zum Mond, war diese Aufmerksamkeit sehr überhöht oder sie wurde zeitweise fast schon vergöttert. Eine Freundin von mir hat diese Konjunktion. Sie kam für eine Weile von ihrem Weg ab. Sie erzählte mir, dass das Wiederaufleben-Lassen ihres Rosengartens sie wieder zurück in »die Welt Gottes« brachte.

Mit dem Mond im Steinbock nimmt man jenen Faden der Ahnen wieder auf, der sehr empfindlich auf soziale Positionen durch gesellschaftliches Handeln eingeht. Man wird mit einem Anfangsbewusstsein für den Sittenkodex der Gesellschaft geboren. Man reagiert sehr stark auf das soziale Bewusstsein der Mutter und ihren starken Wunsch, ein respektiertes oder wertvolles Mitglied in ihrer Gemeinschaft zu sein.

Der Mond in den Luftzeichen

Geboren mit einem Mond im Luftelement verinnerlicht man die geistigen Ideale der Ahnen. Die Macht von Kommunikation ist einem bewusst. Man ist empfänglich für die Art, wie die Mutter denkt und wie sie Worte und Ideen einsetzt.

Mit Mond in den Zwillingen wird man eingestimmt auf die Art und Weise, wie die Mutter redet und kommuniziert. Man ist eingestimmt auf ihren Konversationsstil und den aller Sprachkünstler in der eigenen Ahnenreihe. Falls auch Uranus in den Zwillingen steht, sind Worte der Weg zu Weisheit und Erleuchtung.

Mit Mond in der Waage nimmt man durch die Mutter den Faden zu der Vergangenheit auf, der mit der Kommunikation von Ideen für richtiges Benehmen zu tun hat. Man registriert ihre Begabung und ihre Schwäche zur Kommunikation, und zwar so, dass »schlechte Kommunikation« schmerzhaft und »gute Kommunikation« eine Erholung ist. Wenn auch Neptun in der Waage steht, wird dies viel durchdringender erfahren. Wie die meisten dieser Generation ist man auf Harmonie und Frieden angewiesen. Eine zu intensive friedliche Atmosphäre hält man nicht aus, man fühlt sich verloren und bekommt Schuldgefühle.

Mit dem Mond im Wassermann übernimmt man die Züge der besonders idealistischen Vorfahren. Die Fähigkeit der Mutter, mit den verschiedensten Menschen klarzukommen war für einen entweder schmerzlich oder zufriedenstellen. Ihre eigenen persönlichen Ideale waren entscheidend für einen selbst. Ihre exzentrisches Verhalten hat einem gefallen, solange sie sich nicht über anderer gestellt hat. Ihre sozialen Urteile hat man übernommen und gebilligt.

Der Mond in den Wasserzeichen

Wenn der Mond in einem Wasserzeichen steht, hat man von der Mutter die Grundinstinkte angenommen. Durch ihren emotionalen Rhythmus geleitet, hat man sich den Instinkt für den eigenen Schutz und den Schutz anderer einverleibt.

Mit dem Mond im Krebs verspürte man durch die Mutter die intensivsten mütterlichen Rhythmen und benötigt, wahrscheinlich mehr als jede andere Mondposition, ein festgelegtes Tempo für die Nahrungsaufnahme. Essen, Wärme, körperliche Nähe müssen auf rhythmische Weise erfolgen. Wer Uranus im Krebs hat, besonders wenn er in Konjunktion zum Mond steht, kann eine Unterbrechung dieses Rhythmus durch »moderne Erziehungsmethoden« erlebt haben, die eine andere Einstellung zum Muttersein zum Ausdruck bringen.

Menschen mit dem Mond in den dunklen Gewässern des Skorpions haben einen starken Instinkt für Kampf und Flucht in verborgenen emotionalen Situationen. Dieser Mond zeigt eine Mutter, deren Situation das emotionale Erbe der Vorfahren verstärkte, die in Risiko und Gefahren lebten.

Das Bedürfnis nach Selbstschutz ist bei Menschen mit dem Mond in den Fischen wie zu erwarten sehr paradox. Bei dieser Mondstellung nimmt man das Band zu den Ahnen auf, das einem mit den verschiedensten Menschen aus der Vergangenheit verbindet. Wenn sich etwas heraushebt, dann ist dies die Tatsache, dass diese Ahnen wahrscheinlich sehr religiös oder zutiefst verloren sind. Der Selbsterhaltungstrieb ist vermischt mit dem Gefühl, mit allen verbunden zu sein, und dann ist die Antwort oftmals Mitgefühl – wenn ich Du bin und Dir geht es schlecht, dann muss ich mich um Dich kümmern, damit es mir besser geht. Es ist meist sehr verzwickt und häufig ist es sogar noch verwirrender.

Teilnehmer: Du sprichst über das Zeichen des Mondes so, als sei bei der Geburt schon alles festgelegt, als ob alles schon entschieden sei. Denkst Du, dass es so ist? Auch über die Häuser und Aspekte?

Darby: Ja, ich denke das Zeichen wird tatsächlich schon während der Zeit im Mutterleib festgelegt. Ob es schon bei der Empfängnis entschieden ist, weiß ich nicht. Aber es scheint sich im Mutterleib zu etwas »Solidem« zu verfestigen. Eine Mutter wird ihr Kind bei seiner Geburt schon kennen und doch gibt es noch etwas völlig Unbekanntes. Soweit ich es gesehen habe, steht das Zeichen des Mondes für das Bekannte und das Haus des Mondes für das Unbekannte. Die Aspekte repräsentieren auch eher das Unbekannte. Allerdings ist es für eine Frau mit Mond-Mars nicht ungewöhnlich, dass sie ein Kind mit dem Mond im Widder bekommt. Aber ich bin der Meinung, dass das Zeichen die tiefste Schicht darstellt in dem Sinne, dass es die Erinnerungen des Kindes an die Vorfahren reflektiert, und dass Eigenschaften, die drei Generationen zuvor auftraten, im Mondzeichen wiederzufinden sind.

Teilnehmerin: Mein Mond steht im Widder und ich fühle mich überhaupt nicht energiegeladen und mutig. Eher weinerlich und wütend.

Darby: Du gehörst zur Neptun-in–der-Waage-Generation, nicht wahr? Und Du hast eine Opposition zwischen Mond und Neptun?

Teilnehmerin: Ja, und darauf schiebe ich alles.

Darby: Meine Liebe, Du darfst aber jetzt nicht den Knopf mit dem Schildchen »es liegt an den Planeten« drücken. Darüber könnte man stundenlang reden, aber ich beschränke mich auf die folgende Feststellung: Dieser Widdermond ist genauso stark, selbstsüchtig und heroisch wie jeder andere Widdermond auch. Aber Du bist in eine Zeit hineingeboren worden, in der Anstand, Wohlwollen, Frieden und Harmonie idealisiert wurden und der Drang zu kämpfen von Anfang an vom kollektiven Ideal sabotiert wurde. Deine Mutter spielte vermutlich die Verwirrte, um ihre selbstsüchtigen und mutigen Instinkte zu maskieren. Du bist aber mit all den Widderinstinkten aus der Linie Deiner Ahnen zur Welt gekommen, aber eben in einer Zeit, in der dies nicht gebührend honoriert wurde. Es ist wichtig herauszufinden und zu verstehen, warum das so ist und worin die Reise der Seele gerade unter diesen Umständen bestehen könnte, anstatt sich darüber zu beschweren. Die Opposition zwischen Instinkt mit impulsiver Aktion und einem kollektiven spirituellen Ideal, das sich liest wie »Gott/Perfektion ist Harmonie und Frieden«, klingt nach einem interessanten Feld, um eine Seele darin wachsen zu lassen!

Darby: Für die, die es noch nicht wissen. Mein Mond steht in den Zwillingen. Ich sage nur so viel: Menschen mit dem Mond in den Zwillingen sind empfindlich gegenüber Lärm und abhängig von Worten, die ihnen Wert vermitteln. Ich hatte eine Freundin, die mir sagte, Bücher seien ihre Mutter gewesen. Ihre eigene Mutter war nicht sehr gut zu ihr gewesen und sie lernte sehr früh zu lesen. Sie liebte Bücher abgöttisch, denn sie hatte alles, was sie über das Leben wusste, aus ihnen gelernt. Sie war klug, also hatte sie wohl die richtigen gelesen. Ihrer Mutter gegenüber nahm sie schon sehr früh eine ablehnende Haltung ein, las stattdessen Bücher wie besessen und wurde schließlich Lehrerin.

Teilnehmer: Ich mag gute Bücher, aber ich lese auch eine Menge wertloses Zeug. Ich mag auch gute Gespräche. Aber ich rede manchmal zu viel. Oder ich denke von anderen, dass sie zu viel reden!

Darby: Der Doppelseelenmond in den Zwillingen. Ich stimme Dir zu. Bevor wir weitermachen zitiere ich noch einmal Danah Zohar: »In einem sehr großen Ausmaß ist die Erfahrung des Babys die Erfahrung der Mutter. Es beginnt, sich selbst zu weben aus dem Material der Mutter.« Und: »Es nimmt die Reaktionen seiner Mutter auf die Welt als Protektion, als Emotion und als Fürsorge an und es legt sie in seinem eigenen Erinnerungssystem ab. Sie werden zu dem Stoff, aus dem das Kind gemacht ist und beeinflussen die Entwicklung seiner neuralen Nervenbahnen.«

Ich möchte nur hinzufügen, dass die Erfahrung der Autorin

nicht nur darin besteht, was sie während ihrer Schwangerschaft erlebte, vielmehr sind dies auch Dinge, die in ihren Zellen und den tiefen Schichten ihrer Psyche stattfinden – weitergegeben von Mutter zu Mutter seit Menschengedenken. Dies manifestiert sich durch das Zeichen, das den Mond zum Zeitpunkt der Geburt beherbergt. Das Mondzeichen sagt uns, welche der zwölf Hauptsaiten, die die Tonleiter – genannt Menschheit – darstellen, angeschlagen wird. Da gibt es dann eine immer wiederkehrende Hauptsaite, die das ganze Leben hindurch angeschlagen wird.

Wir sind in der Gebärmutter einer Frau gewachsen mit einer Geschichte, die in jeder Zelle ihres Körpers geschrieben steht. Wir inkarnierten durch diese Pforte, diese Frau, diese Geschichte. Etwas trägt einen Anteil des Päckchens bei der Inkarnation weiter durch den Rhythmus, der ihr Körper ist. Diese Rhythmen sind zum einen Teil Dinge, die sie in ihrem Leben erlebt hat, Entscheidungen, die sie getroffen hat, Umstände, die sie geschaffen hat oder die durch ihre Reaktionen geschaffen wurden. Aber sie sind nur teilweise den Erfahrungen ihres Lebens geschuldet. Viel tiefer und zu einem noch größeren Teil sind es Rhythmen, die sie von ihren Eltern und deren Geschichte geerbt hat, aus dem Bauch ihrer Mutter. Ihre Mutter hat sie ebenfalls schon aus dem Bauch ihrer Mutter geerbt. Und so geht es immer weiter zurück bis in alle Ewigkeit. Man erhält all das durch den Körper der Mutter. Sind wir einmal geboren, beginnt die zweite Ebene, indem die Mutter uns nährt.

Teilnehmer: Das klingt alles so unausweichlich und schicksalhaft.

Darby: Die Muster werden ständig wiederholt, weitergegeben von Gebärmutter zu Gebärmutter – aber jedes Mal brandneu. Jeder von uns erbt eine Tiefe und ein Gewicht von Geschichte, speziell durch die Mutter oder das Tor, durch das man geboren wird. Trotzdem – und das ist wichtig und gibt uns dieses fürchterliche Verantwortungsgefühl als Kreaturen – ist jeder einzigartig, eine Kombination von Vater und Mutter, von Samen und Ei. Jeder hat eine Geschichte und ist doch brandneu und einzigartig und noch nie da gewesen in dieser Zusammensetzung.

Die Planeten machen ihre Runden und kein Moment ist jemals zuvor genauso da gewesen, weil es Planetenpositionen in ihrer Gesamtheit nur einmal geben kann. Zyklen wiederholen sich ständig, aber die gesamte Kombination ist immer anders. Wie wir, die wir immer die Gleichen sind und doch am Rande zum Unbekannten stehen, schicksalsgebunden und total frei. Kein Wunder, dass wir verwirrt sind.

Der Mond in den Häusern

Nun gebe ich ein paar Schlüsselideen zu den Häusern, um daran zu erinnern, welche Möglichkeiten in jedem von uns stecken. Ich stecke den Rahmen ab, um die Wahrnehmung zu schärfen. Es geht mir dabei weniger um ausführliche Deutungen.

Das Haus, in dem der Mond steht, sagt etwas darüber aus, in welchem Lebensbereich unser Wesen am eindeutigsten hervortritt und wo unsere Bedürfnisse liegen. Hier zeigt sich die Ebbe und Flut des täglichen Lebens mit der größten Beständigkeit. Bis zur Geburt vergehen für die Mutter die Tage und sie baut in sich eine Erwartung auf. Der Moment der Geburt rückt näher und näher. Die Tage und Stunden verrinnen und die Spannung im mütterlichen Körper steigt. Auch wenn die Mutter eine moderne Frau ist, die das natürliche Geschehen nicht so tief erlebt und die Geburt eventuell künstlich einleiten lässt, können wir davon ausgehen, dass auch dies Teil eines größeren Plans ist. Was auch immer die Erwachsenen vor seiner Ankunft entscheiden, das Kind kann immer für eine Überraschung sorgen. Ereignisse unterliegen nicht immer so stark unserer Kontrolle, wie wir gerne glauben möchten. Wer weiß schon, ob wir kleinen Partikel von Wesen von Mustern hin- und hergeschoben werden, die größer sind, als wir wahrnehmen können. Alles, was wir mit Bestimmtheit wissen, ist, dass die Wehen beginnen und das Kind geboren wird. Man könnte sagen, hier hört die Scheibe des Roulettes auf sich zu drehen, und es steht jetzt fest, in welches Haus die Planeten gesetzt werden.

Später erstellt ein Astrologe das Horoskop auf den Augenblick dieser Geburt. Wir schauen es uns an, betrachten die Positionen der Planeten sowie den Mond und seine Aspekte, um die frühe emotionale Umgebung des Kindes kennenzulernen. Diese Umgebung ist die Mutter. Wir betrachten das Zeichen, in dem der

Mond steht, um zu sehen, was für einen Mutter-Archetypus dieses Kind aus seiner leiblichen Mutter wohl ziehen wird.

Dann betrachten wir das Haus, in dem der Mond steht. Dieses wird uns sagen, in welchem Bereich des Lebens das Kind die gefühlsmäßige und körperliche Nahrung von der Mutter empfangen wird, wo das Kind die Ebbe und Flut emotionaler Fürsorge empfinden wird. Welcher Lebensbereich Monat für Monat durch Erlebnisse mit der Mutter aktiviert werden wird – und zwar besonders in den ersten Lebensmonaten. Widergespiegelt wird dies durch den transitierenden Mond und durch Planeten, die diese Position berühren. Später im Leben wird das Haus Auskunft darüber geben, in welchem Lebensprozess man sich am meisten zu Hause fühlt. Ob »zu Hause« sich gut anfühlt oder nicht, hängt von anderen Dingen ab. Das Haus des Mondes klärt darüber auf, wo die emotionalen Verhaltensmuster im Alltag uns nähren.

Noch eine andere Sache: Diese Hausposition zeigt auch an, worauf sich die Aufmerksamkeit unserer Mutter richtet, wenn sie sich einmal nicht um uns kümmert. Oder um es genauer zu sagen: Welches Lebensthema beschäftigte die Mutter am meisten und wie registrierten wir dies in den ersten Monaten und Jahren unseres Lebens? Hier erlebten wir die Ebbe und Flut. Sie beschäftigte sich mit uns und dann tat sie es nicht, sie war bei uns und dann war sie es wieder nicht, bei uns und nicht bei uns usw. Diesen Wechsel erlebten wir. Was tat sie, wenn sie sich nicht um uns kümmerte? Wo war dann ihre Aufmerksamkeit?

Im 10. Haus kümmerte sie sich um ihre soziale Stellung oder um ihre Vormachtstellung. Im 6. Haus war sie bei ihrer Arbeit oder mit ihrer Gesundheit beschäftigt. Im 9. Haus waren es ihre Träume und Zukunftspläne oder sie war innerlich bei Menschen, die sich weit weg befanden. Das Auf und Ab ihrer Fürsorge scheint mit diesen Themen verknüpft zu sein und auch später im Leben werden diese die Quelle dessen sein, was uns emotional erfüllt oder leer sein lässt. Unsere emotionalen Fähigkeiten und Nöte werden in diesen Bereichen ausgedrückt und wir können uns dadurch mit den tiefsten Quellen des Lebens verbinden. Unsere

Seele entwickelt sich und unsere Verbindung zu den Rhythmen des Lebens offenbart sich hier.

Lasst uns nun die Häuser nacheinander betrachten, da die Häuser und ihre Spitzen verschieden sind und eine aufeinanderfolgende Schönheit besitzen, die unsere Gedanken ordnet. Zumindest bei mir ist es so.

Wenn der Mond des Kindes im **1. Haus** steht, registriert das Kind sehr stark den Willen der Mutter, zu überleben und sich durchzusetzen. Die Mutter will von jemand Wichtigem beachtet werden. Vielleicht von ihrem Mann oder einer anderen Person, die ihr etwas bedeutet. Das Kind wird das mütterliche Schwanken zwischen Sicherheit und Unruhe erkennen. Da jedes Kind auf die Selbsterhaltung ausgerichtet ist, wird es diese Information später dazu einsetzen, um sich zum Überleben anzupassen. Menschen mit dem Mond im ersten Haus sehen in ihrer Mutter in der Regel eine Überlebenskünstlerin. In ihrem späteren Leben werden sich Krisen in emotionalen Beziehungen wie Überlebenskrisen anfühlen. »Ich kann ohne Dich nicht weiterleben« oder »ich kann so nicht weiterleben, wenn Du Dich so an mich klammerst.« In die Welt hinausgehen und das Überleben zu sichern, wird das Kind mit der Quelle des Lebens verbinden.

Der Mond im **2. Haus**zeigt und verstärkt in der Mutter die Tendenz, Sicherheit gleichzusetzen mit Besitz. Ihre auf die Natur und ihren Besitz gerichtete Aufmerksamkeit, findet in ihrer Ernährung des Kindes einen Niederschlag. Das Merkwürdige ist, dass alle, die ich mit dem Mond im 2. Haus kenne, ihre Mutter sehr schätzen und lieben. Es scheint eine starke Stellung für Nähe zu sein. Vielleicht ist es ein tiefes Teilen von Werten. Vielleicht kann man einer Mutter, die einem die Augen für die Schönheit der Welt öffnet, während sie einen stillt, viel vergeben. Das Entwickeln der natürlichen Ressourcen verbindet mit den nährenden Rhythmen.

Menschen mit dem Mond im **3. Haus** merken sich die Aufmerksamkeit, die ihre Mutter anderen Tätigkeiten und Menschen zukommen lässt. Das Kommen und Gehen anderer Menschen in ihrer Umgebung wird stark wahrgenommen. Die Stellung des

Geborenen innerhalb der Geschwisterreihe ist hier wichtig. Die Rhythmen des Ernährens sind verbunden mit Dingen, die von diesem Nähren ablenken, wie z.B. lesen und mit anderen Leuten reden. man wird sich als untererernährt empfinden, wenn diese Themen vernachlässigt werden. Bei Menschen mit dem Mond im 3. Haus bemerkte ich eine Frustration, wenn sie sich emotional für etwas engagierten und dabei zerstreut waren. Dann war ich mit Müttern zusammen, deren Kinder den Mond im 3. Haus hatten. Was ich beobachten konnte, war diese Enttäuschung der Kinder, wenn die Mütter ihre Aufmerksamkeit nicht auf sie konzentrieren konnten. Ich denke, sie passen sich diesen Enttäuschungen besonders an und später wird ihre emotionale Entwicklung davon abhängen, wie sie Ablenkung tolerieren, akzeptieren und in ihr tägliches Leben mit einbauen. Dies gilt selbstverständlich auch für Ablenkung bei Unterhaltungen. Ich habe eine Freundin mit einem Widdermond im 3. Haus. Wir übersetzen zusammen alte astrologische Manuskripte und immer, wenn wir zu weit vom Text abkommen, bricht es aus ihr heraus: »Können wir wieder zur Arbeit zurückkehren?« Ich finde das erheiternd.

Kinder mit dem Mond im **4. Haus** registrieren sehr stark die Familienverbundenheit der Mutter. Die Mutter wird wahrgenommen als jemand, der Teil einer Familie ist. Zu überleben bedeutet für das Kind überleben innerhalb der Familie. Der monatliche Lauf des Mondes um den Himmel bildet verschiedene Aspekte zum Radixmond und verstärkt damit immer wieder die Bindung an die Familie. I, wenn der laufende Mond dann in das Zeichen des Geburtsmondes eintritt, nimmt das Kind die Familiendynamik mit ihren physischen und geistigen Faktoren in sich auf. Großmütter sind sehr wichtige Personen. In diesem Zusammenhang habe ich bemerkt, dass die Mutter des Vaters eine größere Rolle spielt als die Großmutter mütterlicherseits. Ist man von der eigenen Familie abgeschnitten, muss man später eine Verbindung mit den tieferen Wurzeln der Familie suchen. Zum Beispiel den Ausgangspunkt für das Familienleben oder die natürlichen Rhythmen in der Familie an sich.

Teilnehmer: Weist der Mond im 4. Haus immer auf eine enge Verbindung zur Mutter hin? Ich habe den Mond dort, aber ich verstehe mich überhaupt nicht mit meiner Mutter!

Darby: Ich habe eine gute Freundin, sie ist Ende 60 und hat den Mond in der Waage im 4. Haus. Als Kind wurde sie adoptiert. Sie ist ihrer echten Mutter gegenüber gleichgültig und mag auch ihre Adoptivmutter nicht. Aber sie war fasziniert von ihrer eigenen Geschichte und hat sogar ein Buch darüber geschrieben. Ich denke, es handelt sich um eine starke Beziehung zum familiären Hintergrund. Ob diese angenehm ist oder nicht, hängt von etwas anderem ab. Das Auf und Ab in der emotionalen Fürsorge ist eng verbunden mit dem Empfinden, das die Mutter ihrer eigenen Familie gegenüber hat. Das Kind registriert dies, nimmt es an der Mutter wahr und verstärkt es in sich während der Kindheit, ja sogar noch im Erwachsenenalter.

Der Mond im **5. Haus** ist eingestimmt auf die Fähigkeit der Mutter zu Selbstausdruck und Spaß. Jedes Mal, wenn der transitierende Mond den Geburtsmond berührt, nimmt das Kind wahr, dass die Mutter eine kreative, lebensbejahende Interaktion zu ihm und dem Leben selbst aufnimmt. Diese Mondposition fühlt sich wie der Mittelpunkt der mütterlichen »Lebensbühne« an. Ob dieser Mittelpunkt ein glücklicher oder ein unglücklicher Ort ist, wird von anderen Faktoren entschieden. Das Kind registriert die dramatischen Möglichkeiten zwischen seiner Mutter und ihm selbst.

Ein Mond im **6. Haus** nimmt Tag für Tag und Monat für Monat das Ritual und die Routine wahr, die mit seinem Genährt-Werden einhergehen. Er ist eingestimmt auf die Prozesse des Saubermachens und Aufräumens. Das Kind nimmt die Haltung der Mutter zu diesen Ritualen in sich auf und spiegelt ihr diese mit seinem Verhalten. Selbstverständlich hat dies auch mit Lebensgewohnheiten und der Einstellung der Mutter zu Ordnung und Unordnung zu tun. Später werden die Bedingungen am Arbeitsplatz mit den Schwankungen des Gefühlslebens verbunden sein. Die Rituale des Alltags werden Gefühle von Fülle oder Mangel hervorrufen.

Diejenigen mit dem Mond im **7. Haus** empfinden die Kraft der Beziehung, die die Mutter zu ihrem Mann oder Lebensgefährten hat. Die Geburt dieses Kindes deckt sich mit ihrem emotionalen Bewusstsein von ihm und mit ihrem Umgang untereinander. Das Kind verbindet physische und seelische Rhythmen mit den Gefühlen der Mutter bezüglich der Sicherheit in ihrer Ehe. Später werden Partnerschaft und Ehe die Quelle der tiefsten Erfüllung oder des größten Mangels für den Geborenen darstellen. Für die Generation mit Neptun in der Waage wird dies oft mit einer außergewöhnlichen spirituellen Sehnsucht vermischt. Für die Generation mit Pluto in der Waage wird dieses menschliche Bedürfnis zu einer Angelegenheit von Leben und Tod. Es wird sich um eine Generation handeln, die Partnerschaftsrituale transformieren wird.

Der Mond **im 8. Haus** registriert die Ängste der Mutter vor Verlust sehr deutlich. Sei es der Verlust des Partners, der Verlust ihrer Sicherheit oder die Angst vor der Endlichkeit des Lebens. Das Kind nimmt die Kraft der Mutter, ihre Beziehung zu transformieren, zur Kenntnis, ebenso wie es auch ihre Hilflosigkeit in Bezug auf diese Themen wahrnimmt. Später rufen Beziehungen diese Ängste und die Möglichkeit zu emotionalem Wandel wieder wach. Das Leben wird als sehr intensiv und wirkungsvoll empfunden und jemand mit dieser Mondstellung erlebt Wogen großer Kraft und Gefühle tiefer Abhängigkeit. Diese Menschen verbinden sich mit anderen voll und ganz – oder gar nicht. Transformation ist Teil ihres Lebens.

Mit dem Mond im **9. Haus** ist die Mutter meist mit Menschen verbunden, die zeitweise weit weg sind. Das Hin und Her der emotionalen Bindung hängt davon ab, ob diese wichtige Quelle oder Person gerade anwesend ist oder nicht. Es kann sich dabei um ihre Mutter, die Familie oder den Mann handeln, die kommen und gehen, und sie fühlt sich entsprechend sicher oder unsicher.

Ich kenne eine Frau mit dem Mond im 9. Haus in Konjunktion mit Neptun in der Jungfrau. Ihre Mutter war sehr religiös und oft krank. Das Sicherheitsgefühl des Kindes hing davon ab, ob sie gesund war und sich um es kümmern konnte oder ob sie krank und abgelenkt war. Diese Person ist nun im mittleren Alter und ihre Sicherheit kommt und geht, je nachdem wie sie sich von ihrer Religion gestützt fühlt. Manchmal spürt sie die Verbindung und manchmal scheint sie so weit weg zu sein.

Mit dem Mond im **10. Haus** ist die Aufmerksamkeit der Mutter vermischt mit ihrem Ehrgeiz. Während die Monate vergehen, zeigen sich ihre Ambitionen, das Kind perfekt zu versorgen und zu ernähren. Dies geschieht, um die kindlichen Bedürfnisse zu stillen, aber es geht ihr auch um ihr eigenes Verlangen, den Respekt der Mitmenschen zu gewinnen. Was sie für das Kind tut, dringt in tiefste Schichten von dessen Gefühlskörper ein und man entwickelt die Verbindung zwischen Arbeit und emotionaler Befriedigung. Wenn die Arbeit den Respekt einbringt, den man benötigt, fühlt man sich vom Leben bestärkt. Bleibt diese Wertschätzung aus, erleidet man ein Gefühl von Mangel. Es wird interessant sein zu sehen, wie diejenigen mit dem Mond im 10. Haus und Uranus und Neptun im Steinbock dies empfinden werden. Sie wurden in einer Zeit geboren, in der die Strukturen der Gesellschaft sich stark verändern und reformieren werden. Ich frage mich, ob diese Menschen ihren eigenen persönlichen Rhythmus der Sicherheit und Unsicherheit von gesellschaftlich umfassenderen Themen abhängig machen müssen. Ich nehme zumindest an, dass es so sein wird. Das Kind mit dem Mond im **11. Haus** registriert, in welchem Maß die Mutter ihre Aufmerksamkeit auf ihr Außenleben, ihren Kreis von Freunden und Gleichgesinnten sowie ihre Verbindung zu den gesellschaftlichen Bedürfnissen richtet. Ihre Idealvorstellungen von der Gesellschaft und die Art, wie sie sich für diese engagiert, beeinflussen das Kind. Sein Vertrauen in die Quellen des Lebens ist eng verknüpft mit der Fähigkeit, mit den Mitmenschen auf sinnvolle Weise in Kontakt zu treten. Später findet es vermutlich Gruppierungen von Menschen, die für ein gemeinsames Ideal arbeiten. Das Gefühl für die Fülle oder Leere des Lebens ist mit kollektiven Idealen verbunden.

Nun zum Mond im **12. Haus**. Während der ersten Lebensphase erlebt dieses Kind die Mutter wie im Schlaf. Möglicherweise ist sie krank, in der Klinik oder in einer anderen Einrichtung. Vielleicht fühlte sie sich auch nur irgendwie eingeschlossen, aber da sind Krankenhäuser und Institutionen naheliegend, nicht wahr?

Ich habe eine Freundin, die ihr erstes Kind mit fast 40 Jahren bekommen hat. Das Kind hat den Mond im 12. Haus und ich fragte sie, ob sie während der ersten Zeit mehr oder weniger immer geschlafen hätte. Sie lachte und sagte, dass sie verzweifelt versucht hätte, überhaupt Schlaf zu bekommen, es kam aber nie dazu, weil sie so erschöpft war. Dies umso mehr, da ihr zweites Kind unvorhergesehen schon 18 Monate später geboren wurde. Mit dem Mond im 12. Haus registriert das Kind das innere Seelenleben der Mutter so intensiv, dass es gar nicht weiß, was es fühlt. Seine tiefsten Gefühle sind manchmal jahrelang wie unter Wasser verborgen. Es scheint wie geschaffen für die Aufopferung und hat ein tiefes Empfinden für das Alleinsein, was manchmal problematisch werden kann, aber nicht sein muss.

Der Mond zeigt ferner, wo wir anderen Menschen am meisten ähneln, wenn es um die kleinen menschlichen Schwächen geht. Das Haus des Mondes sagt, wo diese normale Menschlichkeit hervortritt, wo Ihr am meisten zu Hause seid. Wenn man also den Mond im 4. Haus hat und man befindet sich in seiner Wohnung, also auf dem eigenen Territorium, dann treten die natürlichen Reaktionen am normalsten hervor. Zeichen und Haus beschreiben die ureigene Art, wie man normales menschliches Verhalten an den Tag legt. Wenn der Mond im 2. Haus steht, ist das Bedürfnis nach materieller Sicherheit am ehesten so wie bei allen anderen auch. Hier haben wir also nicht nur etwas von unseren Ahnen geerbt, sondern hier folgen wir dem Herdentrieb.

Aspekte des Mondes zu den anderen Planeten

Teilnehmer: Haben nicht auch die Aspekte sehr viel damit zu tun?

Darby: Ja, natürlich. Durch sie wird dieses Hin und Her zu einer ganz persönlichen Geschichte. Die Aspekte werden unter anderem die Dauer und die Intensität des emotionalen Rhythmus, den man mit seiner Mutter hatte, beschreiben. Von einem Standpunkt aus betrachtet, sind wir ganz und gar ein Teil ihres Rhythmus. Da wir aber mit dieser speziellen lunaren Konfiguration geboren wurden, die unser eigenes Energiefeld beschreibt, spielt auch die eigene Energie eine Rolle in diesem Tanz mit sich und den anderen. Die Aspekte beschreiben die Besonderheit dieses Rhythmus, der später den emotionalen Umgang mit den Mitmenschen auszeichnen wird.

Aspekte mit äußeren Planeten

Teilnehmer: Wie ist es bei Mond Konjunktion Pluto im Löwen?

Darby: Gut, beginnen wir mit etwas Einfachem. Aber zuerst noch ein paar Worte zu den Winkelverbindungen des Mondes zu den Planeten jenseits von Saturn. Wir betrachten die Aspekte als den Rhythmus, mit dem uns unsere Mutter nährt, und dies jeweils abhängig von den inneren oder äußeren Umständen. Bildet nun ein äußerer Planet einen Aspekt mit dem Mond, dann spürt die Mutter aus irgendwelchen Gründen die Macht des Kollektiven. Sie reagiert auf diese Kraft und auf das Kind gleichzeitig – vor allem, wenn es sich dabei um eine Konjunktion handelt. In gewisser Weise identifiziert sie sich so vollkommen mit einer bestimmten Ebene des Kollektiven, dass man als Kind mit einer Mutter in

Verbindung steht, die schon beinahe ein Archetyp für etwas ist. Ihr persönliches Leben wird von diesem größeren Prinzip in Besitz genommen, entweder weil sie sich so zersplittert oder weil sie davon so angeregt ist. Wahrscheinlich ist es sogar beides gleichzeitig. Bei Spannungsaspekten ist diese kollektive Thematik unmittelbar damit verbunden, wie sie das Kind bemuttert, jedoch eher auf eine schwierige und zugleich bewusste Weise. Bei den weicheren Aspekten fließt die kollektive Seite auch in das Muttersein ein, jedoch entpersonalisieren diese nicht so sehr.

Wer von den hier Anwesenden hat einen engen Aspekt zwischen dem Mond und einem der transpersonalen Planeten? Den Handzeichen nach zu urteilen fast alle. Ihr alle kennt vermutlich das Gefühl, von etwas Größerem erfasst, angeregt, übernommen zu werden und sich damit zu identifizieren. Denken wir z. B. an Meditation, Liebe, das Essen von Schokolade oder einen magischen oder höllischen Urlaub. Ihr wisst, was es bedeutet, mit allem, was ihr tut, immer ganz eins zu sein. Gerade in diesem Zustand schwindet die Zeit. Ebenso wisst ihr, wie es sich anfühlt, aus diesem Zustand wieder herauszutreten. Das Leben erlaubt es uns nicht, die ganze Zeit mit etwas Transzendentem identifiziert zu sein.

Wir haben Mythen über Meister und Erleuchtete und vielleicht können wir ja selbst auf diesem Planeten dahin gelangen, ein solcher zu werden. Wir hoffen und wünschen dies. In gewisser Weise erreichen wir dies, wenn wir als Geschöpfe und der transzendente Zustand eins werden. Aber sehr oft liegt darin etwas Zerstörerisches, es sei denn, man arbeitet Tag um Tag und Jahr für Jahr eisern daran, diesen Zustand zu erlangen. Der Zustand nimmt gelegentlich auch pathologische Züge an und die Freunde sagen dann: »Jetzt hat sie sich wieder verknallt« oder »Den kann man derzeit vergessen.« Der Zustand der Transzendenz ist nicht wirklich gestattet, außer man kommt durch das Tor Saturns.

Teilnehmer: Soll das heißen, so etwas war vor der Entdeckung der Transsaturnier gar nicht möglich?

Darby: Oh, nein! Der Mond mit starkem Aspekt zu Jupiter kann einem das Gefühl der völligen Identifikation mit seinem Lehrer oder dem Mystischen geben. Mond und Venus identifizieren sich mit der Liebe. Aber mit den äußeren Planeten hat diese Identifizierung etwas Unkontrollierbares an sich, das wir nicht gut einschätzen können. Bei Aspekten zwischen Mond und Jupiter oder Mond und Neptun haben emotionale Erlebnisse fast religiösen Charakter. Aber die Dimensionen sind verschieden. Jupiters Territorium kennen wir, seitdem es Astrologie gibt, aber der Bereich des Neptuns ist neu und Teil der Entwicklung auf dem Wege zur Vereinheitlichung unserer Art. Aber jetzt gerate ich in ein etwas zu weites Feld.

Mit Mond-Jupiter kann es passieren, dass man sich mit einem religiösen Archetypus identifiziert und das hat man wiederum aus dem Verhalten seiner Mutter absorbiert. Mit Mond-Neptun nimmt man etwas in sich auf, vielleicht die Spuren eines kollektiven Greifens nach der Ewigkeit, die noch nicht ganz in Erscheinung getreten ist. Das ist für uns viel verwirrender als ein Mond/Jupiter-Aspekt, weil wir unser Gefühl von Erfüllung suchen, finden und verlieren, wenn wir uns mit so subtilen und undefinierbaren Dingen verbinden wollen. Die äußeren Planeten sind immer noch jenseits unserer bewussten Reichweite. Sie spiegeln etwas wider, das jenseits unseres kollektiven Raum- und Zeitgefühls liegt.

Also, wenn Eure Mutter nicht aus einer anderen Dimension kam und Ihr den Mond in Konjunktion zu Uranus, Neptun oder Pluto habt, sind die Chancen groß, dass in Euren frühen Zeiten etwas ziemlich Verstörendes vor sich ging. Die Mutter war beides, persönlich und kollektiv. Sie war im Guten wie im Bösen die Mutter von Dr. Spock bei Mond-Uranus. Bei Mond-Neptun war sie die verlorene und wiedergefundene Mutter, die verschwindende Mutter und die Traummutter.

Mit Mond-Pluto war sie Kali, die lebenspendende und todbringende Mutter. Ihre Gefühlstiefe während der Mutterschaft war enorm. Jedes Mal beim Stillen bekam das Kind auch gleich eine Ladung von diesem besonderen Zustand mitgeliefert, zum Beispiel durch ihren Blick. Dadurch war das Kind entweder erleuchtet oder nur noch ein Häufchen Elend. Es gibt kaum Spielraum. Menschen mit Aspekten zwischen Pluto und Mond erleben eine Alles-oder-nichts-Situation. Dies gilt nicht nur für Konjunktionen, sondern auch für andere Aspekte zwischen dem Mond und den äußeren Planeten. Ihr sucht entweder die höchste Manifestation dieses äußeren Planeten oder Ihr leidet, eins von beiden. Gefühle müssen machtvoll, transformierend und erleuchtend sein oder sie zu haben ist wertlos.

Unter Mond/Pluto-Aspekten überträgt sich die Intensität der Gefühle von der Mutter auf das Kind. Sie hatte derartig starke Gefühle in der Schwangerschaft und nach der Geburt, dass sie sich auf eine gewisse Art gefühlsmäßig abschottete. Diese Gefühle erreichen das Kind aber dennoch, es hat Antennen dafür. Das Kind erlebt die Mutter und das Leben sehr intensiv. Manchmal sind die Empfindungen so stark, dass sie für eine Weile ausgeschaltet werden. Die Gefühle der Mutter sind manchmal so überwältigend, dass das Kind dies nicht verkraftet. Menschen mit dem Mond in einem Aspekt zu Pluto brauchen starke emotionale Begegnungen, um etwas zu empfinden. Die Lebensgeschichte der Seele ist sehr wirkungsvoll. Die Seele ist manchmal für eine gewisse Zeit im Verborgenen und nichts zeigt sich an der Oberfläche, doch gibt es plötzlich einen Ausbruch von intensivem Gefühlsleben. Danach ist wieder alles ruhig, während es in der Unterwelt weiter vor sich hinarbeitet.

Teilnehmer: Persephone.

Darby: Ja und Demeter und Hades.

Teilnehmer: Könnte es sich anders anfühlen, wenn man Brüder und Schwestern hat? Man hätte dann die Möglichkeit, seine Mutter von einer ganz anderen Warte aus wahrzunehmen. Als ich das Horoskop meines Bruders erstellte, fand ich zu meiner Überraschung einen Mond/Pluto-Aspekt.

Darby: Das ist ein interessanter Gedanke. Was meinen wir, wenn wir sagen »unsere Mutter«? Wo ist diese gemeinsame Mutter? Neulich hatte ich einen Klienten, der den Mond im Schützen im Quadrat zu Saturn im Löwen stehen hatte. Seine Mutter beschrieb er als kalt und schrecklich. Ich fragte ihn, wie seine Schwester mit der Mutter auskomme, und er sagte, sie hätte kein Problem mit der Mutter. Ich schaute das Horoskop der Schwester an und sah, dass sie Mond und Venus im Schützen hatte und dass beide Planeten ein Trigon zu Pluto bildeten.

Teilnehmer: Als Du vorhin über Meisterschaft beziehungsweise das Durcheinander beim Thema der transpersonalen Planeten sprachst, musste ich an einen Bekannten denken, der einen exakten Mond/Pluto-Aspekt hat. Er ist Millionär, also hat er diese Macht sehr effektiv umgesetzt. Ich finde das aber nicht sehr produktiv. In seinen persönlichen Beziehungen sucht er nach plutonischen Erlebnissen – nicht so sehr Macht, sondern die extremen und exzessiven Erfahrungen. Auf eine Art ist er ein Meister, aber auf eine andere gerät er manchmal in sehr chaotische Erlebnisse.

Darby: Ich glaube, so ist es oft. Wir leben unterschiedliche Seiten des Aspekts. Wichtig ist wahrzunehmen, auf welcher Seite wir uns gerade befinden. Wir entwickeln die Fähigkeit des Nachdenkens vielleicht als Ergebnis der Erfahrungen, die wir im Laufe der Zeit durch die Reise des progressiven Mondes machen. Durch diese Kraft des Nachdenkens werden wir Zeugen unserer Selbst und unserer Verhaltensmuster. Wir können die Möglichkeiten, die in unseren lunaren Konstellationen liegen, erkennen und durch unser Leben über die Dinge nachdenken, die uns widerfahren. Wir können die Möglichkeiten in unseren Mondpositionen erkennen und aufgrund der jeweiligen Erlebnisse während des Lebens überdenken. Wir können unsere menschlichen Bedürfnisse erkennen und sehen, wie sie sich durch Zeichen, Haus und Aspekte bemerkbar machen, sodass wir dann vielleicht uns und unser schädigendes Verhalten erkennen. Die Aspekte können wir nicht ändern, sie sind ein Geschenk des Lebens an uns. Aber wir können uns beobachten und unsere Phasen von Fülle und Leere erkennen. Mit einem Mond/Pluto-Aspekt können wir sagen: »Hier bin ich mit meinen Gefühlen von Leben und Tod bei dieser Geldangelegenheit oder in dieser Liebesaffäre. Ich werde entweder transformiert oder umgebracht – das ist meine Art, mich ins Leben einzubringen.«

Aspekte zu persönlichen Planeten

Wenn der Mond eine Konjunktion zu Saturn oder Jupiter hat, bekommt man immer mit, in welcher sozialen Situation sich die Mutter befindet. In welcher sozialen Rolle sie gefangen ist. Man könnte sagen, Jupiter und Saturn berichten etwas über die »lokalen Zeit- und Raumgötter«, die Autoritätspersonen im Umfeld der Mutter. Einige Beispiele:

Saturn in Konjunktion zum Mond im Widder: belagerter Krieger heiratet Amazone.

Saturn in Konjunktion zum Mond in der Waage: der gerechte Richter heiratet die Liebe. Sie, die Mutter, ist mit einem sozialen Archetypus verheiratet und das Kind nimmt diese Werte mit der Muttermilch in sich auf.

Mit Jupiter gibt es wohl mehr Spaß. Die Mutter genießt das optimistische und eher abenteuerlustige soziale Klima. Manchmal ist ein Aspekt zwischen Mond und Jupiter auch ziemlich wild. Ich habe zwei Klienten mit dieser Konstellation. Sie schlucken permanent Tabletten, um sich emotional stabil zu halten. Aber ich habe auch eine Freundin mit dieser Konjunktion im Stier. Sie treibt es ziemlich bunt, aber nicht so weit, dass sie alles aus den Augen verliert. Solange das Leben Freude macht, gibt es keinen größeren Spaß, aber wenn es das nicht tut, dann ist es sehr hart für sie.

Mond/Venus-Konjunktionen sind für ein enges Verhältnis zur Mutter bekannt, obwohl ich Klienten habe, die dies verneinen. Ich glaube aber, dass es stimmt: »Eng« heißt nicht immer »erfreulich«.

Ich möchte von einem Mann mit einer Mond/Mars-Konjunktion im Schützen auf dem Aszendenten erzählen. Seine ganze Erinnerung an seine Mutter ist mit Angst verbunden. Er hatte zwei schreckliche Erlebnisse mit ihr. Sie starb, als er drei Jahre alt war. Von seinen älteren Geschwistern wusste er, dass sie viele Gesichter hatte, aber zu der Zeit, als er geboren wurde, hatte sie viele Probleme und war verängstigt. Er erzählte mir von einem Ereignis, das er mit ihr hatte, als er noch sehr klein war. Er war gerade eingeschlafen war, als sie ihn aus dem Bett riss, weil er seine Gebete noch nicht gesprochen hatte. Sie war böse, weil er seine Gebete nicht alle konnte. Da sie starb, als er noch so klein war, stelle ich mir vor, dass sie um ihr Überleben kämpfte. Sie war nur Bewegung, Tat und Wut.

Teilnehmer: Wie ist sie gestorben?

Darby: Sie brachte sich »aus Versehen« um. Es war ein Unfall. Schrecklich und traurig. Der Sohn hat die Sonne im Krebs und spricht von ihr mit Liebe, aber seine Erinnerungen an sie sind immer mit Angst verbunden. Er hat die Sonne im 7. Haus und der Mond steht am Aszendenten. Der Sohn tritt intensiv mit anderen in Kontakt, aber auf eine spezielle Art. Er ist sehr witzig und philosophisch veranlagt. Er ist entweder hundertprozentig bei der Sache oder er ist ganz still, wie abgeschaltet.

Wenn man einflussreiche Planeten in einem Aspekt zum Mond hat, dann war die Mutter zeitweise, aber spürbar oft, in ganz andere Dinge versunken. Mit Quadrat und Opposition scheinen es mehr die Umstände zu sein, aber letztlich ist es ihre Reaktion auf diese Umstände. Da es im Horoskop des Kindes ersichtlich wird, ist es gewissermaßen ein Geburtsrecht – die Existenz des Kindes entlockt ihr eine Reaktion. Wenn es sich um eine Konjunktion handelt, ist es das, womit sie sich zu dieser Zeit am meisten identifiziert hat und manchmal hat sie einfach nicht im richtigen Maß auf das Kind reagiert.

Sind Uranus oder Saturn an einem Aspekt zum Mond beteiligt, nimmt die Mutter es ganz genau und hält sich an die Regeln ihrer sozialen Gruppe. Wenn es Venus oder Neptun sind, hält sie sich an ein romantisches Bild, egal ob sie es aus dem Fernsehen oder aus Büchern übernimmt. Dies geschieht ganz unbewusst. Das Kind nimmt dies aber in sich auf und später, im Verlauf der eigenen Entwicklung, greift man auf diese Energie zurück. Dieser Austausch mit dem Kind erfolgt übe ihrem Blick.

Teilnehmer: Was muss man unter »ihrem Blick« verstehen?

Darby: Es ist dieser ganz besondere Blick, der zwischen Mutter und Baby immer und immer wieder geschieht, meistens beim Stillen. Es ist eine ruhige, ekstatische Gemeinschaft, ich habe es schon oft gesehen. Auch bei nicht stillenden Frauen habe ich es bemerkt. Manche Mütter lassen es öfters zu und nehmen sich sehr viel Zeit dafür, besonders beim ersten Kind, und andere verwenden weniger Zeit darauf. Wann auch immer es passiert, es ist etwas, das von der Seele der Mutter an das Kind weitergegeben wird. Es entspringt der Familienseele der Mutter, die auch Teil der Seele der Welt ist. Dieses neue kleine Geschöpf wird seine eigene Seele aus dieser Vergangenheit wachsen lassen. Nun, die Aspekte scheinen die Dauer, die Intensität und den Rhythmus dieses Blickes zwischen Mutter und Kind zu beschreiben.

Es gibt einen Punkt im Leben, an dem es keine Rolle mehr spielt, ob die Aspekte zum Mond positiv, negativ, schwierig oder harmonisch sind. Es macht nichts. Wir müssen irgendwann so weit kommen, dass wir klarkommen mit dem was wir sind, von welchen Aspekten auch immer dies reflektiert werden mag. Aber oft müssen wir bis dahin einen langen Weg gehen. Mit der Zeit schaffen wir es, uns selbst zu akzeptieren. Nachdem wir uns mit all diesen Herausforderungen der Aspekte auseinandergesetzt haben, gewinnen wir eine subtile Klarheit bezüglich der Akzeptanz des eigenen Selbst. Ein Blick auf unsere frühe Konditionierung, durch den Spiegel des Mondes geworfen, ist ein guter Weg, anzufangen. Daraus resultiert eine Art sich selbst kennenzulernen und sich ganzheitlich und bedingungslos auf das Leben einlassen. Es gibt einen Punkt, an dem jeder Aspekt und jede Planetenposition einfach nur den Eintritt ins Leben und in die frühe Gestaltwerdung des Lebens reflektiert. Euer Erbe im Guten wie im Schlechten. Wir als menschliche Wesen erschaffen uns selbst aus den Umständen, die wir in der Kindheit geerbt haben.

Teilnehmer: Was ist eigentlich mit den Schäden? So viele von uns fühlen sich, besonders im Gefühlsleben, angeschlagen. Oder wir denken von anderen, dass es bei ihnen so sei, selbst wenn diejenigen sich selbst in Ordnung finden. Kommt das nicht von den Beziehungen zu unseren Müttern?

Teilnehmer: Und unseren Vätern!

Darby: Natürlich, das was wir »Schatten« nennen, kommt auch von unseren Vätern und von unserer Umwelt, materiell und psychisch. Es ist ein Teil des Lebens. Wir haben ein Idealbild von unserem Selbst und von der Welt und dazu kommt all das, was hier und jetzt passiert. Und sehr oft gibt es eine große Lücke dazwischen, mit der wir umgehen müssen. Hier und heute sehen wir uns dies aus der Ansicht des Mondes an. Meistens beschreiben wir unsere emotionalen Schwierigkeiten mit Worten, wie »all meine Probleme stammen von meinem Mond in … welchem Zeichen auch immer. Wir werden sagen »ich leide, weil ich mich mit meinem Mond im 8. Haus … fühlte«, oder »die Erwartungen, die meine Mutter an mich stellte, haben mich bedrängt«. Aber meistens schauen wir auf unsere Aspekte, um zu sehen, warum unser Gefühlsleben nicht perfekt ist.

Teilnehmer: Mein Mond steht im 2. Haus, im Quadrat zu Saturn im Skorpion im 5. Haus. Ich liebe meine Mutter sehr und habe keine Ressentiments gegen sie. Die habe ich aber gegen meinen Vater, der grausam ist und meine Mutter schrecklich unterdrückt hat. Aber sie bewundere ich und ich teile ihren Sinn für Schönheit, wie wir es vorher über das 2. Haus schon gehört haben. Sie hat einen ungewöhnlichen Garten.

Darby: Ich frage mich, ob es da nicht doch vergrabene Ressentiments gibt, mit Saturn im Skorpion, oder eine versteckte Angst. Aber ich verstehe die Bewunderung für sie mit dem Mond im 2. Haus und Deinen Stolz auf ihre Kreationen. Ein Löwe-Mond liebt es zu lieben und hasst es, seine Nahestehenden nicht zu mögen oder sich für sie schämen zu müssen. Du solltest Dich beobachten, ob Du in irgendeiner Form Dein kreatives Leben selbst behinderst oder ob Du etwas projizierst. Aber Du solltest auch nicht Deine Psyche auseinanderreißen, um nachzusehen, ob in einer verborgenen Tasche doch noch etwas Dunkles lauert. Achte einfach auf Projektionen in Deinem Leben. Mit Mond im Quadrat zu

Saturn muss man hart arbeiten, um mit der Nahrung, die er empfängt und gibt, emotional in Berührung zu bleiben. Er kann vertrocknen, ohne dass man es bemerkt. Fühltest Du Dich jemals isoliert?

Teilnehmerin: Ich bin Widder, glaubst Du, ich gebe mir die Zeit, das zu bemerken?

Darby: Nein, das tust Du vermutlich nicht. Vielleicht wird es körperlich.

Teilnehmerin Meine Haut und meine Haare werden furchtbar trocken.

Darby: Dann wäre es interessant, darauf zu achten, ob Du Dich von dem emotionalen Fluss um Dich herum abschneidest. Wenn der Mond im Quadrat zu Saturn unbewusst bleibt, kann das Leben sehr trocken werden. Pflicht und Verantwortung nehmen dann den Platz von Wärme und Trost ein. Ganz nach dem Motto: Arbeite hart und empfinde keine Gefühle! Mond im Quadrat zu Saturn ist das Erbe einer Mutter, die Lasten trug und deren Leben ein Kampf war. Sie war von ihren eigenen emotionalen Bedürfnissen abgeschnitten.

Teilnehmerin: In diesem Fall hatte sie keine Zeit, weil sie schon zwei Kinder hatte und einen gewalttätigen Ehemann.

Darby: Und diese Information hast Du von ihr mit jeder Berührung eingesogen. Die Tendenz, Deine eigenen Gefühle zu missachten, kommt zufällig zusammen mit dem Hang, so umtriebig zu sein, sodass Du Dich gar nicht erst abgeschnitten fühlen kannst. Der Teil von Dir, der beurteilt, der saturnische Part, kann Dich eher unterdrücken, als Dir bei der emotionalen Interaktion mit anderen helfen. Du hast von Deiner Mutter einen Hang zu Selbstunterdrückung geerbt, der in ihr so tief saß, dass sie es gar nicht wahrgenommen hat. Ihr natürlicher Instinkt, die Schwangerschaft und die Freude an ihrem kleinen Kind zu genießen, bekamen ein Gegengewicht, sodass sie dem Sog dieser Sinneserfahrung widerstand.

Teilnehmerin: Aber ich denke, es war eher Erschöpfung und die mangelnde Unterstützung meines Vaters als etwas in ihr.

Darby: Oh ja, ich lege gerade die Betonung eher auf eine unterdrückende Information in ihr als auf ihre Umstände. Löwe-Skorpion ist ein fixes Quadrat und darum meine ich, dass dies ein Teil ihres Wesens ist. Doch auch du empfindest den Mond als Deine Mutter und den Saturn als Deinen Vater. Die Versuchung, das ganze Horoskop anzuschauen, ist jetzt sehr groß. Aber ich möchte gerne noch bei diesem Aspekt bleiben.

Es spielt keine Rolle, ob es tief verwurzelt oder den Umständen geschuldet ist, als Kind hast Du die ganze Packung in Deinen Körper und das emotionale Wesen aufgesogen. Oftmals kritisiert man die Mutter und nimmt es ihr übel, weil sie einem nicht geholfen hat, wie man es für nötig gehalten hätte. Du bist auf ihrer Seite wegen ihres Kampfes gegen Unterdrückung. Wahrscheinlich hast Du ihre Härte gegen Dich als nötig empfunden, wegen der Umstände. Aber Du bist auch hart zu Dir selbst in Bezug auf emotionale Wünsche. Bist Du hart zu anderen Frauen?

Teilnehmerin: Du meinst, Frauen gegenüber, die ihre Verantwortung nicht wahrnehmen?

Darby: Ja, Frauen, die ihren Gefühlen folgen anstatt ihren Pflichten.

Teilnehmerin Ich halte es für sehr selbstsüchtig, einfach nur zu tun, wozu man Lust hat. Das ist doch der Grund, warum so viele Ehen scheitern.

Andere Zuhörerin: Ich denke, das häufige Scheitern so vieler Ehen heutzutage liegt daran, dass viele Frauen jetzt meinen, sie sollten ihren Gefühlen folgen, nachdem sie so lange unterdrückt wurden, oder die Welt zerstört sich noch weiter.

Darby: Und Du hast den Mond in welchem Aspekt zu Uranus?

Teilnehmerin: Na ja, ich habe den Mond im 10. Haus im Quadrat zu Uranus im 7. Haus.

Darby: Es ist doch interessant, wie unsere Haltung darüber, wie andere sich benehmen sollten, diesem fruchtbaren Planeten entspringt. Worauf ich hinführen möchte ist, dass wir alle unseren Gefühlskörper durch unsere Mutter aufgenommen haben und durch ihren Körper haben wir auch die Geschehnisse aufgenommen, die zu unserer Gefühlsgeschichte geworden sind und die zur Entwicklung unserer Seele führen. So nehmen wir auch das Karma der Familie auf, nicht alles davon, aber jedes Kind schlägt eine bestimmte Saite der Familiengeschichte an, sei es die der Schönheit oder der Schäden dieses Familiendramas. Diese Saite wird es immer und immer zum Klingen bringen. Und auf diesem Akkord wird es seinen Umgang mit anderen aufbauen.

Teilnehmer: Du sagtest, dass der Schaden, der der Mutter zugefügt wird, weitergegeben wird.

»Das Mutterproblem«

Darby: Schaden, ja. Lasst uns dieses Wort benutzen für all das, was unsere natürliche Reaktion auf das behindert, was das Leben in seinem ganzen Umfang bietet. Nennen wir es einfach das »Mutterproblem«.

Was wir als »Schaden« bezeichnen, ist ein Teil dessen, dass wir in diese Welt geboren wurden. Wir alle hegen ein persönliches und kollektives Ideal in Bezug auf Sicherheit und vorbehaltlose Liebe. Je größer die Kluft zwischen unseren Vorstellungen und dem realen Leben Tag für Tag ist, desto mehr empfinden wir es als Schaden. Diesen kann man keiner Stelle mit größerer Bestimmtheit zuordnen als der Beziehung zur Mutter. Zumindest ist es so in unseren Zeiten. Vor 2000 Jahren mag das Verhältnis zwischen männlich und weiblich noch anders gewesen sein. Aber jetzt müssen wir uns darauf besinnen, dass es ein komplexes Vermächtnis aus dem Denken der Eisenzeit gibt. Für uns spitzt sich das Ganze zu auf die Beziehung mit der Mutter und die Frage, wie nah oder fern sie dem individuellen oder kollektiven Ideal stand. Wir werden auf jeden Fall einen Mangel empfinden, es sei denn, wir hätten den Mond im Krebs im 4. Haus oder Mond im Stier im 2. Haus im Trigon zu Jupiter im Krebs.

Jedenfalls fühlt das Kollektiv sich von seiner Vergangenheit, von seinen Müttern oder seinen Eltern beschädigt, falls es eine

Aktivität der äußeren Planeten gibt. Es gibt kaum eine Planetenposition, die nicht eine solche Lücke aufweist. Die Mutter ist die Trägerin des Göttinnen-Archetypus. Sie muss ihn tragen, weil wir ja kaum noch Göttinnen haben. Manche Katholiken haben die Mutter Maria und wenn man sie zur Genüge hat, muss man seine eigene Mutter nicht für alle Schmerzen verantwortlich machen. Aber die meisten von uns haben keine Kirche oder Religion oder Götter und Göttinnen, an denen wir unseren archetypischen Geist festmachen könnten. Wenn es um das perfekte weibliche Prinzip geht, schauen wir in unserer modernen westlichen Art auf unsere Mutter und sie muss daran scheitern.

Wir haben von unserer menschlichen Mutter verlangt, dass sie diesen Archetypus lebt. Diejenigen von Euch, die Kinder haben, erwarten wiederum, dass ihre Kinder dasselbe von ihnen verlangen werden. Vielleicht werden sie auch etwas ganz anderes tun. Als psychologische Astrologen betrachten wir den Mond und seine Aspekte und sehen den Unterschied zwischen dem idealen Nähren und der Art, wie unsere Mutter sich verhielt. Vorhin erwähnte jemand Trigone und Sextile. Warum ist es so schwer, über sie zu sprechen?

Teilnehmerin: Die fehlende Reibung.

Darby: Ja, genau. Wir müssen uns der Kräfte, die zwischen Trigonen und Sextilen wirksam sind, nicht bewusst werden. Vielleicht gerade noch bei Sextilen. Menschen mit Trigonen verstehen die Probleme nicht, weil es für sie doch ganz einfach ist. Quadrate bedeuten Arbeit, denn man muss Bewusstsein entwickeln. Ansonsten würde man seinen Kopf nur gegen immer dieselben Wände schlagen. Sind Mondaspekte im Spiel, aktivieren Gefühlssituationen Mutterkomplexe. Aber mit harten Aspekten kann man diese klarer erkennen. Mit den harmonischen Aspekten scheint alles so richtig zu sein, dass man es schwerer erkennt.

Teilnehmerin: Ich habe den Mond im Trigon zu Neptun und man wirft mir vor, ich würde mich immer in die Probleme anderer Leute einmischen. In der Therapie ist das ein echtes Problem. Aber ich sehe nicht ein, warum es schlecht sein soll, sich so auf andere Menschen einzulassen. Ich finde es viel besser, als sich nicht mit den Schmerzen anderer identifizieren zu können.

Darby: Und Deine Mutter?

Teilnehmerin: Sie war sehr einfühlsam. Später fand ich sie zudringlich. Sie wurde Alkoholikerin, als mein Vater starb. Ich dachte, mein Herz würde zerbrechen. Aber lieber das, als nichts zu empfinden.

Darby: Ja, das kann ich verstehen. Deine Mutter hatte wahrscheinlich eine romantische Vorstellung von sich selbst hinsichtlich der Beziehung zu Dir und zu ihrem Mann. Das romantische Bild ist Dir nicht in die Quere gekommen und es hat Deinem Verlangen nach Sicherheit nicht geschadet.

Was ist oder wäre mit Mond im Trigon zu Mars? Die Mutter ist energetisch aber diese Energie stört Euren Rhythmus nicht, weil es kein Quadrat ist. Wenn man an eine Frau mit Mond Trigon Mars oder Mond Trigon Venus denkt – oder an einen Mann mit diesem Aspekt und welche Art von Frauen er anzieht –, wird die Frau mit Mond Trigon Mars ihre Energien energetischer und weniger anmutig ausleben als diejenige mit Mond Trigon Venus. Aber beides wird harmonisch in das Gefühlsleben integriert, es wird nicht stören und verlangt weniger Bewusstmachung als ein Quadrat. Es braucht weniger Aufmerksamkeit und es gibt kein Gefühl von Schaden.

Ich will noch einmal zusammenfassen: Das Zeichen, in dem der Mond steht, sagt uns, auf welchen Archetypus als Mutter man eingestimmt ist. Davon gibt es zwölf verschiedene Versionen. Das Zeichen ist niemals ein Problem, denn jedes Zeichen hat seine eigene Welt, sein eigenes Leben. Vielleicht ist es in einem Zeichen etwas gemütlicher als in einem anderen. Aber die Geschichte des Tierkreises ist, dass es zwölf Haupttypen gibt und der Mond in einem dieser Zeichen ist einfach eine Urform, durch die sich die weibliche Seite des Lebens manifestiert.

Die Hausposition besagt, welche Seite des Lebens in den ersten Monaten immer wieder aufgeschlagen wurde, sodass die Aufmerksamkeit für diesen Gesichtspunkt des Lebens durch die Zu- und Abnahme des täglichen Nährens geweckt wurde.

Die Aspekte von anderen Planeten entsprechen den Dingen, die uns entweder stören oder dabei helfen, die Nahrung des Lebens zu finden. Die Aspekte und die Hausposition sagen etwas darüber aus, wie die Mutter uns »beschädigt« hat, indem sie unsere Erwartungen an das Mutterideal nicht erfüllt hat. Der Schaden bestand darin, dass sie nicht der Archetypus selbst war. Die Aspekte geben das Muster an, inwieweit sie von unserer inneren Vorstellung abwich. Natürlich wird jeder Astrologe das Muster aus seiner eigenen Perspektive interpretieren, aber Zeichen, Haus und Aspekte werden das Muster vorgeben.

Wenn wir noch einen Schritt weitergehen, dann deckt das lunare Muster nicht nur Informationen über die Art von Schaden auf, sondern es enthüllt auch das Muster, das zur Seele weist. Diese lunare Konfiguration sagt etwas aus über den Pfad der Seele zum Wachstum. Ein Mond/Saturn-Quadrat zum Beispiel lässt die Lebensreise als einen Trip in ein raues Land erscheinen. Eine Reise, die in tiefe Täler der Einsamkeit, der stillen Schönheit und der harten Arbeit führt.

Andere Teilnehmerin: Können wir noch einen anderen Aspekt ansehen? Mond Quadrat zu Venus?

Darby: In welchen Zeichen?

Teilnehmerin: Stier-Mond im Quadrat zu Venus im Wassermann.

Darby: Mit dem Mond im Stier ist der Archetyp eine Erdmutter, nicht wahr? Sie ist jemand mit einem perfekten Rhythmus. Ebbe und Flut, Zunehmen und Abnehmen haben damit zu tun, dass sie mit den Dingen um sich herum in Kontakt ist. Sie hat ein gutes Verhältnis mit der Erde, ihrem Körper und Deinem Körper. Sie gibt den Sinn, die Möglichkeit, die Erinnerung und das Gefühl eines guten Kontakts zur Erde weiter. Das Kind wächst in einem Bauch heran, der stark und geerdet ist.

Aber ihre Art, sich zu bewegen, ihre Kleidung, ihre Selbstachtung, die Art, wie sie sich bewegt und wie sie sich anderen spiegelt, zeigt einen anderen Typ Frau. Venus im Wassermann ist wesentlich intellektueller, »interessanter«, mehr an anderen orientiert und ihre Art der Interaktion beeinträchtigt irgendwie diese Fähigkeit der perfekten Mütterlichkeit, die man als Kind an ihr wahrnimmt.

Menschen mit Mond/Venus-Quadrat gehen oft durch das Leben auf der Suche nach der Nahrung, die sie nie bekommen haben. Sie bekamen sie, aber immer nur für kurze Momente. Diese Momente fühlten sich so perfekt an, aber sie waren nie lang genug und darum nie ganz befriedigend. Man erkennt wieder ein perfektes Eingestimmt-Sein auf das Leben wieder, die perfekte Gemütlichkeit und emotionale Situationen setzen es in Gang, aber unausweichlich folgen Frustrationen. Denn sobald es vollkommen gemütlich ist, wird es langweilig. Wenn es aufregend ist, dann ist es zu hektisch. Man bleibt unzufrieden und hungrig. Dieser Hunger und diese Unzufriedenheit verleiten einen dazu, sehr viele verschiedene Arten von Freunden um sich zu sammeln und können einen dazu bringen, eine sehr leidenschaftliche Beziehung zum Leben selbst zu entwickeln – sei es als Quelle für Nahrung oder aber wegen der Frustration in Bezug auf Nahrung. Es ist eine sehr persönliche Beziehung zum Leben und zur eigenen Seele.

Mit dem Mond im Krebs oder im Stier, wenn er also in seinem Domizil oder in seiner Erhöhung steht, kann die Liebe oder das Zusammensein für ein paar Sekunden, Minuten oder auch Stunden perfekt sein. Aber mit einem Quadrat zur Venus vom Wassermann oder vom Löwen steht die Art, wie die Mutter in Beziehungen auftritt, im Widerspruch zum perfekten Archetyp. Also ist man immer auf der Suche nach Vollkommenheit, während man Beziehungen auf eine Art und Weise führt, die einem diese garantiert nicht verschafft, außer in winzig kurzen Momenten. Ergibt das einen Sinn? Was ich damit sagen will, ist, dass die Mutter einem dies gar nicht in erster Linie verschaffen sollte. Sie soll einem nur eine Erinnerungsspur davon geben. Kein Mensch ist dazu da, unseren archetypischen Hunger zu stillen. Es sind die Archetypen, die Götter, die Göttinnen, das Göttliche, die Form der Dinge, die diesen Hunger befriedigen sollen.

Auf eine Art ist das Beziehungsverhalten, das man bei einem Mond/Venus-Quadrat von seiner Mutter übernommen hat, beeinträchtigend, wenn man nach emotionaler Befriedigung sucht. Es gibt unglaublich schöne Momente, doch diese sind nicht von langer Dauer. Diese Struktur trägt man später in seine eigenen Beziehungen hinein. Doch genau diese Kluft zwischen Sehnsucht und Erfüllung schafft die Voraussetzung für das Bewusstsein, das einen zur eigenen Seele führt, damit man einen Bezug zu den Lebenskräften finden kann.

Da die lunaren Aspekte die inneren und äußeren Gesichtspunkte reflektieren, die sich in unsere perfekte Beziehung zu unserer Mutter einmischen, geben sie uns auch Aufschlüsse über unseren eigenen Rhythmus, mit dem wir Beziehungen führen. Der Schaden, also das, was den natürlichen Rhythmus aus der Form brachte, ist das, was unsere persönlichen und intimen Beziehungen beschreibt. Diese sind die Muster, anhand derer wir mit unserer Quelle des Seins in Kontakt treten.

Wir werden uns nun mit dieser Kontaktaufnahme zu der Quelle des Lebens befassen. Dies ist noch eine weitere Ebene in uns. Es geht nun um die Beziehungen zu denjenigen, die »unsere wichtigen Gegenüber« sind oder werden können. Wenn wir in körperlichem Kontakt mit anderen sind, ist immer unser Mond aktiviert. Je intimer eine Beziehung ist, desto mehr werden der Mond und seine Aspekte in Gang gesetzt. Insofern bringt uns körperliche Intimität zurück zu unserem Ursprung, unserer Mutter. Wir fühlen uns am vertrautesten mit denjenigen, die so riechen, klingen und sich so bewegen oder anfühlen, wie die Mutter in unserer ersten Zeit. Nicht wie sie sich jetzt anfühlt, sondern wie es sich für uns in den frühen körperlichen Kontakten anfühlte. Dabei heißt »natürlich« nicht automatisch angenehm. Man sagt, dass Männer sich Frauen suchen, in denen sie ihre Mutter wiedererkennen. Sie erwarten von der Frau, Mutter zu sein. Auch Frauen suchen in ihren männlichen Partnern das, was ihnen bekannt vorkommt und Sicherheit verspricht.

Der natürliche Rhythmus von Geben und Nehmen muss erst von uns selbst und dann von unserem Partner akzeptiert werden können. Ein natürlicher Instinkt regt sich, wenn wir mit einem anderen Menschen in intimen körperlichen Kontakt treten. Unsere konditionierten Reaktionen kommen wieder hervor, denn nie wieder sind wir körperlich jemandem so nah wie unserer Mutter, aus deren Körper wir bei unserer Geburt kamen. Nur ein Liebespartner hat die Möglichkeit eines ähnlich intimen Kontaktes. Also konditioniert uns jede Person, die uns in den ersten Monaten unseres Lebens nah ist, in Bezug auf unsere späteren Liebesbeziehungen.

Als ich anfing, mich mit Astrologie zu beschäftigen, war ich Mitte 20 und wir durchleuchteten uns die ganze Zeit anhand der Horoskope. Wir saßen in Boston herum und sprachen über Mond und Venus in den Horoskopen der Männer, die wir interessant fanden. »Oh nein, er hat den Mond im Steinbock, im Trigon zu Saturn. Ich bin viel zu luftig, als dass ich das lange aushalten könnte«. »Aber Du hast den Mond doch im 10. Haus. Das hilft doch. Und sieh mal: Er hat Venus Konjunktion Uranus in den Zwillingen«. »Ja, also findet er mich attraktiv, aber es würde nicht helfen, wenn er herausfindet, dass ich so schwierig bin mit meinem starken Pluto«. Oder: »Oh, sieh mal, er hat den Mond in Konjunktion zu Neptun in der Waage! Meine Sonne ist in Konjunktion zu Pluto, aber im Sextil zu Neptun – vielleicht ist er am Ende ein bisschen zu außerirdisch für mich!«

Es war eine gute Übung für uns. So redeten wir und lernten zugleich etwas. Wahrscheinlich hatten wir gar nicht so viel Ahnung von Astrologie und waren auch ziemlich albern, aber es war unsere Art miteinander umzugehen. Es war auch nicht die richtige Anwendung von Astrologie. Wir spielten. »Oh, mit wem hast Du Dich getroffen?« »Er hat Venus im Schützen, aber den Mond im Stier im Quadrat zu Pluto – passt das etwa zu mir?« Wir haben uns letztlich mehr mit den Aspekten auseinandergesetzt als mit der Person.

Aber lasst uns zum Thema zurückkehren. Wir werden von Partnern durch eine innere Wiedererkennung angezogen. Es ist eine Art animalischer, sehr urwüchsiger und tiefer Anziehung. Es scheint ein Bedürfnis unserer Seele zu sein, sich mit diesem anderen zu vereinen und durch diese Vereinigung die Quelle des Lebens selbst zu berühren. Natürlich ist es für uns moderne Menschen nicht so einfach. Wir müssen uns erst durch ein Labyrinth durchfinden.

Aber lasst uns dies nun durch den Mond betrachten. Ein Mann fühlt sich zu einer Frau hingezogen. Dies bedeutet, dass sie von seinem Mond beschrieben wird. Wenn sie dem Empfinden seines Mondes nahekommt und sein Mond zu ihr passt, spricht sie länger als nur ein Wochenende mit ihm. Kann sie sich jedoch nicht innerhalb dieses Gefühlsbereiches ausdrücken, wird es vermutlich nur eine Nacht lang oder für die Zeit einer Unterhaltung anhalten. Wenn sie allerdings zu gut passt, kann es auch nicht halten, nicht für den modernen und individualisierten Erwachsenen. Wir befinden uns in einem Zwischenstadium, denn wir sind nicht mehr nur von den Instinkten gesteuert, und doch noch nicht bewusst genug. Wir erreichen unser kollektives Ideal noch nicht annähernd, lassen uns aber auch nicht einfach nur vom Schicksal lenken. Bei den meisten Menschen ist es so, dass sie es nicht zulassen, wenn jemand zu gut zu ihnen passt. Es ist fast so, als wollte man es der anderen Person nicht gestatten, einen Teil von einem selbst zu perfekt ausleben zu können.

Wenn der Partner ein bisschen passt, sodass man dessen Rhythmus auf einer instinktiven Ebene wiedererkennt, dann funktioniert es am besten. Man muss die Grundstruktur wiedererkennen, es muss jedoch nicht eins zu eins übereinstimmen. Man muss noch in der Lage sein, seine Projektion zurücknehmen zu können. Es muss etwas dazwischen geben. Lebt mir der andere meine eigene Seele perfekt vor, wie soll ich dann da mein eigenes Selbst finden? Man kann keine Beziehung zu seiner eigenen Anima oder dem eignen Animus haben, um es mit Jung zu sagen.

Für eine Frau stellt sich dies ein wenig geheimnisvoller dar, in dem Sinne, dass sie den Mond und den Zyklus selbst auslebt. Die Frau ist enger verbunden mit ihrem Körper. Es ist naturgegeben, weil sie in den Jahren ihrer Fruchtbarkeit durch den Zyklus einen stärkeren Bezug zum Mond hat. Dann erlebt sie auch ihre Mondaspekte stärker, ob freiwillig oder unfreiwillig. Wenn sie einen Gefährten sucht, soll er ihre Sonnen- und Mars-Aspekte und ein bisschen ihre Saturn-Aspekte leben.

Das hängt jeweils von ihrer eigenen Beziehung zu Saturn und Uranus ab, nicht wahr? Aber sie will, dass er ihren besonderen Rhythmus aufnimmt, dass er fähig ist, auf sie zu reagieren. Ihr Mond beschreibt ihre Fähigkeit einen anderen anzunehmen und sie fühlt sich am wohlsten, wenn er ihren Rhythmus, der auch der ihrer Mutter ist, akzeptieren kann.

Teilnehmer: Kannst Du ein Beispiel geben?

Darby: Ja, für eine Frau mit Schütze-Mond im Quadrat zu Jupiter ist es unwahrscheinlich, dass sie sich mit einem saturnbetonten Mann wohlfühlen wird. Er muss sie loslassen, frei sein lassen inmitten ihrer Gruppierungen, frei im Rahmen der Konventionen. Sie muss Artemis sein dürfen, wenn aber in ihm keine Artemis vorhanden ist, dann helfen weder ein gemeinsamer Hintergrund, der Intellekt, noch die körperliche Anziehung. Es gibt dann kein inniges Verschmelzen. Es ist sehr ungewöhnlich, dass lunare Stellungen und Aspekte zwischen Menschen, die zusammen einen gemeinsamen Weg gehen, nicht reflektiert werden. Manchmal kann man sich unter einem Aspekt des progressiven Mondes begegnen und dadurch verwirrt sein, aber nach kurzer Zeit kommt die Wahrheit ans Licht.

Teilnehmer: Ich habe einen Löwe-Mond im Quadrat zu Neptun im Skorpion. Was sagt das über meine Erwartungen an Frauen aus?

Darby: Die Mutter als Königin, ob gut oder schlecht, aber eine Königin, verloren auf einer kollektiven Reise in die Unterwelt. Die gemeinschaftliche Atmosphäre in ihrer Umgebung hat ihre natürlichen Instinkte verwirrt. Eine verlorene Königin. Du wirst ähnliche Frauen suchen, vielleicht poetische, romantische, extreme. Deine Seele entwickelt sich durch Vereinigung mit solchen Frauen und auch durch Enttäuschung von ihnen. Das klingt ein wenig kryptisch, aber ich kann Dir hier nur einen Eindruck von meinen Gedanken geben.

Teilnehmer: Meine Mutter war Alkoholikerin, verheiratet mit einem degenerierten Mann, meinem Vater. Als ich zehn Jahre alt war, ließen sie sich scheiden. Sie hörte dann auf zu trinken und wurde sehr spirituell, was sie heute noch ist. Die Frauen, in die ich mich verliebe, sind tatsächlich poetische, verlorene Königinnen, manchmal verrückt und extrem kreativ. Ich habe gerade angefangen, meine Seele zu finden, aber ich versuche immer noch, Frauen wie sie zu finden und mehr und mehr finde ich die Quelle durch das dazwischen, wie Du sagst.

Darby: Ob Mann oder Frau, die Person, die man gerade getroffen hat, ist wahrscheinlich immer ein Spiegel für die eigenen Projektionen. Je individueller und klarer diese Personen sind, desto schneller durchbrechen sie Eure Projektionen. Wenn es eine emotionale Verbindung gibt, dann ist der Mond bereit für Geben und Nehmen, genährt zu werden und verlassen zu werden. Aufgenommen und abgelegt zu werden, entsprechend dem geerbten Rhythmus. Hat jemand Mond und Uranus in scharfem Kontrast, dann werden seine Erwartungen und sein natürliches Verhalten sprunghaft und unvorhersagbar sein. Entweder scheint es von der anderen Person zu kommen oder man schickt Empfindungen in diese Richtung – vielleicht sogar beides.

Mit Mond/Merkur-Aspekten wechselt man zwischen zwei Kommunikationsebenen hin und her, was Missverständnisse hervorruft. Wie immer die Aspekt-Verbindung auch sein mag, es handelt sich um Euren Mond und Ihr solltet ihn kennenlernen und mit Euren Problemen und den Problemen anderer umgehen lernen. Denn dies ist der Zutritt zur Seele und der Verbindung zwischen Zeit und Ewigkeit.

Der Mond nimmt zu und wieder ab. Er gibt den Rhythmus vor, der zeigt, wie wir aufgenommen und abgelegt wurden. Dies mag uns nicht ideal erscheinen, aber es ist unser Rhythmus. Wir machen die Erfahrung, weggeschickt zu werden, dass am Telefon Schluss gemacht wird, dass man die Party verlässt, weil der Gastgeber gähnt. Auf irgendeine Art und Weise ist das Verlassen-Werden immer präsent.

Schauen wir uns die Abnahme und Zunahme, die Ebbe und Flut des Mondes an. Wir könnten sagen, dass wir das »Unten« erfahren müssen, genau wie das »Oben«. Wir müssen »Auf Wiedersehen« sagen, genauso wie wir »Guten Tag« sagen. Wir müssen Intimität annehmen auf der Ebene, auf dem unsere lunare Natur Nähe zulassen kann, und zugleich müssen wir auch alleingelassen werden. Wenn wir immer perfekt von anderen zufriedengestellt werden, können wir keine Beziehung zu uns selbst, zu unserer Seele entwickeln. Deswegen ist es gerade der Moment des Verlassen-Werdens und des Verlusts, der Moment der Zurückweisung, auf den wir am meisten achten müssen. Dieser Moment erfordert mehr Aufmerksamkeit als jeder andere Zeitpunkt in der Beziehung. Dies gilt gleichermaßen, ob wir jemanden abweisen oder ob wir uns selbst zurückgewiesen fühlen.

Wenn wir uns niemals abgelehnt fühlen, unterdrücken wir dieses Gefühl oder wir verteidigen uns zu gut. Ich nehme an, beides ist ungefähr dasselbe. Unser Mond zeigt unser inneres Verhältnis von Hinnahme und Zurückweisung, mit dem wir leben, sprich, mit dem wir auf andere Menschen reagieren. Manchmal kann man sich abgelehnt fühlen, wenn die Sonne nicht scheint und es stattdessen regnet oder einfach weil der Bus nicht kommt.

Was ich zum Ausdruck bringen will, ist, dass in jeder emotionalen Beziehung etwas von der Fülle und Leere des Mondes vorkommt. Auch in den Reaktionen auf andere Lebenserfahrungen. Unausweichlich wird einem eine Person zu nahekommen und es ist unumgänglich, dass Menschen weggehen werden, wenn man sie braucht. Das Leben präsentiert uns dies unausweichlich. Wenn man in den Urlaub fährt, wird es regnen, obwohl man Sonnenschein erwartet hat. So ist das Leben und der Mond reagiert darauf.

Das Horoskop zeigt, welche Art von Zurückweisung kommen wird, sei es in der kleinen oder der großen Ausführung. Wer einen Mond mit einem Mars-Aspekt hat und sich mit einer Freundin verabredet hat, die dann aber nicht kommt, wird sehr schnell wütend werden. Der Ärger schlägt eine Saite an, in deren Klang die

Frustration nachklingt, die er im Alter von sechs Monaten empfunden hat, weil er sich zurückgewiesen fühlte.

Hat jemand einen Mond mit Venusaspekt, ist bei einer Freundin zu Besuch und es wird ihm kein Tee angeboten oder die Gastgeber scheinen unvorbereitet zu sein, dann entsteht schnell ein betrübtes Gefühl und der Eindruck, nicht ausreichend geliebt zu werden.

Wenn der Mond in Opposition zu Saturn steht, fühlt es sich schnell so an, nicht gut genug zu sein oder etwas falsch gemacht zu haben.

Wenn der Mond im Quadrat zu Merkur ist, hat man sich im Tag geirrt, und bei Mond-Jupiter bringt man selbst zu viel Essen mit.

Teilnehmer: Was ist bei Mond-Uranus?

Anderer *Teilnehmer:* Du hast so hohe Erwartungen, dass Du geschockt bist.

Teilnehmer: Und bei Mond mit Pluto im Aspekt?

Anderer *Teilnehmer:* Du wischst das Essen vom Tisch und verschwindest für immer.

Teilnehmer: Nein, Du sagst gar nichts, aber hast auf dem Nachhauseweg eine existenzielle Krise!

Darby: Ihr seht, wir betrachten verschiedene Arten von Ablehnung, die wir erfahren können und die das Band der Zurückweisung in unserem Erinnerungssystem aktivieren. Es ist wichtig, dies zu beobachten, besonders wenn diese Erfahrungen sich häufen. Diese Signale sagen uns, dass es Zeit ist, sich nach innen zu wenden und das Innenleben zu erkunden. Manche Menschen können sich mit ihren emotionalen Wellen und Rhythmen mithilfe ihres Körpers durch Stille, Meditation oder Tanz verbinden. Andere machen es mit ihrer Vorstellungskraft. Sie meditieren, malen Bilder, betreiben aktive Imagination oder überlassen sich ihren Tagträumen. Es gibt verschiedene Möglichkeiten. Einige gehen in eine Therapie und beobachten die dadurch hervorgerufenen Prozesse. Andere verrichten Routinearbeiten, wie zum Beispiel das Auto waschen, bügeln, den Dachboden aufräumen oder den Garten jäten. Jeder kennt das Gefühl der Enge nach einer Serie von Schlägen und Misserfolgen, wenn man wieder zu sich findet.

Betrachten wir nun das Wachsen und Schwinden des Mondes im Hinblick auf das Verhältnis zum Leben. Es ist, als ob man da draußen aufgefüllt worden wäre und jetzt wieder nach innen geht, um zu sich selbst zurückzukommen, auf dass man erneut heraustreten und wieder zurückkehren kann. Man hat die Fülle erreicht und nun ist es an der Zeit, loszulassen und zu seinem Körper zurückzukehren Zurück zu den Erinnerungen an das, was zum Beispiel gestern oder letztes Jahr passierte, und dies mit Kindheitserinnerungen zu verbinden. Immer wenn wir auf unserer Bahn innehalten, taucht ein Bild aus der Kindheit auf. Jedes Mal, wenn Ihr von Augenblick zu Augenblick weitergeht und alles in Ordnung ist, und dann bringt etwas alles zum Stoppen, dann sollten wir innehalten, nachschauen – denn da unten sitzt unsere Kindheit. Wenn wir auf etwas emotional reagieren, dann wird oft die Kindheit unter der Oberfläche wieder lebendig. Die Gefühlsreaktionen können stumm oder sehr intensiv sein. Wer dies eine Zeit lang beobachtet und sich damit auseinandersetzt, der wird etwas Vertrautes erkennen, dem er zuhören kann. Indem man sich damit verbindet, findet man den Schlüssel dazu, wie sich die Vorkommnisse in Erfahrungen umwandeln lassen, die zur Nahrung für die Entwicklung der Seele werden können.

Wir verstehen den Mond als ein Symbol für das instinktive Verhältnis zum Leben und zu anderen Menschen. Wir haben auch darüber nachgedacht, wie wir die Wendezeiten erkennen können und so den eigenen Fluss der Rhythmen zulassen. Wir versuchen gemäß dem Kreislauf der Natur aus uns herauszutreten und erneut wieder in uns zurückzukehren – und zwar in der Weise, wie es der Mond und seine Konstellationen beschreiben. Der Mond steht dort, wo wir so wie alle Menschen unsere Grundbedürfnisse haben, er ist aber auch dort, wo wir diese Gleichheit doch auch anders zeigen.

Jemand mit Mond-Jupiter-Aspekt verbindet sich mit allem Leben durch Ausdehnung in verschiedene Bereiche und Ausweitung der Kontakte zu vielen unterschiedlichen Menschen. Jemand mit Mond im Aspekt zu Saturn verbindet sich mit allem Leben durch unwirtliche, dornenreiche Landschaften. Mond mit Chiron-Aspekt zeigt die Wunden, die durch andere Menschen und durch das Leben selbst aufgerissen werden. Es sind die Wunden der zeitgebundenen Ewigkeit.

Besonders bei schwierigen Aspekt-Verbindungen zeigt sich, dass sie die Wunden widerspiegeln, die wir unserem Verhältnis zur Erde, der Basis unseres Seins, erkennen. Die verwundete Beziehung zu der eigenen Mutter öffnet sich, um nun wahrgenommen zu werden. Wir sind in eine verletzende Beziehung mit der Welt eingetreten. Wir hören nicht auf damit und die Natur scheint immer öfter zurückzuschlagen – es ist auch ein kollektives Verwundet-Sein durch Luftverschmutzung, durch gefährliche Sonneneinstrahlung. Der unangemessene Umgang mit Essen und Sexualität und die zackigen Rhythmen von Intimität und Alleinsein, geben einen Einblick in unser Verhältnis zur Welt. Wie auch immer sich dies im persönlichen Leben äußert, es gibt immer einen kollektiven Bezug.

Menschen mit Mond im Aspekt zu Neptun bekommen Nahrung aus Verlustgefühlen, dadurch dass sie unsichtbar werden und dadurch, dass sie wissen, dass es manchmal passend ist, mit seiner Umgebung zu verschmelzen.

Teilnehmer: Ich habe den Mond im Quadrat zu Neptun und in Opposition zu Uranus und wenn ich außer mir bin, wandere ich durch die Straßen, wo viel los ist, weil es anonym ist, aber trotzdem Leute da sind.

Darby: Wobei Mond im Aspekt zu Uranus doch bedeutet, eine Beziehung aufzubauen. Einen Grund zu suchen, Menschen anzusprechen. Nur um Teil des Stroms zu sein. Vielleicht ist es der Mond, der uns zeigen kann, wie man Zeit verschwendet. Saturn will Zeit nutzen. Wenn Ihr Zeit nicht verschwenden könnt, könnt die Zeit auch nicht nutzen. Ich sage verschwenden aus der Perspektive des Saturns als Gegenteil zur Perspektive des Mondes. Also z.B. die Straßen entlangspazieren oder wenn Ihr das Glück habt, in Naturnähe zu wohnen, über die Hügel und durch die Felder gehen.

Teilnehmer: Was ist mit Adoption? Kann man das an Mondaspekten erkennen?

Darby: Ich muss sagen, dass ich das nicht weiß. Ich habe eine Freundin, die adoptiert wurde und auch Klienten mit diesem Schicksal, aber ich sehe nichts, das generell auf Adoption hindeutet. Astrologie ist in dieser Hinsicht frustrierend, aber auch beruhigend. Die beiden Frauen, die ich kenne, haben beide schwierige Mond/Venus-Kontakte. Aber ich weiß es nicht sicher. Eine gute Freundin von mir, die adoptiert wurde, hat Venus im Quadrat zu Neptun und den Mond im 4. Haus in der Waage, im Quadrat zu Pluto im 12. Haus. Aus dem Bauch der Mutter geboren und dann von anderen Händen genährt zu werden, muss einen umfassenden Einfluss auf das Leben haben. Meine Freundin ist jetzt über 60 Jahre alt, sie lebt allein und ihre Seelenverbindung zum Leben ist sehr stark. Sie hat ein wildes Gefühlsleben. Daher weiß ich, dass Adoption die Entwicklung der Seele nicht aufhält.

Transite zum Mond

Teilnehmer: Was ist mit Transiten, wenn z. B. Pluto kommt und eine Opposition zum Geburtsmond eingeht?

Darby: Wenn der Planet, der den Mond transitiert, schon Teil der lunaren Konfiguration im Radix ist, dann bewegt er ganz schön etwas. Es kommt alles Mögliche hoch und man muss damit umgehen. Man bekommt eine Gelegenheit, noch einmal in die eigene Vergangenheit abzutauchen bis zu den frühen Anfängen oder sogar noch tiefer, bis zurück zum Ursprung. Dies wird angenehme und ungemütliche Muster in Gang setzen, ganz nach der inneren Logik des Planeten. Es wird innere und äußere Geschehnisse miteinander in Verbindung bringen. Man hat die Chance, rückwärtig nachzudenken. Zudem kann man es sich aussuchen, ob man seine eigene Lebensgeschichte annimmt oder ablehnt.

Wenn der Planet, der den Mond transitiert, nicht Teil der Radix-Konstellation ist, mag er Geschehnisse ganz nach seiner eigenen Dynamik reflektieren, und es fühlt sich auch so an als ob etwas passiert. Aber dies wird nicht unbedingt in Nahrung für die Seele verwandelt werden. Dies gibt ja auch noch andere Transite in einem Horoskop. Es ist wie französische Grammatik: Es gibt Regeln und unglaublich viele Ausnahmen.

Wenn es sich um einen unaspektierten Mond handelt, sind Gefühle da, aber sie verbinden sich nicht zu etwas Speziellem. Wenn also eine Person einen solchen Transit erlebt und Ihr seid in der Nähe, würdet Ihr es mitbekommen. Wärt Ihr aber nicht in deren Nähe, hättet Ihr keine Ahnung davon und würdet es nicht bemerken, denn dieser Mensch kommuniziert seine Gefühle nicht. Emotionen sind abgeschnitten von allem anderen, das diese Person ausmacht. Es ist fast so, als ob diese Person Gefühle nur erleben kann, wenn sie von anderen getrennt ist. Es handelt sich um einen guten Zustand, um zu meditieren – hier separiert sich der

Mensch, um Kontakt zu seiner eigenen Seele und zu allem Leben aufzunehmen.

Teilnehmer: Liz Greene sagt, es wäre so, als ob man einen Untermieter im Keller hätte, den man noch nie gesehen hätte. Man muss erst hinuntergehen, um ihn kennenzulernen.

Darby: Ein unaspektierter Mond kann eine einzigartige Erfahrung sein. Die Vergangenheit bleibt die meiste Zeit ein verschlossenes Buch mit sieben Siegeln. Das Gefühlsleben ist sehr privat. Dies kann auf eine außergewöhnliche Verbindung zum Leben hindeuten, doch diese scheint sich anderen gegenüber sehr unpersönlich zu zeigen. Dies bedeutet nicht, dass es keine Liebe gäbe, aber die Liebe ist eine ganz abgetrennte Erfahrung. Sie kann sehr einsam, aber auch sehr heilig sein.

Der progressive Mond

Jetzt möchte ich auf den progressiven Mond zu sprechen kommen. Es ist die interessanteste Progression, die man verfolgen kann, einfach weil sie so schnell läuft. Nach ungefähr zweieinhalb Jahren wechselt der progressive Mond ein Zeichen. In etwas weniger als 28 Jahren hat der progressive Mond das gesamte Horoskop umrundet und ist auf seinen alten Platz zurückgekehrt.

Dieser Zyklus offenbart die sich entfaltende Geschichte der emotionalen Entwicklung. Der progressive Mond zieht uns nach vorn und doch bringt er uns gleichzeitig zu unseren Wurzeln zurück. Er wird zu einem Spiegel, der dazu einlädt, über unsere eigene Reise, wie wir sie durch die emotionalen Reaktionen auf andere Menschen erleben, nachzudenken. Der progressive Mond ist mit dem Saturnzyklus verbunden und mit der Zeit können diese beiden die dem Leben zugrunde liegenden inneren Muster enthüllen. Manchmal können diese beiden progressiven Zyklen die tiefer liegenden Muster aufdecken, wie Kette und Schuss im Teppich des Lebens, gelebt inmitten der unendlichen Dimensionen des Daseins. In meinem nächsten Seminar werde ich genauer auf die Verflechtung dieser beiden Planetenzyklen eingehen, aber heute möchte ich unsere Vorstellungskraft nur für die Mondprogressionen und ihren Gang durch die Zeichen und Häuser öffnen. Auf diese Art können wir uns die Entwicklung unserer Seele genauer anzusehen.

Der Mond und das Gestalten der Seele

Ich möchte gerne mit James Hillmann einsteigen. Er war stark beeinflusst von Carl Gustav Jung. Er hatte Sonne und Mond im Widder im 11. Haus. Er hat das kollektive Denken mit seiner rastlosen und bahnbrechenden Art stark beeinflusst. Seine Bücher kamen zu einer Zeit in mein Leben, als ich anfing, meine Intuitionen über den progressiven Mond in Worte zu fassen. Das Wort Seele hat für mich viel Geschichte … meine katholische Erziehung und das alles. Seine Schriften halfen mir, mein konditioniertes Denken in die Gegenwart zu bringen. Durch ihn konnte ich meine religiöse Vorstellungskraft mit meiner psychologischen Aufmerksamkeit in Einklang bringen. Viele seiner Ideen haben mir geholfen, das, was ich Euch heute präsentiere, zu entwickeln.

Die stärkste Einsicht, die er je in mir erweckte, bekam ich durch ein Zitat von William Keats in einem von Hillmans Büchern. Keats schrieb einen Brief an seinen Bruder und bezeichnete die Welt als »ein Tal, in dem Seelen gemacht« werden. Das sei der Sinn der Welt. Hillmann entwickelte diese Idee weiter, und dies half mir, meiner Intuition über den progressiven Mond eine Form zu geben.

Er definiert Seele als das, was Bedeutung möglich macht. Er sagt in RE-VISIONING PSYCHOLOGY: »Seele wendet Vorkommnisse in Erlebnisse, wird in der Liebe weitergegeben und hat ein religiöses Anliegen.« Er sagt weiterhin, dass Seele Vorkommnisse in Erlebnisse größer werden lässt. Für ihn bedeutet das Wort Seele die »imaginative Möglichkeit unserer Natur, uns etwas vorstellen zu können, das Erleben durch Nachdenken, Traum, Bilder und Phantasie. Diese Einstellung, die alle Wirklichkeiten als in erster Linie symbolisch oder metaphorisch erkennt.«

Darüber habe ich lange nachgedacht. Was ich Seele nenne, das, was mich mit etwas Ewigem verbindet, ist Teil meiner Imagination – und zugleich grundlegend für diese. Und die Seele beschreibt den Raum, von dem aus ich über die Vorkommnisse in meinem Leben nachdenke. Dinge passieren und es ist diese Seele, die sie verdaut, über sie nachdenkt auf eine Art und Weise, dass sie zu meinen Erlebnissen werden.

Unverdaute, unreflektierte Geschehnisse werden keine echten Erlebnisse oder Erfahrungen. Dieser Prozess, durch den aus Geschehnissen Erlebnisse werden, entsteht durch Nachdenken über die Bilder, die aus den Ereignissen in unserem Leben auftauchen. Wir denken mithilfe dieser aufsteigenden Bilder über die Vorkommnisse nach.

Hillman hat das Wort »Seele« aus der exklusiven Sphäre der formalisierten Religionen herausgenommen. Er sagt, dass es die Macht der Reflektion ist, die Imagination, die zu den Geschehnissen zurückführt. Sich wieder mit ihnen zu verbinden und sie sich erneut vor seinem inneren Auge vorzustellen, das bedeutet die Seele gestalten. Das Wort Seelengestaltung ist sehr sinnträchtig. Es gibt einen imaginierten Raum, in dem etwas passiert. Ich nehme an, ich sollte dazu sagen, wenn wir diesem Raum näherkommen, treten wir in Beziehung mit dem Ort, an dem Materie und Geist sich treffen. Wir beginnen jenem Raum zwischen dem Sichtbaren und dem Unsichtbaren innezuwohnen, dem Raum zwischen Materie und Geist. Unsere Seelen und unsere Leben sind beseelt und vertiefen sich in Zeit und Ewigkeit durch Reflektion. So etwas passiert einem, aber nur wenn es auch in der Vorstellung angekommen ist, ist es ein Erlebnis, sonst ist es nur ein Vorkommnis. Das Nachdenken darüber macht es erst zu einer Erfahrung.

Für Astrologen haben Verdauen und Reflektieren mit dem Mond zu tun. Ich möchte Hillman zitierten: »Seele kehrt Geschehnisse in Erfahrungen, vertieft Vorkommnisse in Erfahrungen. Seele ist in Liebe vermittelt und hat ein religiöses Anliegen, das sich mit dem Tod befasst." Diese letzte Seelenqualität bringt uns zu Jungs Idee zurück, dass der Mond ein Sammelplatz für von uns gegangene Seelen ist und damit einen Anknüpfungspunkt zu den Ahnen darstellt.

Durch den Mond werden wir an unsere Ahnen erinnert und diese erinnern sich an uns. Dadurch haben wir nicht nur Verbindung zu unserer persönlichen Geschichte, sondern auch zu der Vergangenheit weit nach unten bis zum Anfang aller Zeiten. Die Vergangenheit lebt in uns, und jede neue Erfahrung bringt uns dahin zurück und transportiert unsere Vergangenheit in die Zukunft.

Man verbindet sich durch die Vergangenheit mit dem Leben, zuerst über den Körper der Mutter und deren Psyche und später personalisiert durch die Erlebnisse mit ihr. Durch das eigene Leben wird jedes emotionale Erlebnis diese Verbindung vertiefen. Durch das Leben verbinden wir uns mit der Ewigkeit.

Hillman sagt auch: »Seele macht Bedeutung erst möglich, macht aus Geschehnissen Erlebnisse«. Nichts ist von Wichtigkeit, es sei denn, es wurde darüber nachgedacht. Über alles, was Bedeutung hat, wird nachgedacht werden. Für uns Astrologen ist es der Mond im Horoskop, der dieses Nachdenken symbolisiert. Wenn man den Mond im Wasser oder in der Erde hat, ob in Zeichen oder Haus, ist es nur natürlich, über die Vergangenheit nachzudenken. Wenn man den Mond im Feuer oder in der Luft oder in den entsprechenden Häusern hat, ist es leichter sich die Zukunft vorzustellen.

Oh, gerade kam ein Bild von Howard Sasportas in mir hoch. Er hatte den Mond im Stier im 4. Haus. Wir hatten in jungen Jahren viel miteinander zu tun. Später trafen wir uns in London wieder, als wir beide dort lebten, und Howard konnte nicht aufhören, mich an dieses und jenes zu erinnern. Er erzählte mir Dinge, die längst aus meinem Gedächtnis verschwunden waren. Er wob mir einen bunten Teppich aus Erinnerungen, die ich ohne ihn nicht gehabt hätte.

Teilnehmer: Hat sein Mond zu einem Punkt in Deinem Horoskop eine Verbindung?

Darby: Ja, zu meiner Venus und zu meinem Merkur im 9. Haus. Wir hatten uns im Ausland wiedergetroffen. Mein Mond steht in Konjunktion zu seiner Venus, deswegen konnten wir uns so gut und glücklich austauschen.

Hillmans These, dass Seele Vorkommnisse zu Erlebnissen vertieft, ist der Schlüsselsatz dieses Seminars. Wir sehen uns die Tatsache an, dass Vorkommnisse sich durch Reflektion in Erlebnisse beziehungsweise Erfahrungen umwandeln. Und Erlebnisse oder Erfahrungen führen zu Bedeutung. Ein Leben mit Ereignissen hat noch keine Bedeutung. Denkt an die Erhöhung Jupiters im Krebs. Das kann man auf viele Arten lesen. Eine ist, dass man Bedeutung findet, indem man über die eigene Vergangenheit nachdenkt. Wenn man über seine Vergangenheit nachdenkt, werden die

Punkte der Vergangenheit zu einer Kette geknüpft und das Muster dieser Kette enthüllt Bedeutung.

Teilnehmer: Soll das heißen, dass es eine ultimative Bedeutung im Leben gibt und dass dieser Prozess, den Du beschreibst, diese Bedeutung aufdeckt?

Darby: Eine gute Frage, die aber schwer zu beantworten ist. Ich meine, dass dieses Etwas, das wir die Seele nennen, der Schnittpunkt zwischen Materie und Geist ist, zwischen dem Sichtbaren und dem Unsichtbaren, zwischen dem Zeitlichen und dem Ewigen. Wenn wir uns auf diesen Teil von uns selbst einlassen, kümmern wir uns um ihn und um seine Kraft der Reflektion, was seiner Grundnatur entspricht. Dieser Ort des lebenden Nachdenkens, diese Seele, tut, was natürlich für sie ist, indem man sich um sie kümmert – sie dient dazu, uns für Zeit und Ewigkeit am Leben zu erhalten. Sie vermittelt zwischen Zeit und Ewigkeit und erkennt dadurch Muster, die in der Natur reflektiert werden und uns mit der Natur verbinden. Die Muster manifestieren sich in der Zeit, aber entschleiern die unsichtbaren Sphären, die wir Geist nennen – Geist, der uns in die Zeit zurückführt. Dadurch entsteht ein Sinn für Bedeutung.

Es ist in der Tat schwer zu artikulieren. In astrologischen Worten ausgedrückt: Der Mond steht für Eure Mutter, aber Eure Mutter hatte eine Mutter und die hatte eine Mutter und so weiter, zurück bis zum Zeitenbeginn. Der Mond beschreibt Aspekte Eurer Mutter und Eurer frühen Bemutterung, aber er geht tiefer als das. Durch die Gewohnheitsmuster, wie Ihr mit Eurem Körper, Eurem Leben und dem der anderen umgeht, werdet Ihr an Eure Mutter erinnert. Das lässt Euch nach unten wachsen zu der tieferen Vergangenheit, jenseits der persönlichen Mutter und des persönlichen Lebens.

Der progressive Mond macht also seine Runde. Vom Augenblick der Geburt an separiert er sich sozusagen von sich selbst und trägt uns in unser eigenes Leben. Unsere Vergangenheit, die tiefe Vergangenheit, die wir durch den Körper unserer Mutter in uns aufnehmen, ist in die Gegenwart gebracht und verstärkt worden durch die Interaktionen zwischen der Mutter und uns. Dies wird durch die Aspekte und die Häuser des Mondes aufgedeckt. Beziehungsgewohnheiten sind entstanden.

Aber der progressive Mond sagt uns auch, dass wir mit den Mitmenschen auf andere Art und Weise in Beziehung treten sollten. Der Geburtsmond wird ständig verstärkt von Gefühlserlebnissen, aber wir werden auch von der Zukunft in neue Erlebnisse hineingezogen. Wir beseelen unser Leben, indem wir es eingehend beobachten und dazu den progressiven Mond und die damit aufsteigenden Erlebnisse verfolgen, zugleich aber auch danach schauen, wo der Mond aktuell steht und das Gefühlsleben anhand seiner Bilder wahrnehmen.

Die Muster, die sich unterscheiden lassen, bringen zum Nachdenken und dies führt zu einer noch größeren Vertiefung. Der Mond macht immer seine Runde, bewegt sich von einem Punkt zum nächsten. Indem wir mit ihm in Verbindung bleiben, müssen wir uns ebenfalls weiterbewegen. Muster entfalten sich, doch sie werden nicht zu festen Dogmen über das Erlebte, wenn wir zusammen mit dem Mond auch den Perspektivwechsel im Hinblick auf die Erlebnisse mitmachen.

Wir denken von diesem Seelenraum aus nach und diese Reflektion hält lebendig im beständigen Wandel des Lebens. Dieses Gestalten der Seelen – und ich möchte es lieber das »Gestalten der Seelebeziehung« nennen, eine Beziehung zu diesem nachdenklichen Teil seiner selbst aufzubauen – hält den Denkprozess und die Urteilsfähigkeit über die Bedeutung des Erfahrenen am Leben. Die Ereignisse des Lebens werden ständig in Erfahrungen eingeordnet und jeder Tag bringt noch etwas anderes.

Das Leben erlangt eine Bedeutung, wenn wir im Alltag ein Muster, einen Rhythmus bemerken. Es nimmt Bedeutung an. Jupiter ist im Krebs erhöht. Im Auf und Ab des täglichen Lebens finden wir Bedeutung, sobald wir uns die Zeit nehmen darüber nachzudenken. Folglich werden durch Nachdenken Erlebnisse in Erfahrungen verwandelt, was letztlich zu einem Gespür für Bedeutung führt.

Ich sage nicht, dass es eine Bedeutung gibt und man findet diese. Ich sage, die Suche nach Bedeutung ist ein Teil des Menschseins und Muster wahrzunehmen ist für Menschen natürlich. Die Wiedererkennung von Mustern führt zu Bedeutung. Doch diese Bedeutungen werden oft in Dogmen gekehrt, was einen dann davon abhält, sich weiterzuentwickeln. Wir suchen nach Möglichkeiten, uns weiterzubewegen und für die Geschehnisse hier am Leben zu bleiben.

Nun zum progressiven Mond: Wir starten irgendwo mit dem Mond, der eventuell seine Aspekt-Verbindungen hat. Wir werden also aus dem Körper der Mutter geboren und treten in äußerlichen Kontakt mit ihrem Körper. Mehr und mehr werden wir von ihr weg und in unser eigenes Leben gezogen. Zuerst merkt man es noch kaum, doch schon nach einem Monat ist der Mond ein Grad weiter weg. Es ist nur ein winziges Stück und im nächsten Monat ein bisschen weiter, auch noch kaum zu bemerken, bis es schließlich 15° oder 30° sind. 30° entsprechen 30 Monaten, also zweieinhalb Jahren. In diesem Alter hatte der Mond schon mit jedem Planeten im Horoskop einmal Kontakt.

Während unseres ganzen Lebens werden der Mond und der progressive Mond immer in einer bestimmten Beziehung zueinander stehen. Das ist schon an sich interessant. Der progressive Mond und der Geburtsmond driften dabei immer weiter auseinander. Inhalt und Form bewegen sich langsam voneinander weg und treten in eine andere Beziehung zueinander. Die ersten 18 Jahre bewegen sie sich ziemlich rasch, aber ihr wechselseitiges Verhältnis zueinander behalten sie bei. Dies fällt noch mehr auf, wenn sie tatsächlich einen Aspekt miteinander haben oder in gegenseitiger Rezeption stehen. Oder aber jeder befindet sich im Haus des anderen. Jemand mit Saturn im 4. Haus wird spüren, wie sich das Gewicht seiner Vergangenheit verlagern wird, wenn der progressive Mond die Runde macht und neue Quellen erschließt. Jemand mit dem Mond im 10. Haus wird sein Verhältnis zu seiner Arbeit jedes Mal neu definieren, wenn Saturn Zeichen und Haus wechselt.

Teilnehmer: Und wie steht es um die Beziehung zu ihrer Mutter oder die Ambitionen für das Kind?

Darby: Sehr gut, ja. Neue Aspekte der Charakterentwicklung und eine neue Beziehung zu den nötigen Pflichten des Lebens werden nachklingen, was für die Mutter eine Erinnerung an diese Verantwortung mit sich bringt. Der durch die Arbeit oder die soziale Position erhaltene Nährboden, die Zeiten von Hunger und die Gefühle von Armut steigen immer wieder auf und werden bearbeitet, sobald Saturn Zeichen und Haus wechselt. Aber sowohl der progressive Mond als auch der Saturnzyklus reflektieren beide Gesichtspunkte von Trennung, Neuorientierung und Wiederverbindung mit dem Leben auf der nächsten Stufe.

Aber schauen wir uns die lunare Seite selbst an. Mich interessiert, an welcher Stelle der Mond anfängt zu beschreiben, was wir mit der Mutter in Bezug auf das gemeinsame Erbe teilen. Wir inkarnieren durch sie, und wir bekommen die Möglichkeit dieses lunaren Erbes, das von der Mutter auf ihr Kind übertragen wird. Das Mond-Erbe wird weitergegeben, das Erbe des Familienmusters wird einen Schritt weitergetragen, und am Anfang sind wir ihr so nah. Kaum ein Atemzug ist zwischen der Mutter und uns, aber jeder weitere Atemzug bringt uns weiter von ihr weg.

Der progressive Mond in den Zeichen

Wie komme von hier dorthin, wo ich hin will? Ich möchte die Runde durch die Zeichen und die Häuser machen. Außer bei denen, die sowieso mit dem Mond im Widder geboren wurden, wird der Mond einige Zeit nach der Geburt in der Progression in den Widder eintreten.

Teilnehmer: Wir Widdermonde werden es also als Letzte bewusst erleben.

Darby: Stimmt. Ihr habt einen Widdermond und erlebt alles von diesem Angriffspunkt aus. Trotzdem seid Ihr als die Letzten an der Reihe, zu erleben, dass der progressive Mond zum Geburtsmond zurückkehrt, da Eure lunare Wiederkehr ungefähr um den 28. Geburtstag stattfindet. Dies fällt auch zusammen mit der ersten Saturnrevolution.

Wenn der progressive Mond in den **Widder** eintritt, beginnt ein neuer Zyklus. Es ist vollkommen anders, als wenn der Mond in das 1. Haus eintritt. Tritt der Mond in das 1. Haus ein, ist der Anfang sehr persönlich, denn er wechselt dann auch in ein anderes Zeichen, welches beschreibt, wie man persönlich dem Leben begegnet. Dies ist ein besonderer Vermittler für die Persona, den Filter, den Panzer, die Maske, die eigene Visitenkarte. Hier tritt man in sein Revier ein, wo man sich sowohl zeigt als auch bedeckt hält. Dies beschreibt eine neue Lebensphase, eine Verbindung zwischen dem persönlichen Weg, mit dem Leben und dem emotionalen Rhythmus zu interagieren. Es ist, als würde die Persona beseelt und mit dem inneren Leben verbunden werden. Die Vergangenheit und die Gegenwart verbinden sich zu einem persönlichen Ausdruck.

Tritt aber der progressive Mond in den Widder ein, ist es anders. Man hat dann ungefähr zweieinhalb Jahre Zeit, um möglichst ausgiebig zu erleben, wie es sich anfühlt, ein Widder zu sein: mutig, heldenhaft, angetrieben, auf der Jagd, suchend, immer in Aktion.

Natürlich wird dies durch das jeweilige Haus und die Aspekte zum Geburtsmond näher bestimmt. Man kann allerdings kein Vollblutwidder sein, wenn man nicht auch Planeten im Widder stehen hat. Doch man kommt so nah an dieses Gefühl der schwungvollen Eile heran, wie es für einen nur möglich ist. Man hebt ab zum Flug oder fühlt sich wie aus einer Kanone geschossen und zielt nach Verbindung und Entstehung. Man verbindet sich mit einem Sturm, der aus dem Nichts kommt und die Geburt der Schöpfung ist.

Wenn der progressive Mond zum ersten Mal den Widder erreicht, wird man vermutlich mehr außer Kontrolle sein als 30 Jahre später beim zweiten Mal. Der Drang und der Selbstantrieb sind noch da, aber man hat mehr Macht zu reflektieren, da man viele Jahre der Erfahrung hinter sich hat. Trotzdem wird der Antrieb da sein, selbst wenn wir 90 Jahre alt sind. Man wird den Drang verspüren, drauflos zu hüpfen oder zu springen. Je mehr wir springen können, umso besser ist es. Während des progressiven Mondes im Widder zu versuchen, kontemplativ und still zu sein, ist unmöglich. Es ginge einfach nicht. Wer einen zuerst mit dem progressiven Mond in den Fischen kennengelernt hat, wird einen vermutlich nicht wiedererkennen. Zumindest würde dieser Mensch sich wundern, wie viel Biss man jetzt hätte.

Ist der progressive Mond in den **Stier** gewandert, fängt man an, sich einzurichten. Was im Widder eingeleitet wurde, schlägt jetzt Wurzeln. Die Seele entwickelt die Fähigkeiten für Beständigkeit und für hartnäckige Ausdauer. Die beteiligten Häuser und Planeten sagen mehr über die Art der inneren und äußeren Geschehnisse, die mit diesem Empfinden, Wurzeln zu schlagen, verbunden sind. Als mein progressiver Mond beim ersten Mail in den Stier kam, entdeckte ich meine Liebe für Bäume. Da ich viele günstige Planeten im Stier habe, ist mir diese Liebe geblieben. Für Menschen, die kein entspanntes Verhältnis zu ihrem Körper kennen, mag es merkwürdig und sogar ungemütlich sein, denn man wird in dieser Zeit deutlich körperlicher. Man erlebt sich als stark zur Natur hingezogen und fühlt sich der Schönheit der Erde verbunden.

Teilnehmer: Sind Besitzgier und Eifersucht ein Teil davon?

Darby: Ja, Besitzgier und die Fähigkeit zu tiefer Bindung. Vielleicht auch Eifersucht, aber das hängt von anderen Dingen ab. Man macht sich in dieser Zeit etwas zu eigen. Was im Widder als ein Impuls begann, wird im Stier zu Eurem Besitz.

Wenn dann der Mond in die **Zwillinge** übergeht, zersplittert alles. Wiederum kann dies angenehm oder unangenehm sein, je nach dem Zustand des Geburtsmondes. Die damit verbundenen Geschehnisse hängen von den Transiten, von anderen Progressionen und vom Zustand des Geburtsmondes ab. Aber hier ist der Punkt, wo wir die Möglichkeit bekommen, mit der Seele zu sprechen. Wir finden heraus, dass es zwei von uns gibt. Einer ist in der Jetztzeit und einer woanders. Sie müssen sich unterhalten. Man selbst mag in dieser Zeit etwas abgeschnitten und fragmentiert erscheinen, und doch erhält man die Möglichkeit, mit einer anderen Seite von sich selbst oder auch von anderen Menschen zu kommunizieren, die einem früher nicht zugänglich war. Man erlebt das Gefühl der Dualität, in welchem Haus Zwillinge auch sind.

Teilnehmer: Oder in welchen beiden Häusern.

Darby: Hast Du Zwillinge über zwei Häuser?

Teilnehmer: Ja, mein progressiver Mond überquert gerade die Grenze zwischen dem 7. und dem 8. Haus.

Darby: Du dürftest Unterhaltungen, die Du bisher spannend gefunden hattest, jetzt etwas fade finden. Du hast ein Bedürfnis, jetzt auf einer tieferen Ebene mit Menschen zu sprechen.

Teilnehmer: Ich hatte tatsächlich das erste Mal in meinem Leben Spaß an Partys. Aber neulich ging ich auf eine und langweilte mich fürchterlich. Nun ja, es befanden sich dort einige Frauen, die ich sexy fand. Vorher hatte ich die nie bemerkt.

Darby: Da hattest Du vielleicht einige ungewöhnliche Gespräche. Der progressive Mond in Zwillinge ermöglicht es, interessante Unterhaltungen zu führen. Man ist gespalten und man unterhält sich, um das zu vervollkommnen, was sich zersplittert anfühlt.

Wenn der Mond sich in den **Krebs** bewegt, kann sich dies für luft- und feuerbetonte Menschen unangenehm anfühlen. Man entdeckt das Bedürfnis sich selbst zu genügen und möchte ein Nest bauen.

Ich muss sagen, ich habe noch keine Frau im fortpflanzungsfähigen Alter mit dem progressiven Mond im Krebs getroffen, die zu dieser Zeit nicht einen starken Kinderwunsch verspürte. Für Frauen, die nicht von ihren natürlichen Instinkten abgeschnitten sind, ist jetzt die Zeit zum Kinderkriegen gekommen – wenn es geht. Sich diesem uralten Verlangen der Lebenskraft zu widersetzen, ist in dieser Phase schwierig. Auch ein angeborenes Bedürfnis nach Sicherheit dringt hervor.

Teilnehmerin: Mein progressiver Mond ist im Krebs im 7. Haus und ich fühle mich wahnsinnig besitzergreifend meinem Mann gegenüber. Normalerweise bin ich nicht so, mit Mond im Widder und Venus in den Zwillingen. Ich habe sogar geweint, als er mit seinen Freunden über das Wochenende weggefahren ist. Ich fühlte mich so verlassen, ich hielt es nicht für möglich und er auch nicht. So hat er mich noch nie gesehen. Und dieses Glucken und Klammern kommt andauernd hoch.

Darby: Ebbe und Flut. Aber bleibe dran an diesen Gefühlen, auch wenn sie unbequem sind, denn wenn Du lernst, in diesen Wassern zu navigieren, wirst Du Gefühle von Nähe kennenlernen, die Du vorher nicht gekannt hast. Du verbindest Dich mit allen Frauen, die ihrem Partner gegenüber so empfinden und auch mit allen Männern, die sich an ihre Frauen klammern. Und ich bin sicher, Du hast diese Menschen zuvor nicht toleriert.

Teilnehmerin Das ist untertrieben. Ich fühle mich wie ein Häufchen Elend. Was ist daran gut? Mein Mann ist hauptsächlich Feuer und Luft.

Darby: Vom Standpunkt der Seele aus ist es nicht gut, keine Verbindung zu seinen Gefühlen und Erfahrungen zu haben. Von anderen abgeschnitten zu sein, weil wir sie von unserer eigenen engen Perspektive aus betrachten, ist gegen die Weisheit des Mondes, der sein verzeihendes Licht auf alles scheinen lässt. Um vom Überfluss des Lebens genährt werden zu können, Teil der Weltseele sein zu können und sich wirklich mit des Lebens tiefer Quelle verbinden zu können, ist es gut, alles zu fühlen, was menschlich ist. Sich abhängig zu fühlen, Teil einer Familie sein zu wollen, ist menschlich. Manche haben dies mehr als andere und Du hast es jetzt. Es kann Dich zu einem Gefühl des Eins-Seins mit einem Teil der Menschheit führen, von dem Du bislang abgeschnitten warst. Es kann zu einer Intimität führen, die Du für immer wertschätzen wirst. Du könntest Deinem Mann erklären, dass das nicht für immer so sein wird. Und schau nach, wo sein progressiver Mond derzeit steht. Dann könnt Ihr Euch auf dem Laufenden halten.

Teilnehmerin Ich glaube, er steht bei ihm in der Jungfrau.

Darby: Gut, dann dürfte er damit umgehen können. Jede lunare

Progression hat ihre eigene Schönheit und ihre eigene verstörende Seite. Jede Konstellation bringt Fülle und Mangel. Am sichersten und am meisten in uns geborgen sind wir im Krebs, zugleich aber sind wir hier auch am meisten vernachlässigt und abgeschnitten. Diese Rhythmen zu erleben verbindet uns mit den Lebenszyklen auf dieser Erde. Sich ganz auf die guten Gefühle fixieren zu wollen, ist unmöglich und macht einen verrückt.

Gehen wir weiter zum **Löwen**. Dort wo der Löwe im Horoskop steht, wird einem vermittelt, welcher Lebensbereich von Lebenskraft erleuchtet ist, und wo das Licht des Herzens und des Geistes seinen Weg findet. Das Haus, über das der Löwe herrscht, ist ein anderes als das Haus, in dem die Sonne steht, es sei denn, man hat die Sonne im Löwen im 5. Haus. Das Haus, in dem der Löwe herrscht, ist subtil mit dem Haus der Sonne verknüpft – wie bei einem Sommerpalast des Königs. Wenn also der progressive Mond in den Löwen eintritt, geht im Sommerpalast das Licht an und er ist bereit für Gäste. Die Königin ist anwesend. Die Seele verbindet sich mit all den königlichen, stolzen, arroganten, strafenden, dominanten, verstimmten und führenden Ahnen im Erbgut.

Teilnehmer: Verstimmt und führend?

Darby: Ja, ich glaube, das Problem eines Löwe-Mondes ist es, dass er nicht die Sonne ist und darüber ist er verstimmt. Oder so etwas Ähnliches. Wenn der Mond in den Löwen progrediert, besteht die Erwartung von etwas Großartigem. Wenn das Leben schön ist, dann ist es fantastisch. Aber wenn die Lichter aus sind und alles ist grau und bewegt sich schleppend, wenn also von den Gezeiten her die Ebbe eintritt, dann entsteht ein Gefühl von Empörung. Wer die Planeten hat, um Wut und Ärger auszudrücken, findet ein Ventil. Wer diese Möglichkeit nicht hat, wandert umher wie Könige im Exil.

Ich denke da an einen Skorpion-Freund, dessen Mond neulich progressiv durch den Löwen in seinem 10. Haus lief. Wenn ihm die Arbeit ausging, wie es von Zeit zu Zeit vorkam, war er fast verwirrt und verletzt. Er hatte nicht die Gabe, Ärger loszuwerden.

Also sah er nur verloren und schmuddelig aus. Wie jemand, der goldene Roben getragen hatte, die jetzt vom Regen durchnässt sind.

Solange das Leben und die Verbindung zu den geliebten und bewunderten Menschen strahlt – was für eine großartige Zeit. Magisch. Dann ist man ganz obenauf. Aber wenn der Palast geschlossen und alles dunkel ist, dann wandern verlorene Egos durch die Straßen. Wir wissen, wie es sich anfühlt, ein abgesetzter König zu sein. Das ist eine gute Erfahrung in diesem Land, findet Ihr nicht? Ein bisschen Mitleid?

Der progressive Mond in der **Jungfrau** ist ein kleiner Schock nach dem Löwen. Für manche ist er eine Erholung, für andere ist er zu sachlich. Als sein progressiver Mond in die Jungfrau wechselte, aber noch im 10. Haus stand, sagte mein Skorpion-Freund: »Es geht mir jetzt viel besser, ich fühle mich nicht mehr so exponiert.« Er ging weiterhin seiner Arbeit nach, was zu ihm passte, weil er die Sonne im 6. Haus hat.

Jungfrau ist eine gute Zeit zum Aussortieren, ob es einem gerade passt oder nicht. Das Haus, das von der Jungfrau beherrscht wird, verlangt sowieso, dass man sich um Details kümmert. Aber dies ist auch die Zeit, in der man sich mit dem Teil seiner Vorfahren verbindet, der dem Leben gedient hat oder der im Dienste des Lebens stand. Man entdeckt die Freuden der vielen kleinen Aufgaben, mit denen man dem Leben dient. Alles, was uns jetzt daran hindert, mit unseren Aufgaben voranzukommen, stört.

Man kümmert sich um seinen Garten, welchen Bereich des Lebens auch immer dieser Garten abbildet. Das Auf und Ab des täglichen Lebens aktiviert den Teil der Seele, der auf jegliche Vergiftung oder Umweltverschmutzung empfindlich reagiert. Dinge werden heftig empfunden und man reagiert mit nervöser Intensität auf jedes bisschen Kritik. Man ist in dieser Zeit handwerklich so geschickt wie sonst kaum.

Waage ist die Zeit, in der wir die Balance finden müssen. Das Haus, in dem die Waage wohnt, ist dasjenige, in dem man immer wieder Gleichgewicht finden und verlieren muss. Wenn der progressive Mond durch die Waage wandert, öffnet man sich der Schönheit und Wahrheit. Die Seele versucht, einen Punkt des Ausgleiches zu finden. Durch das wiederholte Finden und Verlieren des Ausgleichs entdeckt man eine Stelle in sich, wo Ausgeglichenheit am meisten erforderlich und zugleich auch willkommen ist. Was man als hässlich empfindet, tut weh. Gerade wenn es um Schönheit und Anmut geht, sind wir entweder besonders selbstsüchtig oder edelmütig. Von den Anmutigen werden wir angezogen und diejenigen, die grob und ungehobelt sind, stoßen uns ab. Diese beiden Wesensseiten werden ausgestülpt und wieder eingesogen. Beziehungen und besonders Partnerschaften verlangen jetzt einen fein abgestimmten Ausgleich. Und sie verlangen Anmut, was einem natürlich oder unnatürlich vorkommen kann. In dieser Zeit entdeckt Eure Seele ihre Fähigkeit, Kompromisse einzugehen.

Sich von der Waage in den **Skorpion** zu bewegen ist wie vom Strand in den Ozean zu gehen. Und ich meine nicht das Mittelmeer. Ich spreche über den Atlantischen Ozean, den ich als ziemlich wild erlebt habe. Es ist eine Zeit für intensive Gefühle. In dem Haus, über das Skorpion herrscht, gibt es Tumult. Konfrontationen und Läuterung sind hier zentrale Erfahrungen. Beziehungen und Erlebnisse, die auch durch andere Progressionen und Transite gespiegelt werden, bringen die tiefsten Ängste, aber auch die größten Kräfte hervor. Jegliche Unehrlichkeit mit sich selbst bezahlt man mit Verdunkelung des Lichts. Man geht durch den Sturm und die, die den Sturm lieben, fühlen sich hier am Abgrund quicklebendig. Hier lebt man am Abgrund, in dem Sinne, dass dieses Haus und sein Thema das Gefühl des Verlassen-Werdens und die Fähigkeit, wieder als Phönix aus der Asche aufzuerstehen, zum Leben erweckt. Aus der Phase des progressiven Mondes im Skorpion geht man mit großer Klarheit und einem Gefühl der eigenen Macht hervor. Doch diese Macht ist vom Leben selbst gegeben, in dem wir leben und sterben. Es kommt in dieser Zeit der Punkt, an dem man damit konfrontiert werden wird.

Danach kommt der progressive Mond in den **Schützen**. Das

fühlte sich für mich wie eine Party an! Für manche Menschen ist es zu diffus und für die, deren Vorstellungskraft vom Intellekt regiert wird, ist es manchmal zu chaotisch. Die Vorstellungskraft wächst jetzt immens. Das Haus im Schützen zeigt jenen Lebensbereich an, welcher einen mit allem Glauben und Optimismus in die Zukunft befördert. Es ist ein Ort voll rastloser Energie, die einen in das Reich der ungeahnten Möglichkeiten befördern wird. Selbstverständlich wird man von derselben Energie auch von der Bergspitze seiner Hybris, sprich der Selbstüberschätzung, herabgeworfen. Man erkennt überall emotionale Muster. Es muss eine merkwürdige Zeit für jemanden sein, der normalerweise den Standpunkt vertritt, dass es keine Bedeutungen gibt. Aber auch das kann bedeutungsvoll sein.

Der progressive Mond schreitet voran in **den Steinbock**. Was im Schützen Bilder mit Bedeutung waren, nimmt nun Gestalt an in den Tiefen der Seele. Für diejenigen, die in wahrer Arbeit aufgehen, ist es eine wunderbare Zeit. Es kann einsam sein. Viele Menschen haben die Isolation der nackten Gebirgslandschaften in sich gespürt, aber hier wird die Fähigkeit, mit disziplinierter Anstrengung ein Ziel zu erreichen, Teil der seelischen Nahrung.

Teilnehmer: Wie meinst Du das? Disziplinierte Anstrengung kann doch keine Nahrung sein.

Darby: Ich weiß, was Du denkst. Steinbock steht gegenüber vom Krebs und müsste daher für den progressiven Mond ein ungemütlicher Platz sein. Aber das ist bisher nicht meine Erfahrung – jedenfalls nicht bei Erwachsenen. Zwei meiner langjährigen Klienten erzählten mir, dass es für sie eine unglaublich einsame Zeit war, als sich der progressive Mond in ihren Jugendjahren im Steinbock befand. Die eine verlor ihre Mutter und sie musste deren Rolle bei ihren jüngeren Geschwistern übernehmen. Der andere verlor alle seine Freunde aus Gründen, die er nicht verstand und nicht mehr erinnert. Er verbrachte seine Zeit mit Mathe-Puzzeln. Und ja, aus ihm ist ein Mathematiker geworden.

Er kam zu mir, als sein progressiver Mond das zweite Mal durch den Steinbock lief, weil für ihn wieder eine Phase der Einsamkeit begonnen hatte. Aber weil er diesmal reifer war, empfand er es nicht so schlimm. Als dann der Mond durch den Wassermann und über seinen Aszendenten ging, hatte er einen Durchbruch von größtem Erfolg. Er hatte eine Erfindung getätigt, die seine Kollegen und ihn nun seit Jahren ernährt, und natürlich auch seine Familie. Sein Konzept hatte sich in etwas sehr Lukratives verwandelt.

Das Wichtige hier ist, dass die Erfahrungen von Einsamkeit, Konzentration, Verantwortung, Belastung und Entwicklung von Überlegenheit durch diesen Mond zusammengefasst und Teil des Seelenlebens werden. Ein Leben mit der reflexiven Möglichkeit des progressiven Mondes im Steinbock hält einem den Spiegel hin, in dem man die Wirklichkeiten des Lebens sehen kann. Sprich, man sitzt auf einem kahlen Berg, allein oder mit Verantwortung für andere, und dies gibt einem die Chance, diesen Teil der Realität zu verstehen.

Teilnehmer: Was meinst Du mit wahrer Arbeit?

Darby: Benutzte ich diesen Ausdruck? Wahre Arbeit liegt vor, wenn man mit seinem ganzen Wesen in seiner Arbeit aufgeht. Man bringt sich mit Leib und Seele ein und die Bezahlung spielt eine untergeordnete Rolle. Eine Freundin von mir ist Hausfrau, was heute als etwas altmodisch gilt. Sie liebt ihren Mann, ihre Familie und ihr Haus. Sie ist eine vorbildliche Hausfrau und weil sie es aus Liebe tut, fühlt man sich bei ihr wohl und hat nicht das Gefühl, dass man sich nirgends hinsetzen darf. Sie ist nicht so eine hysterische, perfekte Hausfrau, sondern völlig natürlich und entspannt. Sie schätzt ihre Arbeit und dazu gehört, den Haushalt zu organisieren. Für meinen Freundeskreis ist das eigentlich sehr ungewöhnlich. Als ihr progressiver Mond in den Steinbock lief, dachte ich, sie würde jetzt rausgehen und sich einen Job suchen. Aber weit gefehlt. Sie hatte eine Phase, in der sie an eine Arbeit außer Haus dachte, aber dann machte sie sich daran, den Keller umzuorganisieren und den Dachboden auszubauen. Ich beobachtete es mit Erstaunen. Am Ende hatte sie ihr Haus vergrößert.

Jeder progressive Mond hebt einen auf eine neue Stufe in der Runde des Lebens. Ein jeder progressive Mond hat andere Merkmale – je nach Stellung im Horoskop, den Transiten und anderen Progressionen. Aber jeder progressive Mond und jedes Zeichen bringt unausweichlich eine neue Facette ins Leben, und weil die Seele nachdenkt, gewinnt das Leben an Tiefe. Oft kämpfen wir gegen diese Entwicklungen an oder wir klammern uns an etwas fest. Aber wir haben die Möglichkeit des Nachdenkens, und durch unsere Erlebnisse verbinden wir uns mit der Quelle des Lebens.

Der Schritt vom Steinbock in den **Wassermann** ist nicht so spektakulär. Vielleicht weil in beiden Zeichen Saturn herrscht. Spektakulärer ist es, wenn man einen Planeten direkt auf null Grad oder ein Grad Wassermann stehen hat. Zuerst denkt man, es gehe wie im Steinbock weiter mit dem Saturnthema, doch dann merkt man, dass es irgendwie nicht mehr kontrollierbar ist. Das Haus, das den Wassermann beherbergt, zeigt den Lebensbereich, in dem man dies nicht mehr auf die herkömmliche Handlungsweise weiterverfolgen kann. Also versucht man es trotzdem eine Weile lang, je nach Stärke des Saturns, aber es funktioniert nicht mehr. Wenn der progressive Mond dann durch den Wassermann läuft, wird man innerlich in Stücke gerissen. Der eigentliche Gewinn sind die unterschiedlichen Erfahrungen und man hungert regelrecht nach allen Veränderungen auf einmal. Was man in dieser Zeit innerseelisch erlebt, ist so vielfältig, und die eigenen Gedanken sind nur fragmentarisch. Diese Lebensphase erweckt die inneren Anteile in uns, an die wir bei den anderen Zeichen nie herankommen. Willkommen in dem Club, der Eure Ideale vertritt.

Das Hinübergleiten des Mondes von Wassermann in die **Fische** geht langsam und unspektakulär vor sich. Das Haus, das die Fische beherbergt, ist sowieso unser Schmelztiegel, nicht wahr? Trotzdem oder gerade deswegen ist dies eine extreme Zeit. Die guten Gefühle sind wirklich magisch und die negativen sind grauenhaft. Die Seele zieht alle unerlösten emotionalen Erfahrungen des bisherigen Lebens zusammen und nun setzen diese sich im Inneren fest und werden für immer bleiben. In den Fischen kann man sehr traurig und zugleich sehr glücklich sein. Enttäuschung und ein Verlust der Egoposition sind der Pfad zur Erkenntnis. Je mehr man gibt, desto weniger muss man brüten. Aber Brüten kann manchmal auch die beste Methode sein, um sich in das Leben zu vertiefen und die Wahrheit der letztendlichen Lösung auszuhalten.

Ich weiß, dass ich durch diesen Schnelldurchlauf vielleicht allerlei Frustrationen Tür und Tor geöffnet habe. Jeder kann jetzt sagen: »Aber als mein progressiver Mond in den Fischen stand, bekam ich einen neuen Job, meine Zähne wurden gezogen und erneuert und was hat das mit den Fischen zu tun?« Wir können alles andere durchkauen: »Aber, wo war Dein Saturn und wie aspektierte er dies oder das … Und in welchem Aspekt und Haus ist dies und jenes?« Und so weiter. Ich versuche eine vorstellungsmäßige Möglichkeit aufzuzeigen, wie wir Zutritt zu den eigenen Anteilen bekommen können, die vom progressiven Mond reflektiert werden. Sobald wir diese Bilder einmal zu fassen bekommen, können wir uns jederzeit dieser Dimension der Seele gedanklich annähern.

Ich sprach heute schon davon, dass sich das Mondzeichen des Radixhoroskops im Mutterbauch entwickelt hat und etwas von dem Habitus der Ahnen trägt. Es ist das Band zu den Ahnen, das die Grundlage der emotionalen Entwicklung formt. Darauf basiert die persönliche Art und Weise, sich auf andere Menschen und Lebenserfahrungen einzulassen. Häuser und Aspekte im Horoskop verfeinern die emotionale Entwicklung und geben ihr eine persönliche Note. Aber das Zeichen ist das Band.

Wenn nun der progressive Mond weiterwandert, kann man sagen, dass er an den Strängen zupft, die man seit der Geburt nicht geschehen ließ oder nie weiterverfolgt hat. Aber alle diese Stränge sind in uns und lassen sich zurückverfolgen bis zur Geburt des Universums. Wenn der Mond sich in der Progression von Zeichen zu Zeichen weiterbewegt, ist man in der Lage, vorübergehend mit etwas anderem in Berührung zu kommen als sonst. Dadurch kann man ein Sein von größerer Tiefe erlangen. Hat sich jemand der Anwesenden schon mit dem progressiven Mond beschäftigt?

Teilnehmer: Mein progressiver Mond steht gerade im Skorpion. Ich finde, man muss darauf achten, wann genau der Zeichenwechsel stattfindet. Dann bekommt man einen Schub. Danach lässt es wieder nach. Aber wenn der Mond gerade neu in ein Zeichen eintritt, passiert etwas, das einem sagt: »Der progressive Mond hat das Zeichen gewechselt.« Das ist bei mir ganz exakt gewesen.

Darby: Das kann ich mir vorstellen. Ich kenne dich, Du funktionierst meist auf die Minute! Du kannst uns dann erzählen, wie es ist, wenn der progressive Mond in den Schützen geht. Bei mir dauert es Wochen oder sogar Monate, bis ich den Wechsel spüre. Aber ich bin mehr ein Impressionist. Mir gefällt am Arbeiten mit dem progressiven Mond, dass man es mit Schichten zu tun hat. Schichten über Schichten über Schichten. Der progressive Mond im Skorpion ist anders als der Mond, der in das 8. Haus eingetreten ist oder als ein markanter Mond/Pluto-Transit. Sie aktivieren alle dieselbe Tiefe, aber mit verschiedenen Resultaten und auf unterschiedliche Art. Der progressive Mond weist Euch gewissermaßen auf die Stellen hin, wo Eure Beziehungen pathologische Züge tragen, wo die »Sticheleien« des Lebens Euch treffen. Es sind die Seiten in Euch, die auch der Radix-Mond bereits aufzeigt. Mit einem Geburtsmond im 8. Haus, reagiert man empfindlich auf Zurückweisung durch das Verlassen-Werden. Jede Phase des progressiven Mondes wird dies dann von einer eigenen Warte aus zeigen.

Teilnehmer: Man hat dann die Gelegenheit, sich aus zwölf verschiedenen Perspektiven verlassen zu fühlen!

Darby: Und jedes Mal bekommt man die Möglichkeit, es aus einer neuen Perspektive anzugehen oder die ursprünglichen Gefühle und Ideen zu diesem Thema zu verstärken und zu vertiefen. Man lernt auch andere Formen kennen, menschlich zu sein. Steht der progressive Mond etwa in den Zwillingen, kann man sich auf der Ebene von Klatsch und Tratsch mit anderen verbinden. Man mag den Radixmond in der Jungfrau im 10. Haus haben und sonst nie tratschen, weil sich so etwas nicht gehört, aber wenn der progressive Mond in die Zwillinge geht, verpasst man eine Gelegenheit, wenn man es nicht tut. Es könnte sein, dass diese Chance niemals wiederkommt. Klatsch und Tratsch sind wie der Wind, der zwischen uns weht. Man kann selbst das Niveau wählen, auf dem es stattfinden soll. Das Bedürfnis, sich mit anderen und einem unbekannten Teil seiner selbst zu verbinden, ist jetzt sehr stark.

Teilnehmerin: Als der progressive Mond bei mir in den Krebs ging, hatte ich einen starken Kinderwunsch, aber ich kaufte viele Pflanzen für mein Haus und es war das erste Mal, dass ich alleine lebte.

Darby: Wenn der progressive Mond in den Krebs geht, taucht nicht notwendigerweise ein Kinderwunsch auf. Aber ich habe es bei sehr vielen Frauen schon am Ende der Zwillinge erlebt. Aber für diejenigen, die sich nicht so stark mit diesem uralten Nestbautrieb verbinden, ist doch so ein menschlicher Trieb vorhanden, der sich auf eine gewisse Art äußert.

Wandert der progressive Mond in den Löwen weiter und man erwischt sich nicht dabei, ein wenig anzugeben, verpasst man eine gute Gelegenheit. Sobald der progressive Mond dann nicht mehr im Löwen steht und man auf einen Prahler trifft, ist man geneigt, diese Person herabzusetzen.

Wenn wir im Alter von 70 Jahren nicht ein gewisses Maß an Toleranz erreicht haben, haben wir einen großen Teil unseres Lebens verschwendet. Der progressive Mond bietet uns die Gelegenheit, menschlicher zu werden. Wenn man sich zweieinhalb Jahre lang intensiv selbst in der Fülle wahrgenommen hat und dann wird die Luft herausgelassen, und das mehrere Male hintereinander, dann wird man mit der Zeit tolerant gegenüber anderen, bei denen man dasselbe beobachtet. Aber ich weiß auch nicht, ob es im Hinblick auf den progressiven Mond wirklich das Wichtigste ist, die innere Entwicklung zu beobachten.

Teilnehmer: Was ist denn das andere Wichtige?

Darby: Ich sehe hier zwei Dinge, zunächst einmal die Reflektion des Mondes nach außen auf das Auf und Ab der Gefühle anderen gegenüber und dann dieselbe nach innen, sich selbst gegenüber. Beides ist gleich wichtig. Gefühle steigen auf und sinken wieder ab. Das ist ihr Naturell. Jedes Zeichen, das der progressive Mond durchläuft, hat seine eigene Ausrichtung, seine eigene Art, Vorkommnisse in Erfahrungen zu transformieren. Die Geschehnisse, äußerlich wie innerlich, werden von den Transiten und den anderen Progressionen reflektiert. Der Mond sammelt sie, zieht sie zu Gefühlen zusammen und macht Erfahrungen aus ihnen. Mit diesen inneren Dimensionen tritt man in Verbindung, wenn man den progressiven Mond in seinem Lauf verfolgt. Der Geburtsmond gibt Informationen über die Gefühlsmuster, die man einfach dadurch angenommen hat, dass man geboren wurde. Der progressive Mond hält einen auf dem Laufenden und bewegt einen emotional, indem er alte Gewohnheiten aus der Vergangenheit mit Erfahrungen der Gegenwart in ihrer Fülle oder in ihrer Leere verknüpft. Er wirkt wie ein Spiegel, in welchem sich unser Leben spiegelt. Zeichen und Haus sind die Abmessungen des Spiegels.

Salopper ausgedrückt, ich habe beobachtet, dass man mit dem Zeichenwechsel seinen Stil wechselt. Das gilt besonders für Frauen. Also hütet Euch vor dem Sommerschlussverkauf. Es ist mir öfters passiert, dass ich mit dem progressiven Mond am Ende eines Zeichens etwas kaufe, von dem ich denke, dass es mir steht. Sobald der progressive Mond dann im nächsten Zeichen ist, ändere ich meine Ansicht und bereue es. Dies kann auch für Männer gelten, sofern sie auf Kleidung und Farben Acht geben.

Teilnehmer: Mein progressiver Mond ist seit fast zwei Jahren im Skorpion und meine Mutter hatte während dieser Zeit ein Plutoquadrat.

Darby: Dann könnt Ihr auf einer bestimmten Ebene ähnliche Dinge teilen und habt zu den gleichen Dingen Zugang, wenn Ihr in der Lage dazu seid.

Teilnehmer: Zum Glück sind wir das.

Darby: Das erinnert mich daran, dass wir noch einmal über die Mutter reden sollten. Jedes Mal, wenn wir in das nächstfolgende Zeichen gehen, gibt es immer eine kleine oder große Veränderung in der Beziehung zur Mutter. Gut ist es, zu wissen, wo ihr progressiver Mond steht. Ich habe einen Freund, dessen Mond zu dem seiner Mutter bei seiner Geburt im Quadrat stand. Sie hatten eine schwere Zeit, bis er Ende 20 war. Dann kamen die progressiven Monde ins Trigon zueinander und ihr Verhältnis wurde besser und besser. Es kann auch andersherum sein. Überprüft, ob es zwischen Euch und Eurer Mutter schwierige Mond-Mond-Progressionen gibt.

Teilnehmer: Ich habe festgestellt, dass ich alle zwei oder drei Jahre meine Beziehungen wechsele. Das ist unheimlich – es könnte sein, dass dann immer der progressive Mond das Zeichen gewechselt hat!

Darby: Du solltest das überprüfen, es scheint mir etwas extrem.

Teilnehmer: Ich wechsele meine Partner oder Freunde nicht alle zwei Jahre, aber ich habe bemerkt, dass ich alle Freundschaften alle zwei Jahre neu bewerte.

Darby: Das ergibt einen Sinn. Man sollte auch die progressiven Monde unter Partnern beobachten. Ich habe gemerkt, dass ich mit Leuten, mit deren Mond mein progressiver Mond im Sextil steht, die freundlichsten Verbindungen habe. Da ist am wenigsten Spannung und am meisten Interesse vorhanden. Natürlich ist auch die Opposition interessant, aber die erfordert auch Fingerspitzengefühl. Trigone sind selbstverständlich gut und Quadrate sind eben Quadrate.

Ich habe einen Freund, mit dem ich mich auf einem »progressiven Mondquadratterritorium« befinde. Unsere progressiven Monde stehen im Quadrat. Es ist interessant, wie wir alles, was wir über andere Menschen und Beziehungen sagen, übersetzen müssen. Unsere Geburtsmonde haben keinen Aspekt zueinander.

Am offensichtlichsten wirkt der Mond in intimen Beziehungen. Dort bemerkt man es am meisten. Und natürlich können wir uns über die emotionale Entwicklung der Kinder Klarheit verschaffen. Man kann dann verwirrende Dinge besser verstehen. Mehr dazu in meinem Seminar über den progressiven Mondzyklus.

Der progressive Mond in den Häusern

Lasst uns nun zu den Häusern gehen. Ich habe festgestellt, dass die Erfahrungen, die man in den ersten Jahren mit dem progressiven Mond auf seinem Weg von Haus zu Haus macht, direkt über die Mutter laufen. Sie ist der Mittelpunkt in diesem Territorium. Alle sieben Jahre ungefähr rückt man einen Schritt weiter von ihr weg hinein in das eigene Leben – obwohl manche mehr, andere weniger unbewusst an ihrer Vergangenheit festhalten. Manchmal denke ich, wir können nur abwarten, nachdenken, beobachten, überlegen und warten. Die Seele hat ihre eigene Zeit.

Wenn der progressive Mond das 12. Haus verlässt und in das **1. Haus** eintritt, ist dies tatsächlich wie eine Geburt. Man verbindet sich mit seinem emotionalen Körper. Man spürt sich selbst intensiver. Welches Zeichen auch immer am Aszendenten herrscht, wenn der progressive Mond dort hineinläuft, beginnt das Leben auf eine bestimmte Art neu. Steht der progressive Mond gerade noch im 12. Haus, ist man noch ganz in einem Traum gefangen. Dann rumpelt es und es folgt ein Erwachen. Sobald der progressive Mond dann den Aszendenten überquert, steigert sich das Bedürfnis nach Selbstreflektion. Durch das ganze 1. Haus hindurch ist der progressive Mond gekennzeichnet durch ein Hin und Her des Nachdenkens über sich selbst. Man muss etwas tun, um das Image von sich selbst zu verändern und die entsprechenden Schritte dahin unternehmen.

Sobald der progressive Mond in das **2. Haus** geht, wendet sich diese Selbstreflektion den natürlichen Ressourcen zu. Das Zeichen, in dem der progressive Mond steht, sagt etwas aus über die Fähigkeit, die eigenen Ressourcen zu nutzen und ebenso darüber, wie man sich dazu stellt. Die Planeten zeigen, welchen Teil von sich selbst man dafür einsetzt. Aber hier findet eine sehr persönliche Auseinandersetzung mit den Ressourcen statt. Durch Nachdenken werden die natürlichen Talente zum Leben erweckt.

Teilnehmer: Und man hat starke Gefühle für Geld und solche Dinge?

Darby: Das kann so sein. Aber wenn wir erst drei Jahre alt sind, werden wir über solche Themen kaum nachdenken. Wir werden uns besitzergreifend verhalten. Wenn der Mond dann mit 31 Jahren wiederkehrt, könnten wir über diesen Instinkt nachdenken und dadurch die eigene Erfahrung über das Besitzgefühl vertiefen. Das Auf und Ab des Gefühlslebens zeigt sich als Zufriedenheit oder Unzufriedenheit mit den materiellen Umständen. Man fühlt sich sicher oder unsicher im Hinblick auf das eigene Vermögen, Sicherheit zu schaffen. Es ist jedoch eine Zeit, in der man über seine Freigebigkeit und die großzügigen Gaben des Lebens nachdenkt. Deswegen vereinigen sich die Gefühle in dieser Zeit mit Erfahrungen, die unseren Lebenssinn vertiefen.

In das **3. Haus** eintretend verbindet der progressive Mond uns mit der geistigen Umgebung sowie mit Brüdern, Schwestern und Nachbarn. Erlebnisse mit diesen Menschen pendeln zwischen nährend und unbefriedigend. Gespräche, die uns geistig nicht weiterbringen, sind unbefriedigend. Eine emotionale Verbindung kann gut hergestellt werden zu Leuten, die einen geistig weiterbringen. Man ist hungrig nach Informationen und es hängt von dem Radix-Merkur und dem Zeichen ab, welches das 3. Haus beherrscht, wie man damit umgeht. Aber an alle Informationssüchtigen: Vorsicht! Hermes ist sowohl ein Trickbetrüger als auch ein Zauberer. Wenn man aufpasst und über die jeweiligen Erlebnisse in der Zeit nachdenkt, wird man merken, welche Art von Information einem zuträglich ist und wie man Zugang zu ihr erhält.

Wenn der Mond in das **4. Haus** eintritt, wendet man sich ganz nach innen. Sogar dann, wenn er in ein Feuer- oder Luftzeichen eintritt und man rastlos hin und her rennt, sucht man eine tiefe Verbindung zu den Wurzeln. Die Gefühle gehen tief und die Erfahrungen in dieser Zeit zupfen an der Saite, die einen mit der Familie und weiter zurück mit Vorfahren verbindet. Die aus der Vergangenheit aufsteigenden Bilder können einen besser in die Gegenwart bringen als in jedem anderen Haus. Denn wenn man sie beachtet, bewirken sie, dass Zeit und Raum zu dem eigenen

Haus werden und Ewigkeit zur Heimat. Ebbe und Flut wechseln zwischen Zufriedenheit oder Unzufriedenheit mit der Art und Weise, wie die Dinge sind – das Zuhause, das Land, der Vater und man selbst.

Im **5. Haus** ist es schwerer, keinen Spaß zu haben, als Spaß zu haben. Hier haben wir das Haus für Kreativität, Kinder, Gedichte, Malerei und Musik. Was einem selbst Spaß bereitet, muss anderen noch lange keinen Spaß machen. Dies ist eine Zeit, in der das Gefühlsleben sich um die geistigen und leiblichen Kinder dreht.

Es sind die Planeten und das Zeichen des Hauses, die unser von Geburt an bestehendes Bedürfnis zu schöpferischem Tun beschreiben. Ich wollte damit sagen, wenn Ihr Spaß habt, ist es wunderbar, aber wenn die Ebbe eintritt, kann dies die Freude des Selbstausdrucks wegnehmen und dann fühlt Ihr Euch sehr allein auf Eurem Spielplatz. Es ist das natürliche Haus des Löwen. Die Vorstellungskraft steigt an und fällt stark ab, wenn der progressive Mond durch dieses Haus läuft. Wenn man das Gefühl hat, sich selbst zum Ausdruck bringen zu können, ist es wunderbar, wenn nicht, dann eben nicht.

Teilnehmer: Ich habe den Mond im Stier im 2. Haus. Als ich sechs Jahre alt war, ging mein progressiver Mond durch mein 5. Haus und meine Mutter steckte mich in eine Schule, in der Kreativität gefördert wurde. Ich hasste es. Ich habe Saturn im Löwen im 5. Haus. Als der Mond vor Kurzem wieder progressiv in mein 5. Haus kam, fing ich an zu malen. Es ist nicht leicht, aber es fühlt sich richtig an.

Darby: Das ist interessant. Ich habe bemerkt, dass die zweite Runde ohnehin leichter ist. Das hat natürlich damit zu tun, dass wir dann älter sind. Für diejenigen, die nicht so viel Vergnügen an Selbstreflektion über ihr manchmal schlechtes Benehmen in der Vergangenheit haben, wird es in der zweiten und dritten Runde auch nicht angenehmer. Jeder hat natürlich andere Erfahrungen. Ich möchte die Betonung auf das Nachdenken legen. Letztendlich geht es darum, dass man sein Leben anhand der Stationen des progressiven Mondes erzählen kann und dass man sein eigenes Leben so erfahren kann, dass man sich mit allem Leben verbindet.

Wenn man vornehmlich in seinem Körper und in seinen Gefühlen lebt, dann ist man mit dem Leben tief verbunden. Wenn man dagegen aber hauptsächlich in der Vorstellung und im Geist lebt, hat man zwar die Kraft der Beobachtung, könnte aber gefühlsmäßig abgeschnitten von den anderen und der Erde sein.

Wenn man aber das vorhandene reflexive Licht benutzt, das beides verbindet, geht man kontinuierlich von Feuer zu Erde, zu Luft, zu Wasser durchs Leben. Dann lebt man alle Möglichkeiten. Es wäre verrückt, etwas auszulassen.

Weiter zum **6. Haus**. Wenn der progressive Mond in das 6. Haus kommt, werden neurotische Symptome aktiviert, wobei Angewohnheiten zur Geltung gebracht werden, die von früher kommen und keine Reaktionen auf das Hier und Jetzt sind. Das Zeichen und sein Herrscher sowie die Planeten darin sagen etwas darüber aus und lenken immer wieder die Aufmerksamkeit darauf. Es ist das 6. Haus, das uns sagt, welche Art von Gärtner man ist. Das 2. Haus besagt, was in dem Garten wächst. Das 10. Haus beschreibt, wie man alles rechtzeitig zu seinem vollen Potenzial bringt. Das 6. Haus spricht über uns selbst, die wir zwischen diesen beiden stehen. Wenn also der progressive Mond in das 6. Haus eintritt, verbindet man sich gefühlsmäßig mit diesem »Gartenschuppen«-Anteil seiner selbst und spürt den Drang, die Gartengeräte zu sortieren und aufzuräumen.

Wir sind im übertragenen Sinn selbstverständlich auch Gärtner unseres Körpers. Gesundheitsfragen, die sich während dieser Zeit auftun und die an Transiten und Progressionen ablesbar sind, sind viel stärker mit dem Gefühlsleben verbunden als sonst. Besser gesagt: Emotionale Bedürfnisse werden in dieser Zeit mehr durch den Körper zum Ausdruck gebracht. Dies kann dazu führen, dass Körper und Geist besser miteinander kommunizieren.

Befindet sich dies alles im Einklang, dann ist jetzt der Zeitpunkt gekommen, Arbeitsrituale zu entwickeln, die mehr befriedigen. Die Seele wird durch Rituale genährt, die dafür sorgen, dass das

Leben besser organisiert wird, dass es optimaler zu den momentanen Bedürfnissen passt. Die Seele wird dadurch genährt, dass man seine Welt innerlich wie äußerlich aufräumt und in Ordnung bringt. Dass man sich mehr um sich selbst kümmert oder von anderen besser versorgt wird, gehört auch dazu. Man gewinnt die Erkenntnis darüber, auf was man kontinuierlich Acht geben muss. Hier ist die Reparaturwerkstatt des Lebens und es wird immer etwas hereingebracht. Das wird ein Leben lang auch so bleiben. Diese Mondprogression bringt einen dazu, den Raum einzurichten.

Das **7. Haus** ist wieder so ein Wendepunkt. Es ist eine Zeit, in der man seine Seele weggibt. Wenn wir uns verlieben, das wissen wir aus der Psychologie, dann verlieben wir uns in uns selbst im anderen, zumindest teilweise. Ich denke, bei einer Mondprogression durch dieses Haus fliegt unsere Seele aus, muss raus zu jemand anderem oder zu anderen. Es hängt natürlich vom Zeichen ab. Es ist wahrscheinlicher mit dem progressiven Mond in den Wasser- und Feuerzeichen, dass man sich verliebt. Das Hin und Her dieses progressiven Mondes hat damit zu tun, ob man im Beziehungsleben genährt wird oder verhungert. Der progressive Mond bringt einen in diesem Haus dazu, andere auf eine Art und Weise wahrzunehmen, wie man es vorher nicht konnte. Es kann aber auch sein, dass man nur Schatten jagt.

Was immer im 7. Haus begonnen wurde, wird im **8. Haus** auf das Äußerste herausgefordert. Im 7. Haus Ballkleider zu tragen, bedeutet im 8. Haus nackt zu sein. Die Vergangenheit steigt geisterhaft empor, alle früheren Beziehungen kehren zurück, um einen jetzt heimzusuchen. In dieser Zeit wird man von anderen genährt oder aufgegeben. Das Zeichen an der Pforte zu diesem Haus bestimmt den Weg. Ist man aber erst einmal drin, kommt ein Reinigungsprozess in Gang, der alle Verunreinigungen an die Oberfläche bringt und wegspült. Dies geht tiefer als nur die persönliche Vergangenheit. Vorfahren, die durch uns leben – vor allem, wenn auch noch Planeten in dem Haus stehen –, sprechen mit uns oder durch uns. Ideale, die tief mit den Verhaltensmustern zum Thema Sexualität und Geld zu tun haben, werden jetzt aufgelöst. Der Persönlichkeitsanteil, der zwischen Zeit und Unendlichkeit steht, wird vor und zurück geworfen zwischen diesen beiden Extremen und man verbindet sich emotional mit Leben und Tod, sodass sich die eigenen Ansichten darüber meist radikal verändern.

Mit dem progressiven Mond im **9. Haus** kommen wir aus dem Sumpf in die Berge, je nach Zeichen und Temperament langsam oder schnell. Jeder hat einen Berggipfel in sich und das Tierkreiszeichen an der Häuserspitze des 9. Hauses sagt etwas über den dort vorherrschenden Zustand aus. Die naheliegenden Themen wie Reisen und Sehnsucht nach der Natur werden hier aktiviert, denn die emotionalen Bedürfnisse und der Wunsch, über das bekannte Wissen hinauszugehen, treffen hier aufeinander. Man sollte immer im Auge behalten, wie man Bedeutungen enttarnt. Das Zeichen an der Spitze des 9. Hauses ist das Tor zu jener Dimension in uns, wo Vorkommnisse in Erfahrungen verwandelt werden und diese sich dann in Mustern zusammenfügen, die sich bedeutsam anfühlen.

Wenn der progressive Mond durch **das 9. Haus** läuft, verleiht einem dies den Blickwinkel eines Ausländers. Die inneren Schwankungen geben ein Gefühl von Leere und Fülle zu diesem Thema. Ausländer zu sein kann spannend sein, weil man alles mit neuen Augen sehen kann. Aber es ist auch ermüdend, denn ohne den Rückhalt der Herkunft entstehen oft merkwürdige Dinge in der Vorstellung. Durchaus Wunderbares, aber auch Seltsames. Ich denke, als Seele verbindet man sich hier mit der Vergangenheit und der Zukunft. Die Seele verbindet sich auf die eine oder andere Weise mit Sinn, Auftrag und Wahrheit. Dies geschieht durch innere Reflektion verbunden mit der Art, wie man mit anderen umgeht.

Sobald der progressive Mond dann in das **10. Haus** wandert, wird diese Mission gegen eine Felswand geschmettert, um zu sehen, ob sie irgendeinen sinnvollen Zweck erfüllt. Der progressive Mond im 10. Haus bringt die Gefühle über Eure Arbeit nach außen. Jedes Bedürfnis, das sich darin manifestiert, der Gemeinschaft etwas Nützliches oder Wichtiges mitzuteilen, ergreift hier von der Seele Besitz. Ein inneres Wechselbad drückt hier aus, ob und inwieweit das Verlangen nach Respekt und Anerkennung als wertvolle Persönlichkeit akzeptiert oder zurückgewiesen wird. Man fühlt sich zu Personen hingezogen, die einem auf dem Weg zur Vervollkommnung behilflich sind. Manche Menschen können dies sehr gut, andere wiederum zeigen einem nur die eigenen Grenzen auf. Das ist der unangenehme Teil. Dies ist jedoch eine fruchtbare Zeit für Menschen mit Disziplin und einem Gefühl dafür, was sinnvoll ist und was nicht.

Ich traf neulich eine Klientin, die den Geburtsmond im Stier im 8. Haus hat und deren progressiver Mond im Moment in Krebs im 10. Haus steht. Sie war völlig außer sich, weil sie plötzlich spürte, dass ihre Arbeit überhaupt nicht mehr zu ihr passte. Sie hatte schon länger das Gefühl, ihr Job sei für sie wie »gestorben«. Aus Gründen der finanziellen Absicherung hat sie die Stelle dennoch behalten, doch nun fühlte sie sich dort nicht mehr wohl. Wir haben dann anhand ihrer Transite geschaut, ob sich demnächst etwas Neues auftun würde. Es ist in ihrem Fall nicht nur der progressive Mond, der auf eine Veränderung hinweist. Aber er spricht hier von ihrem Bedürfnis, eine neue Heimat in der Welt zu finden.

Wenn der progressive Mond in das **11. Haus** kommt, werden wir dazu gebracht, uns mit unserem Netzwerk zu verbinden und mit der Aufgabe, wie man seine eigenen Ideale in der Gemeinschaft zum Ausdruck bringt. Das Zeichen an der Häuserspitze sagt etwas darüber aus, wie man sein Netzwerk aufbaut und wie man mit den Idealen seiner Gemeinschaft oder den verschiedenen sozialen Gruppierungen interagiert. Dies ist die Zeit, in der man sich emotional mit der Menschheitsfamilie verbindet, und die Kontakte, die jetzt hergestellt und vertieft werden, haben einen besonderen Geschmack. Sie sind von persönlicher Bedeutung für einen. Das Wechselbad der Gefühle dreht sich jetzt am deutlichsten um den Bezug zu den Gruppierungen, denen man angehört. Von einer Gruppe akzeptiert zu sein oder von dieser zurückgewiesen zu werden, wird tief empfunden. Das Nachdenken über das Verhältnis zu einer Gruppe öffnet einem in dieser Zeit die

Möglichkeit, über das Leben aller Menschen in Gemeinschaften seit Anbeginn von Zeit und Raum nachzudenken.

Schließlich begibt sich der progressive Mond in das **12. Haus,** was Informationen über die Wegstrecke hin zum Überall und Nirgendwo gibt. Lebt man das 12. Haus wortgetreu, fühlt man sich zu Hospitälern und Klöstern hingezogen. Aber es kann auch sein, dass man sich nach innen zurückzieht. Wie die beiden anderen Wasserhäuser, ist auch dies ein geheimnisvolles Haus. Manchmal sind seine Geheimnisse sogar vor einem selbst versteckt.

Neulich fragte ich einen Klienten, der sehr aktiv ein spirituelles Leben führt, was gerade bei ihm passiert. Er hatte seit ungefähr einem Jahr den progressiven Mond im 12. Haus und sagte, es sei merkwürdig, aber es passiere gar nichts. Er beschäftige sich mit seinem Seelenleben und sei ganz zufrieden. Ob dies gut sei oder nicht, wisse er nicht. Er habe das Gefühl, etwas verloren zu sein, sei aber auch nicht unglücklich. Er hat den Geburtsmond im 7. Haus, mit einem Quadrat zu Jupiter und einer Konjunktion zu Saturn im 9. Haus, und er hatte endlich die Frau gefunden, die er heiraten wollte. Der Hunger, der ihn immer getrieben hatte, war für eine Weile gestillt. Aber gleichzeitig war ihm der Sinn für seine eigene Seele abhandengekommen. Wir fanden beide, dass es in Ordnung sei, und dass seine Seele etwas Tiefes gefunden hätte, um sich darin auszuruhen.

Das 12. Haus ist mysteriös. Ich nehme an, es zieht einen zu etwas Unpersönlichem und Diffusem hin. Die persönlichen Bedürfnisse begegnen allem und nichts von etwas, das jenseits des eigenen bewussten Eingreifens liegt. Wir sollten es zulassen. Ein Teil der eigenen langen Geschichte ist abgeschlossen und jetzt einzugreifen wäre unpassend. Wenn in dieser Zeit Unglücklichsein stärker ist als Glücklichsein, führt dies vielleicht dazu, über das Leben als Jammertal oder Tal der Tränen nachzudenken. In Wirklichkeit ist es aber das Tal, in dem die Seelen geformt werden. Es gibt hier ein tiefes Mysterium, ein heiliges Wissen, jedoch kein Wissen, das man für sein Ego nutzbar machen kann. Wenn der progressive Mond dann das 12. Haus verlässt und eine neue Runde im 1. Haus beginnt, erwachen die Gefühle wieder und es geht von Neuem los.

Der Saturnzyklus und der lunare Zyklus

Teilnehmer: Ich muss immer an den Saturnzyklus denken, der ja auch in ähnlicher Zeitspanne durch Zeichen und Häuser geht.

Darby: Ja, der Saturnzyklus ist eng verbunden mit dem progressiven Mondzyklus. Ich rate, erst einmal acht auf den progressiven Mond zu geben und zu beobachten, wo er gerade ist und was für Bilder auftauchen, wenn man darüber nachdenkt. Man sollte darauf achten, welche Typen von Menschen auf einen zukommen während jeder Phase und auf welche man stark emotional reagiert. Sein Gefühlsleben sollte man auch im Auge behalten, vor allem, wie es sich mit den Mondpositionen eventuell verändert. Mit der Zeit braucht man sich nicht mehr darauf zu konzentrieren. Es kommt von selbst zu Euch und wird Teil der eigenen Vorstellungskraft. Es wird einen zu der Vergangenheit zurückbringen und dadurch mit sich entfaltendem emotionalem Leben verbinden.

Indem man den Saturn beobachtet, sieht man, wo zur jeweiligen Zeit die Arbeit ansteht. Das Zeichen sagt etwas aus über die zweieinhalbjährige Periode, die wir alle miteinander teilen. Es beschreibt die erforderliche Energie, lasst uns dieses missbrauchte Wort hier verwenden, um den Dingen Form zu geben. Das Haus, durch das Saturn transitiert, sagt aus, *woran* man arbeiten sollte, um den Dingen diese Form zu geben, wo Disziplin und Kontrolle etwas in Balance bringen, was letztlich dazu beiträgt, dies zu verwirklichen. Dies ist der Bereich, wo ein kaltes, trockenes Auge der Entwicklung nützt und wo die Dinge eine Weile austrocknen sollten, sodass man daran arbeiten kann, sie wieder in Balance zu bringen.

Nun, wo der Saturn etwas austrocknen lässt, befeuchtet der Mond es, indem er einen in eine persönliche Beziehung bringt zu den Themen des betreffenden Zeichens und Hauses. Oft zieht es uns zu Personen hin, die die eigene Verbindung zu den Themen, die dem Haus zugeordnet sind, erhellen. Wir erfüllen unsere Strukturen mit Gefühlen. Wir leben ein persönliches Leben innerhalb der gesellschaftlichen Strukturen sowie innerhalb der Beschränkungen und Sicherheiten, die diese Strukturen uns vermitteln. Das Leben fordert uns auf, an unseren inneren und äußeren Beschränkungen zu arbeiten. Aber es vertrocknet und verdorrt, wenn wir nicht in Kontakt sind mit den Gefühlen, die uns mit der Lebensquelle verbinden. Gemeint sind unsere Gefühle, die uns mit anderen Menschen, mit unserer Vergangenheit und mit unserer Gegenwart verbinden. Ignoriert Saturn auf eigene Gefahr. Ignoriert den Mond auf eigene Gefahr. Ich meine selbstverständlich das, was sie symbolisieren: zeitgebundene Notwendigkeit, Form, Grenzen und Lektionen sowie Karma; Gefühle, Verbundenheit, die Vergangenheit, den Körper, die Beziehungen, die Seele und die Kraft des Nachdenkens, welche Erlebnisse in Erfahrungen umwandelt und diese wiederum in Bedeutung. Saturn und Mond sind untrennbar miteinander verbunden, und beide können nicht ignoriert werden.

Dies waren soweit meine Ansichten und Bilder, um Euch den progressiven Mond näherzubringen. Die für jede Häuserposition vorgestellten Ideen entspringen meinen eigenen Erfahrungen – in meinem Leben, mit Klienten und mit Freunden. Ich wollte nachdrücklich aufzeigen, dass man die Gelegenheiten, die einem der progressive Mond bietet, nicht auslassen sollte, denn sie vertiefen die Lebenserfahrung.

Immer zu Beginn, wenn der progressive Mond in ein neues Haus eintritt, ist es so, dass man noch nicht weiß, wie man damit umgehen soll. Wenn er aber mit der Zeit in der Mitte des Hauses angelangt ist, lernt man damit klarzukommen und wird dann sogar richtig gut darin. Je mehr er sich dem Ende eines Hauses nähert, umso mehr verliert man ein wenig das Interesse. Der progressive Mond ist ja schon länger in dem Haus und dabei zu verblassen. Es wird ein bisschen langweilig und man lässt es schleifen. Ich hatte den Mond in den Fischen und eigentlich bin ich nicht so zartbesaitet, doch das wurde ich dann. Mit dem progressiven Mond war dies angenehm. Wenn er danach wegzieht, ist es vorbei und es wird Zeit, sich eine neue Garderobe zuzulegen.

Damit kommen wir zum Ende für heute. Ich hoffe, es ist so interessant, dass ihr damit arbeiten oder spielerisch umgehen möchtet. Beim nächsten Mal werden wir den Mond in Beziehung zur Sonne anschauen. Seine Zunahme und Abnahme. Dieses Mal haben wir uns mit seiner Ebbe und Flut auseinandergesetzt. Wenn in Eurem Leben alles fließt, spürt Ihr die Fülle des Lebens. Wenn ihr Euch »trockengelegt« und vom Fluss abgeschnitten fühlt, dann ist es an der Zeit nachzudenken und euch zu den Überlegungen in eurem Inneren hinzuwenden. Die Angewohnheit, sich nach innen zu wenden und von einem immer neuen Gesichtspunkt aus nachzudenken, bringt Euch dazu, Euch tiefer auf das Leben einzulassen und Euch vor dem Hintergrund der Ewigkeit und der Unendlichkeit in Zeit und Materie zu engagieren. Ich erinnere nur an das, was Ihr schon wisst. All das, was Ihr schon kennt, haben wir in einen astrologischen Rahmen gestellt.

Teil 2
Der Mond und seine Zyklen

Dieses Seminar wurde am 12. November 1994 gehalten am *Regents College* in London.

Einführung

Nun betrachten wir den astrologischen Mond in seinem Verhältnis zur Sonne. Wir werden uns ansehen, wie er von der Konjunktion mit der Sonne ins zunehmende Quadrat geht, weiter in die Opposition, in das abnehmende Quadrat und schließlich durch die drei dunklen Tage wieder in die Konjunktion. Als Basis für unsere Betrachtungen benutze ich Dane Rudhyars Buch DER SONNE/MOND-ZYKLUS. Ich möchte damit seine Arbeit würdigen und Euch näherbringen. Außerdem halte ich viel von seinem transpersonalen Weitblick, weil er dadurch der modernen Astrologie eine Sichtweise hinzufügt und sie damit um eine Dimension erweitert hat.

Dann werden wir den progressiven Mond in Beziehung zum Geburtsmond anschauen; angefangen bei der Geburt bis hin zu dem progressiven Quadrat im Alter von ungefähr sieben Jahren, dann weiter bis zum Alter von 14 Jahren, dem Quadrat mit 21 Jahren, und schließlich der progressiven Mondwiederkehr mit 27 Jahren. Falls man ein entsprechendes Alter erreicht, wird man den Zyklus noch einmal durchleben. Nun wissen wir, dass dieser Zyklus ziemlich genau mit dem transitierenden Saturnzyklus zusammenfällt, der 29½ Jahre dauert. Wir wollen also noch etwas Zeit investieren, um uns die Wechselwirkung der beiden Zyklen im Horoskop anzusehen. Gegen Ende des Seminars werden wir das Zusammenspiel der beiden anhand des Horoskops einer Person verfolgen, die so freundlich war, es uns zur Verfügung zu stellen. Mond und Saturn repräsentieren nicht nur völlig gegensätzliche Prinzipien in der Astrologie. Sie sind auch miteinander verbunden, weil ihre Zyklen sich beinahe decken. Obwohl sie ineinandergreifen, sind die beiden Zyklen dennoch sehr verschieden.

Die Verbindung von Sonne und Mond

Schauen wir uns zuerst die Sonne und den Mond am Himmel an. Leider kann man in den Städten den unglaublich schönen Tanz zwischen diesen beiden Lichtwesen nicht wirklich verfolgen. Wer jedoch auf dem Land lebt, kann sich die Nacht ohne den ständig zu- und abnehmenden Mond gar nicht vorstellen. Den meisten Menschen in den Städten ist der sich dauernd verändernde Mond nicht so gegenwärtig. Anders ist es mit uns Astrologen.

Von Tag zu Tag, Woche zu Woche, Monat zu Monat bewegt sich die Sonne am Himmel durch die Tierkreiszeichen vor dem Hintergrund der Konstellationen. Wir sehen sie ständig in Bewegung, besonders beim Sonnenaufgang und Sonnenuntergang. Jeden Tag steigt und geht sie ein Stückchen weiter im Westen oder im Osten unter, je nach Jahreszeit.

Jede Nacht ändert sich der Mond. Wir können es jede Nacht sehen und in der Natur und in uns selbst spüren. Ein paar Tage vor Vollmond fühlen wir, wie sich die Spannung aufbaut! Empfindet man in den Nächten, in denen der Mond immer mehr abnimmt, nicht eine gewisse Traurigkeit? Und dann diese Stille während des Neumonds. Zu ruhig, es sei denn, man wartet darauf, weil man etwas Spezielles vorhat, das sich nur in der tiefsten Dunkelheit erledigen lässt. Aber das ist eine andere Geschichte!

Dann kommt er langsam erneut und nimmt nach und nach wieder zu. Altbekannt und doch immer wieder anders – anders deswegen, weil die Sonne sich von Zeichen zu Zeichen bewegt. So sind auch jeder Neumond oder Vollmond sowie die Stationen dazwischen immer unterschiedlich. Sie sehen sogar verschieden aus. Und natürlich ist auch die Natur dauernd unterschiedlich. Sie geht von kalt zu warm zu heiß zu kühl und wieder zu kalt. Und obwohl die lunaren Gesichter sich immer auf gleiche Weise verändern, sind sie doch unterschiedlich, denn sie »wiederholen« sich vor den sich stetig wandelnden Konstellationen der Planeten, wenn sie majestätisch am Himmel entlangwandern.

Ist es nicht interessant, dass wir unsere beiden Lichter bei ihrem Himmelstanz fast nie zusammensehen? Wir sehen die Sonne am Tag und den Mond mit seinen Phasen in der Nacht. Wir sehen den Mond sein Gesicht verändern, die Sonne mal mehr, mal weniger reflektierend. Das Licht kommt immer von der Sonne. Die Reflektion ist immer der Mond und diese wechselt ständig. Zusammen können wir sie nur in ihrer exakten Opposition sehen, vorausgesetzt man hat einen so weiten Horizont, dass man die Sonne unter- und den Mond zugleich aufgehen sieht. Als ich in Afrika im Busch war, warteten wir bei der Vollmondphase immer gespannt auf diesen Moment. Wisst Ihr noch, wie magisch es war, wenn man als Kind den Mond hoch oben am blauen Himmel sah und wir uns fragten, wie das überhaupt möglich ist? Die Königin der Nacht, blass am Tageshimmel verweilend?

Für uns hier im Westen ist die überlieferte Weisheit stark belastet durch das kulturelle Misstrauen gegenüber allem Natürlichen, sich Wiederholenden, Instinktiven, Dunklen. Also alles, was wir heute das Unbewusste nennen und es dem Weiblichen zuordnen. Die von der Sonne repräsentierten Bereiche sind gefärbt von unserer Idealisierung der Klarheit, des Zwecks, der linearen Entwicklung, des Lichts, der spirituellen Entwicklung und all dessen, was wir Bewusstsein nennen. Des Bereichs, den man dem Männlichen zugeordnet hat.

Welche Begriffe und Bilder stehen in der Astrologie für Sonne und Mond?

Teilnehmer: Sonne ist Schicksal, Bewusstsein, das Selbst nach Jung.

Zweiter Teilnehmer: Das männliche Prinzip, der Vater, die Autorität.

Dritter Teilnehmer: Das kreative Selbst, der Teil von Dir, der leuchtet, der Geist.

Darby: Und der Mond?

Teilnehmer: Das weibliche Prinzip, die Mutter, der Rhythmus des täglichen Lebens.

Anderer Teilnehmer: Die *Anima*, für Männer, das Seelenleben, das Gefühlsleben, der Rhythmus von Gefühlen zwischen Dir und anderen.

Darby: Dass die Sonne mit Bewusstsein zu tun haben soll und der Mond unbewusst sein soll, ist doch merkwürdig, oder? Manchmal ist doch die Sonne der Menschen auch unbewusst, nicht wahr? Sie wissen nicht, wohin sie gehen. Sie haben kein Gefühl für Schicksal, Richtung und Zweck. Aber Tag für Tag wissen sie, was sie zu tun haben und wissen auch, warum sie sich gut oder schlecht fühlen. Man muss also genau verstehen, was gemeint ist mit Worten wie bewusst und unbewusst in Bezug auf Sonne und Mond.

Im Amerika der späten 60er-Jahre wurde uns kleinen Astrologen beigebracht, dass die Sonne unser Ziel sei. Man war hier auf der Erde, um Bewusstsein zu erlangen. Der Mond repräsentierte die Unbewusstheit und davon sollte man sich lösen, um Bewusstsein zu erlangen. Die Sonne war das Symbol für die Zukunft und die Aufgabe, der Mond stand für die Vergangenheit und die emotionale Bindung daran. Es galt als erwiesen, dass man sich davon freimachen sollte.

Natürlich repräsentierte der Mond auch die Gewohnheiten des täglichen häuslichen Lebens. Die Sonne stand auch für den Vater und der Mond für die Mutter, aber ich kann mich nicht erinnern, dass wir die Inhalte dieser Verbindung diskutiert hätten. Ich habe nicht mehr viele Aufzeichnungen aus der Zeit. An anderen Orten wurde das vielleicht anders gelehrt, aber ich weiß noch, dass wir uns auf die Sonne zubewegen sollten!

Natürlich ist dies das Vermächtnis, das mindestens 2.000 Jahre zurückreicht. Man weiß, dass es in der Jungsteinzeit Zusammenstöße zwischen lunaren, natur- und zyklusorientierten weiblichen Kulturen und solaren, aggressiven, linearen und monotheistischen Kulturen gegeben hat. Diese Zusammenstöße gibt es eigentlich immer noch in allen möglichen Variationen. Das Erbe, das wir von unserer jüdisch-christlichen Kultur erhalten haben, ist sehr einseitig, zumindest in seinen Schriften und Lehren: die solaren Prinzipien, die Einheit, das ständige Streben nach dem Guten, das Anerkennen von Autoritäten ohne zu hinterfragen, die Ablehnung von Unregelmäßigkeit, Instinkt und Gefühlen.

Die Sonne symbolisiert das Schicksal im Horoskop, den Geist, der uns dazu animiert, unser Licht erstrahlen zu lassen. Das Zeichen und das Haus beschreiben, wo wir nach den Sternen greifen. Die Sonne ist unser eigener Stern – einer in den mittleren Jahren, mittelgroß, aber unser eigener. Er repräsentiert das, wonach wir streben.

Wie sonst versuchen wir es zu erreichen, wenn nicht durch unser tagtägliches Leben? Die Gewohnheiten und Rhythmen des täglichen Lebens, die durch den Mond zum Ausdruck kommen, sind das Vehikel, mit dem wir die Sonne erreichen. Den Weg zum Ziel des Geistes kann man nur finden anhand der Unbeständigkeit des alltäglichen Lebens. Wenn die Sonne die Verbindung zum Großen Geist des Universums repräsentiert, dann steht der Mond für die emotionale Verbindung zum Leben, das man Tag für Tag im Licht der Sonne lebt. Der Mond reflektiert auf seine mondhafte Weise die Sonne. Die täglichen, oft auch unregelmäßigen Aktivitäten reflektieren die spirituellen Lebensziele. Wie man sein Leben lebt, wie man über Erfahrungen nachdenkt und Bedeutung in ihnen sieht, ist der Weg, auf dem man sein spirituelles Ziel, die Sonne, erreicht. Dies ist meine Art, die Beziehung von Sonne und Mond astrologisch zu erklären.

Als Astrologen betrachten wir das Horoskop, um uns selbst und andere psychologisch zu verstehen. Wir betrachten die Sonne und ihre Aspekte sowie den Mond und seine Aspekte, um zu sehen, was wir von unserem Vater und unserer Mutter mitgenommen haben. Wir schauen auch das 10. und das 4. Haus sowie die Konditionen ihrer Herrscher an. Wenn es zwischen Sonne und Mond Aspekte gibt, denken wir an die Beziehung zwischen unseren Eltern und inwieweit sie unser Verhältnis zu anderen beeinflusst haben.

Wir betrachten die Sonne und den Mond als Archetypen von Vater und Mutter und beobachten, wie sie sich zueinander verhalten. Die Sonne kann als das Vaterideal verstanden werden, das man in seinem Vater sucht. Der Vater kann dem Idealbild, das man von einem Vater hat, tatsächlich entsprechen oder nicht. Die

Sonne kann auch für das Ideal stehen, das man in den Männern sucht, denen man Autorität zubilligt. Ferner ist sie auch unser eigener Punkt für Autorität, dem man folgen muss, um von Vitalität und Licht erfüllt zu sein.

Der Mond repräsentiert die Mutter, die unsere Seele sucht und die wir oft durch die eigene Mutter spüren. Der Mond ist das, was man bei anderen Frauen sucht und empfindet, mit denen man emotionale Bindungen eingeht. Das Auf und Ab der emotionalen Kontakte, das man aus seinen sexuellen Kontakten zieht. Der Mond ist die persönliche Quelle, der See oder Teich, aus dem man Nahrung für das tägliche Leben zieht. Er ist der Reflektor, der das Licht der Sonne in wechselnder Gleichmäßigkeit auf die Gewässer der Erde zurückwirft. Er spiegelt die Sonne auf seine zunehmende und seine abnehmende Art im Wasserhaushalt unseres Körpers. Ferner reflektiert er das Licht des Geistes in unsere Seelen – Sonne zum Wasser der Erde, Geist zur *Anima Mundi*, der Weltenseele. Die Sonne ist unser in den Wassern der Seele gespiegelter Geist. Unsere geistige Zielrichtung reflektiert in den Rhythmen unseres täglichen Kontaktes zu uns selbst und zu anderen.

Wie sehen wir das also in unserem eigenen Leben im Horoskop? Mein erster Impuls wäre, mit Widder anzufangen. Aber gut, lasst uns mit den Fischen starten. Ihr nehmt die Fische-Sonne und überlegt, wie sie den Vater einer Person mit einer Fische-Sonne beschreibt. Vielleicht erlebt man ihn als häufig abwesend. Er geht eher unter oder er ist ausweichend in seiner Art. Er könnte auch schwach, ineffektiv oder heilig sein.

Die Sonne ist ein archetypischer Stempel für die männliche kreative Energie. Wenn die Sonne in den Fischen steht, ist die Richtung, sich geistig auszudrücken, fischehaft. Der Vater entspricht selbstverständlich dem männlichen Archetypus und man nimmt ihn fischehaft wahr. Man greift alles von ihm auf, was selbstaufopfernd, subtil, entrückt, seelenvoll, verloren, konfus, ausschweifend, enttäuscht, fischig, mitleidig ist. Jegliche Kombination dieser Eigenschaften ist abhängig von den Aspekten der Sonne.

Ist man ein Junge, wird man diese Eigenschaften in sich selbst aufnehmen. Als Mädchen wird man diese Eigenschaften erst einmal abgeben. Ich meine damit, dass man sie in männlichen Personen wahrnimmt, also außerhalb seiner selbst. Besonders die negativen männlichen Eigenschaften wird man in den Männern der engeren Umgebung sehen. Mir scheint, dass Frauen in unserer Kultur im späteren Leben diese Projektionen zurücknehmen. Ab Mitte bis Ende 40 fangen Frauen an, diese Charakteristiken bei sich selbst wahrzunehmen und ihre Sonne selbst auszuleben. Man könnte sagen, dass sie dann ein Leben näher an ihrer Sonne führen.

Nehmen wir einen Mann mit einer Fische-Sonne. Von Anfang an hat derjenige die Fische-Eigenschaften seines Vaters absorbiert. Aber er hat es durch die Mutter getan, da es noch ihr Körper ist, der ihn hält und erhält. In den ersten Lebensjahren ist der Vater durch unsere enge Beziehung mit der Mutter noch ganz im Hintergrund. Sie legt die Rhythmen fest, oder besser gesagt, diese werden zwischen Kind und Mutter festgelegt und vom Mond und seinen Aspekten beschrieben. Die Sonne scheint draußen, aber sie ist für die Augen des Kindes noch zu hell. Es ist noch im inneren Licht des Mondes geborgen. Erst wenn wir stark genug sind, den Tag auszuhalten, werden wir herausgebracht. Wisst Ihr, dass bei manchen Stammeskulturen Babys in den ersten drei Monaten das Haus überhaupt noch nicht verlassen?

Nun muss die Fische-Sonne auch irgendwie auf dieser Erde ausgelebt werden. Fische sind Auflöser. Dieses Wort mag das Bild im Innern des Herzens beschreiben. Entweder löst man auf, indem man die ganze Zeit betrunken ist oder man löst auf, weil man irgendeine spirituelle Einheit mit dem Leben sucht. Oder man löst etwas auf, weil man so konfus ist, dass man andere ebenfalls durcheinanderbringt. Man muss den Knoten in irgendeiner Weise auflösen. Vielleicht so wie eine Katze mit einem Wollknäuel. Oder es geschieht auf die Art eines Heilers, der den Schmerz durch Auflegen der Hände auflöst. Aber wie man dieses im Alltag vollbringt, hängt von dem Radix-Mond ab und in welchem Verhältnis sein Rhythmus zu den Mitmenschen oder der Erde steht. Wenn die Fische-Sonne z. B. den Mond in der Jungfrau hat, dann tut sie dies, indem sie Dinge repariert oder Menschen dazu einspannt. Man wird versuchen, etwas in Ordnung zu bringen.

Fische mit einem Mond in einem Feuerzeichen werden es auf eine wilde oder sehr inspirierte Art tun. Sehr instabil wird es sein und sehr aufregend, wenn es klappt. Aber ganz egal, wo der Mond steht, in den Fischen ist es das Ziel, irgendeine Art der Auflösung, des Aufbrechens oder Abreißens herbeizuführen. Wenn es Knoten oder straffe Enge gibt geht die Fische-Sonne hinein, um es zu beseitigen. Indem man etwas auflöst, versucht man, seine Ego-Identität zu überblenden. Je mehr sich diese auflöst, desto mehr dient man dem Zweck, zu dem man geboren wurde.

Teilnehmer: Man kann doch dem Zweck der Sonne nicht dienen, wenn man Dinge destruktiv auflöst, indem man die ganze Zeit betrunken oder chaotisch ist.

Darby: So sehen wir aus der Mittelschicht das! Ich weiß nicht, ob ich von den Geheimnissen des Universums genug verstehe, um zu beurteilen, wer die Arbeit Gottes tut und wer nicht. Kann einer von uns das wirklich sagen? Was ich weiß, ist, dass Sonne und Mond nie getrennt werden können. Der Mond reflektiert das Licht der Sonne zu uns auf die Erde. Unser Gefühlsleben reflektiert das Licht des höchsten Strebens in unseren täglichen Aktivitäten. Die Gewohnheiten spiegeln das Licht unseres spirituellen Feuers im Seelenleben.

Will man sein Lebensziel erlangen, seine Sonne scheinen lassen, um sein Schicksal zu erfüllen, dann muss man diese über den Mond anstreben. Der Mond beschreibt, auf welche Art wir jeden Tag auf das Leben einwirken. Es sind die Rhythmen des körperlichen und emotionalen Lebens, die den Grund und Boden zur Verfügung stellen, auf dem wir das Schicksal erreichen. Die Sonne beschreibt die Bilder im Innersten unseres Herzens und wie Sonnenblumen wenden wir uns ihr zu. Aber es ist der innere Rhythmus unseres Körpers und unserer Psyche, auf dem wir der Sonne entgegenreiten. Indem wir die Sonne, ihre Stellung und ihre Aspekte anschauen, können wir die Bilder unserer Seele erkennen, die uns unser Ziel zeigen, und die Art und Weise, wie wir dort hingetrieben werden. Aber wir müssen uns anschauen, wie dieses Schicksal sich in unseren persönlichen Wassern anfühlen wird – welche Art von »Beziehungsleben« dieses Schicksal zu erwarten hat.

Teilnehmer: Ich habe die Sonne im 10. Haus im Steinbock, aber ich habe den Mond in Konjunktion mit Neptun im 7. Haus. Ich denke immer, dass Mond und Neptun mir im Weg sind, wenn ich mein Ziel erreichen will.

Darby: Dahinter steht eigentlich die Vorstellung, dass sie sich gegenseitig im Weg seien. Träumen, Abschweifen oder Zeit verschwenden ist jedoch mindestens die Hälfte des Weges zum Ziel. Das Ziel erreichen kann man nur durch den Mond. Pythagoras und seine Schule befassten sich in dieser Hinsicht mit vielen Ritualen. Sie hatten mit dem Tod zu tun und der Art, zu sterben, sodass man zurück zu den Sternen kam. Die Sonne ist im weiten Kosmos der Stern, der uns am nächsten ist, sprich unser eigener Stern. Um unsere Sonne zum Ausdruck zu bringen, müssen wir den Weg über den Mond nehmen.

Der Lunations-Zyklus

Darby: Wenden wir und nun der Beziehung des Mondes zur Sonne zu. Dafür benutzen wir Dane Rudhyars Buch DER SONNE/MOND-ZYKLUS, der in diesem Zusammenhang von der solilunaren Beziehung spricht. Viele von Euch haben dieses Buch wahrscheinlich schon gelesen. Damals war ich in Südafrika, als ich es 1972 gelesen habe. Ich war sehr inspiriert davon, aber auch frustriert, weil es dort niemanden gab, mit dem ich darüber reden konnte. Astrologie war zur damaligen Zeit in Südafrika nicht bekannt und man bekam auch kaum Bücher darüber. Dane Rudhyar ist nicht leicht zu lesen, aber er hat ein sehr schönes, interessantes und ganz eigenes Konzept, das einen dazu anregt, selbst zu experimentieren.

Starten wir diesmal mit Widder. Zu einem bestimmten Zeitpunkt im März oder April stehen Sonne und Mond in Konjunktion im Widder. Der Mond bewegt sich von dieser Position weg, bis er sieben Tage später im Krebs im Quadrat zur Sonne steht. Dann nimmt sein Licht weiter zu, bis er sich 14 Tage später in der Waage befindet und in Opposition zur Sonne im Widder steht. Von nun an nimmt sein Licht stetig wieder ab, bis er sich 21 Tage später im abnehmenden Quadrat im Steinbock zum Widder steht. Danach nimmt er noch weiter ab, bis der Mond aus unserer Sicht ganz vom Himmel zu verschwinden scheint und die Nacht völlig dunkel ist. Damit erreicht er wieder die Konjunktion mit der Sonne, aber dieses Mal in einem neuen Zeichen, dem Stier.

Wenn man das Glück hat, den Nachthimmel sehen zu können, kann man diesen Vorgang beobachten. Es ist ein sich immer wiederholender Prozess, der niemals aufhört und immer gleich verläuft. Irgendwann während dieses Zyklus, an einem bestimmten Punkt im Jahr, wird man geboren. Bei jeder Geburt stehen Sonne und Mond in einem bestimmten Winkel zueinander.

Rudhyar sagt, wenn Sonne und Mond in Konjunktion zusammenkommen, wird ein Samen für eine neue Idee gelegt. Einer »Samenidee« wird die Form gegeben. Diese Idee kann als ein Bild verstanden oder zu einem Konzept werden, das etwas von dem Zeichen, in dem die Konjunktion steht, ausdrückt. Diese Samenidee wird vermutlich nicht nur vom Herrscher des Zeichens, sondern auch von dessen Hausposition und Aspekten modifiziert und näher definiert.

Nun trägt dieser Samen laut Rudhyar den Archetypus des ganzen ausgewachsenen Organismus bereits in sich und auch die Kraft, sich dazu zu entwickeln. Um aktiviert zu werden, braucht er nur Sonnenkraft und Feuchtigkeit. Es ist der Mond, der sozusagen den Samen auf die Erde bringt, indem er durch seine Phasen im Verhältnis zur Sonne steht. Dadurch gibt der Mond der »Samenidee« die eigentliche Gestalt. In der ersten Hälfte des Zyklus wächst die Idee in der Erde, bis sie – beim Vollmond – ihre Fülle erreicht und nun vollständig realisiert werden kann. In der ersten Hälfte werden Strukturen aufgebaut, die diese »Idee« ergreifen.

Wenn der Mond abnimmt, wird das, was beim Vollmond beleuchtet wurde, langsam ausgestreut und es kommt zu einer Freisetzung der schöpferischen Bedeutung hinter dem ursprünglichen Samen. Diese Befreiung ist sowohl persönlich als auch überpersönlich zu verstehen. Der Mond dient sowohl der Sonne als auch der Erde. Er ist Vermittler zwischen Geist und Materie, er bringt den Geist in die Materie. Und er erleuchtet die Materie auf eine Art, dass sie Geist aufnehmen kann. Er ist die Seele der Welt, die *Anima Mundi*. In einem Horoskop spiegelt er die Seele der Welt wider. Und diese Seele zeigt sich im Beziehungsleben.

Der himmlische Tanz geht immer weiter und irgendwann mittendrin wurde jeder von uns geboren. Wir tragen das Abbild von dem Moment des ersten Atemzuges in uns. Rudhyar hält sehr viel davon, den Neumond vor der Geburt zu untersuchen. Man bekommt dann ein Bild oder eine Vorstellung von dem »Samen«, indem man das Horoskop der Sonne/Mond-Konjunktion vor der Geburt betrachtet, das Horoskop des vorgeburtlichen Neumondes. Bei vielen von uns ist dann das Zeichen des Neumondes nicht das Zeichen, in dem unsere Sonne steht. Diejenigen, die in diese Kategorie fallen, müssen ein Zeichen weiter zurückgehen, um sich vorzustellen, was vor der Geburt gesät wurde.

Bevor ich fortfahre, muss ich erwähnen, dass ich dies in meine Arbeit integriert habe. Vieles von dem, was ich sagen werde, entspringt meiner eigenen Erfahrung. Man kann es also nicht in seinen Büchern finden, auch wenn seine Ideen meinen Geist befruchtet haben. Ich versuche immer ausdrücklich darauf hinzuweisen, wenn ich ein Zitat erwähne. Dane Rudhyar hat meinen Geist dazu angeregt, nachzudenken. Ich hoffe, ich kann Euch auch dazu bringen. Es wird dann auch Eure Art der Astrologie beeinflussen und verändern.

Teilnehmer: Was Du gerade über den Neumond gesagt hast, wenn er nicht in demselben Zeichen wie die Sonne ist, trifft auch auf mich zu. Ich habe den Mond im Steinbock in Opposition zur

Sonne im Krebs. Die Opposition ist gerade vorbei und die Sonne beim Neumond vor meiner Geburt stand die Sonne in den Zwillingen. Heißt das, ich soll meine Zwillingskonjunktion beachten, um die Samenidee vor meiner Geburt zu erkennen?

Darby: Ja, genau das mache ich in diesem Fall. Du hast eine Krebs-Sonne und darum hat Deine spirituelle Zielrichtung mit der Entwicklung von Ernährung zu tun. Und Du tust dies auf steinbockartige Art und Weise.

Teilnehmer: Ja, durch mein Geschäft, mit dem ich meine Familie und die Familien meiner Angestellten ernähre.

Darby: Genau. Aber die Beziehungen, die Du herstellst, die Dich beflügeln, so zu handeln, wie Du es tust, kommen von dem Neumond in den Zwillingen. Es ist die Samenidee der Kommunikation, die Dich dazu bringt, ein Ernährer zu sein.

Teilnehmer: Mein Beruf hat mit Kommunikation zu tun. Das habe ich immer meinem Merkur in den Zwillingen zugeschrieben.

Darby: Das ist eine weitere Dimension. Aber in erster Linie spielt man mit einer Krebs-Sonne die Samenidee der Zwillinge aus. Darüber sagt Rudhyar nicht so viel. Aber ich habe herausgefunden, dass man zur Sonne/Mond-Konjunktion vor der Geburt zurückgehen muss, um Bedeutung aus dem soli-lunaren Zyklus herausfiltern zu können. Ist die Konjunktion im selben Zeichen, ist es leicht zu verstehen. Ist sie im Zeichen davor, muss man etwas mehr darüber nachdenken.

Nun, wir werden in einem bestimmten Augenblick dieses Zyklus geboren und wir sind diese Wesenheit, welche die Samenidee der Sonne und ihres Zeichens darstellt und wir werden sie mithilfe des Mondes ausdrücken. Der Entfernungswinkel zwischen Sonne und Mond wird uns sagen, welche Rolle wir spielen, um der Samenidee Ausdruck zu verleihen.

Als Astrologen beachten wir normalerweise nur bestimmte Aspekte zwischen Sonne und Mond, wie Konjunktionen, Quadrate oder Oppositionen. Recht selten unterscheiden wir zwischen applikativen und separativen Winkeln. Rudhyar gab uns jedoch zu verstehen, dass Sonne und Mond immer in einer Beziehung zueinander stehen und er gab uns verschiedene Anhaltspunkte und Ideen für diverse Stationen im Zyklus der Beziehungen.

Als ich mit Astrologie anfing und noch in Südafrika lebte, kannte ich noch nicht so viele Leute und hatte folglich nicht so viel zu tun. Damals beobachtete ich Monat für Monat die Sonne und den Mond bei ihrem Tanz am Himmel und in den Ephemeriden. Das ist eine gute Sache für Astrologen. Man fängt an, die Veränderungen zu fühlen, wie sie uns hier auf der Erde gespiegelt werden. Man sieht, wie sie sich durch die Zeichen und Häuser des eigenen Horoskops bewegen und in ihrem Lauf bestimmte Aspekte berühren. Jeder Neumond wird zu etwas, mit dem man sich befasst. Man wird ein Teil des Zyklus, aber auch ein Zeuge davon.

Rudhyar sagt, dass bei jedem Neumond eine »Samenidee« eingepflanzt wird. Denkt daran, er ist ein Poet und ein Visionär, und er beschreibt seine Intuitionen. Er sagt, jedes Mal wird »etwas« gesät, wenn sich der Mond mit der Sonne in Konjunktion in einem neuen Zeichen steht. Der Mond nimmt die Idee auf, wird also der Empfänger und verbreitet sie bei jedem Berühren von Aspekten auf seinem Weg durch den Zyklus.

Man kann sich in die Samenidee besser einfühlen, wenn man sieht, wo der Herrscher der Sonne in einem Jahr und im Gegensatz dazu im nächsten Jahr steht. Zum Beispiel stand der Mond am 3. November in Konjunktion zur Sonne im Skorpion, hier in London ungefähr um 13:00 Uhr. Diese Samenidee hatte etwas mit der Beseitigung von etwas Abgenutztem zu tun. Das ist einfach ausgedrückt der Skorpion. Etwas zu entfernen, in dem kein Leben mehr steckt. Würde man es nicht beseitigen, könnte es die nächste Stufe der Entwicklung (Schütze) vergiften. Weiterhin kann die Samenidee identifiziert werden als Pluto im Skorpion und mit Mars, der gerade im Löwen steht. Solange Pluto im Skorpion verweilt, befinden wir uns in einer kollektiven Reinigung. In welchem Lebensbereich dies für jemand relevant ist, wird bestimmt durch das Haus, in dem dies stattfindet. Mars im Löwen als persönlicher Herrscher von Skorpion wird einem sagen, in welchem Haus eine Befreiung von Ego-Verunreinigungen vonnöten ist.

Die Samen dieser Idee von Vernichtung und Reinigung wurden bei Neumond gesät, und in den kommenden 28 Tagen entfernt sich der Mond von der Sonne im Skorpion. Er nimmt zu und erreicht den Vollmond am 18. dieses Monats. Heute haben wir den 12. und der Mond bildet ein wachsendes Trigon zur Sonne. Wenn wir nun nachschauen, wo der Neumond stattfand und in welchem Haus er stand, sehen wir, wo der Samen von Transformation und Reinigung ausgelegt wurde.

Wenn wir dem zunehmenden Mond bei seiner Wanderung durch die Häuser des Horoskops folgen und feststellen, dass er derzeit mitten im Zeichen Fische steht, dann kann man sehen, wie diese Idee im täglichen Leben ihren Fortgang nimmt. Jeder, der heute das Licht der Welt erblickt, wird nach der kritischen Phase des ersten Quadrats geboren, ist aber trotzdem noch recht weit entfernt vom Vollmond. Er wird die Charakteristiken dieser Phase in seinem Verhältnis zum Leben an den Tag legen. Jetzt, da der Mond auf die Vollmondphase zuläuft, wo er sich in seiner ganzen Schönheit zeigen wird, werden Strukturen neu gebildet werden, die der Samenidee, die zuvor in der Sonne-Mond-Konjunktion im Skorpion angelegt wurde, Form verleihen. Sobald man sich einmal auf diesen Zyklus einstimmt, wird man diese besondere Symphonie hören können.

Zur Erinnerung: Rudhyar legt seine Intuitionen dar. Er weiß, dass dieser Zyklus eine Bedeutung hat und er benutzt die alte Symbolsprache, um seine Intuition in Ideen zu übersetzen, die für ihn eine Bedeutung haben. Halten wir uns nicht lange damit auf, ob diese Ideen »richtig« oder »falsch« sind. Achtet auf das, was er hört und versucht ebenfalls etwas zu hören. Schenkt dem sich immer wiederholenden und doch immer neuen Tanz die gebührende Beachtung. Die Sonne, der Mond und die Planeten sollen die Fantasie befreien und nicht versklaven mit dem, was als Nächstes passieren wird. Wenn man Ihnen zuhört, wird man auf das Große im Kleinen eingestimmt, auf die immer verschiedenen und doch immer gleichen Zyklen.

Von Monat zu Monat bilden Sonne und Mond eine Konjunktion in verschiedenen Zeichen und Häusern. Damit gehen sie durch einen ganzen Zyklus von Entfaltung, Erleuchtung, Aussäen und Widerkehr. Wenn jemand mit einer Sonne/Mond-Konjunktion geboren wurde, dann kam er in diesem Moment des Säens zur Welt. Jemand mit dem Mond im zunehmenden Quadrat im Geburtshoroskop wurde im Moment der Krise und des Umkehrens geboren. Wenn jemand bei Vollmond geboren wurde, geschah dies im Moment der größten Erleuchtung. Wenn jemand im abnehmenden Viertel geboren wurde, dann war es während der Zerstreuung. Eine Geburt im Dunkel des Neumondes geschah während des Aussäens. Wenn es in der Konjunktion war, war es der Moment, als der Samen gelegt wurde. Schauen wir uns das einmal an:

Neumond	(0° bis 45° entfernt von der Sonne)
Sichelmond	(zunehmender Mond von 45° bis 90°)
Erstviertel-Mond	(90° bis 135°)
Buckelmond	(135° bis 180°)
Vollmond	(180° bis 225°)
Aussaat-Mond	(225° bis 270°)
Letztviertel-Mond	(270° bis 315°) und schließlich der
balsamischer Mond	(315° bis 360°)

Jede Phase hat ein und ein halbes Zeichen und dauert drei volle und einen halben Tag.

Neumond

Der Neumond umfasst eineinhalb Zeichen nach der Konjunktion von Sonne und Mond. Wenn also die Sonne auf 0° Krebs steht und der Mond auf 14° Löwe, dann handelt es sich bei dem in dieser Zeit Geborenen immer noch um eine Neumondperson. Der Mond kann sich bis zu 45° von der Sonne entfernen, was bis zu dreieinhalb Tage ab dem Neumond dauert. Nun sagt Rudhyar, dass Neumondmenschen impulsiv und subjektiv sind, und dass sie emotional auf Menschen, Beziehungen oder soziale Prozesse reagieren. Sie stürzen sich in das Leben und interessieren sich für Menschen weniger aufgrund dessen, was sie sind, als aufgrund dessen, was diese symbolisieren. Sie haben eine jugendliche Energie und wollen mit ihren Visionen andere in Beschlag nehmen.

Mein Eindruck von diesen Menschen ist, dass sie entweder sehr viel Energie haben oder gar keine. In der Kindheit sind sie eher zart und gebrechlich und werden später kräftiger. Sie können sich nicht vorstellen, dass andere Menschen nicht alles so sehen wie sie selbst und nicht dasselbe glauben wie sie selbst. Die Dinge liegen für sie entweder offen da oder existieren gar nicht. Wenn Sonne und Mond dicht beieinander und vor allem in demselben Zeichen stehen, dann ist es so, als ob sie keinen anderen Platz hätten, wohin sie gehen könnten. Die in dieser Zeit Geborenen sind sehr subjektiv und es gibt für sie nur zwei Möglichkeiten: Entweder sie fühlen sich genährt von der Richtung, in die sie gehen, oder die Richtung ist verdunkelt und sie haben keinen Ort, an dem sie sich ausruhen können. Es gibt nur Alles oder Nichts.

Diese Menschen müssen bewusst lernen, sich Ruhe zu gönnen und zu erholen, denn es ist ihnen nicht von Natur aus zu eigen. Geist und Seele sind von dem, was vor ihnen ist, entweder in Anspruch genommen oder gar nicht. Wenn sie unglücklich sind, dann richtig. Wenn sie glücklich sind, dann sind sie hoffnungslos glücklich. Sie sind dann in dieser »Samen«-Thematik gefangen. Egal ob sie recht oder unrecht haben, sie glauben an das, was sie tun. Wenn sie durcheinander und verloren sind, dann sind sie es ganz und gar. Sie sind nur das, was sie im Augenblick sind und daher können sie einem sehr dogmatisch vorkommen. Am nächsten Tag kann aber alles anders sein, besonders wenn Sonne und Mond sich in beweglichen Zeichen befinden.

Wenn der Mond so dicht bei der Sonne steht, kann er deren Licht nicht reflektieren. Er ist zu nah. Je weiter er von der Sonne entfernt ist, desto besser kann er das Licht reflektieren. Diesen Menschen kann es helfen, ihren progressiven Mond zu verfolgen. Sie haben dann eine Chance, einmal diesen anderen Platz des progressiven Mondes einzunehmen und über ihr Leben, ihre

Richtung und ihre spirituelle Verbindung mit dem Leben nachzudenken.

Im Hinblick auf die Elternbilder sagt man, dass beide Elternteile dieselben Werte vertreten, wenn Sonne und Mond im Horoskop in Konjunktion stehen. Man wird von beiden Eltern ungefähr dieselben Wertvorstellungen übernehmen. Dies trifft vielleicht zu, wenn beide Planeten sehr eng beieinanderstehen und dadurch im gleichen Haus stehen oder dieselben Aspekte haben. Man wird von beiden dieselbe Antwort bekommen auf die Frage, was im Leben wichtig ist. Ihre Einstellung zu Beziehungen ist: »Nimm mich und meine Werte, wie ich bin, oder lass' mich ganz in Ruhe.«

Wenn das Mondlicht noch sehr jung ist und nur eine schmale Sichel darstellt, hat es eine gewisse Erwartung in sich. Wir sehen, wie das Licht zunimmt und wir reagieren emotional mit einer zunehmenden Erwartung. Alles liegt in der Zukunft, denn bis zu dem Licht mit seiner ganzen Stärke ist es noch weit hin – doch es wird kommen. Menschen, die in diesen ersten drei Tagen geboren wurden, stehen so nahe bei dem Licht, dass es ihnen schwerfällt, die Dinge auch einmal aus einer anderen Perspektive zu sehen als der eigenen. Deswegen gelten sie als sehr subjektiv in ihren Einstellungen. Sie treten eine hoffnungsvolle Reise an, tragen ihre Samenidee an einen weit entfernten Ort – doch ihnen fehlt die Erfahrung einer langen Reise. Sie haben sich kaum von ihrem spirituellen Auftrag gelöst.

Je weiter sich der Mond von der Sonne wegbewegt, umso wahrscheinlicher vergrößern sich die Unterschiede der Aspekte zwischen den Lichtern. Dies kann unsere Wahrnehmung durcheinanderbringen. Mit dem Zeichenwechsel des Mondes wird dies wieder mehr verschleiert.

Der Enthusiasmus sowie das Gespür für Neues und Pionierarbeit, sind noch vorhanden, doch das Gespür für eine klare Botschaft von beiden Elternteilen ist verworren. Das Verhältnis zu den beiden Eltern ist sehr unterschiedlich, was den Stärkegrad der wechselseitigen Identifikation mit der Samenidee verschleiern kann. Indem man ein Elternteil mit einem speziellen Weg und den anderen Elternteil mit einem anderen Weg identifiziert, kann man gelegentlich vom Weg abkommen. Die Klarheit kehrt wieder zurück, sobald man sich mit der Quelle für den eigenen Enthusiasmus verbindet, nachdem diese von dem Alltagsgeschehen getrennt wurde. Dieses neue Mond-Empfinden ist die Grundlage für das Wechselspiel von Seele und Geist im Leben.

Sichelmond

Dies betrifft die Phase, wenn der zunehmende Mond in einer Entfernung von 45° bis 90° zur Sonne steht. Dieser Gradbereich fängt mit dem zunehmenden Halbquadrat an und schließt das Sextil und das Quadrat mit ein.

Teilnehmer: Was ist, wenn der Mond gerade 45° von der Sonne entfernt ist? Oder gerade bei 90° steht? Wie weiß man, welcher Typ man ist?

Darby: Ich nehme an, wir können sagen bis 44°59´ handelt es sich noch um einen Neumond und danach ist er zunehmend. Ich bin mir nicht sicher, wie man damit umgehen soll. Es ist ein ähnliches Problem wie mit den Häuserspitzen. Man muss sich da etwas »durchwursteln«. Vertraut auf Euer Gefühl. Kombiniert beides an den Übergängen, geht nicht von zu harten Grenzen aus.

Rudhyar sagt über Menschen vom Typus des Sichelmondes, dass der Impuls nach Aktivität das Althergebrachte herausfordert. Er tut dies in einem mehr oder minder intensiven Kampf. Beim Sextil ist es weniger intensiv als beim Quadrat oder beim Halbquadrat. Rudhyar spricht von Selbstbehauptung und Glaube an sich selbst. Diese Menschen wollen befehlen, was zu tun ist und die anderen kommen dem durchaus eifrig nach. Die Vergangenheit kann einen überwältigen und man muss sich neu auf die Fähigkeit zu sozialen Kontakten einstellen. Sonst hemmt einen das Karma.

Es ist so, als ob der Geborene vorwärtsgeschoben wird, doch

zugleich die Vergangenheit nicht weit davon im Hintergrund wirkt. Menschen mit dieser Mondphase sind dazu angehalten, sich ihre Beziehungen bewusster zu machen, als es für sie manchmal angenehm ist. Es ist, als bestünde bei ihnen die Annahme, dass sie ohne nachzudenken Verbindungen eingehen sollten, und dann wäre schon alles in Ordnung. Doch das Leben verlangt von ihnen, in der Wirklichkeit größere Aufmerksamkeit walten zu lassen, neue Beziehungsformen zu schaffen und eben doch bewusster zu sein, auch wenn es nicht immer nur angenehm ist. Sie tragen in sich einen spirituellen Impuls, der von der Sonne definiert wird, der sich über weite Strecken manifestiert durch den Umgang mit anderen und durch die Art, wie man diesen gestaltet.

Teilnehmer: Ich habe eine Zwillinge-Sonne in den letzten Graden und der Mond steht am Ende des Löwen. Ich weiß, worüber Du sprichst. Mein Instinkt ist es, den Leuten ständig zu sagen, was sie tun sollen – ich werde so ungeduldig mit ihnen. Aber ich bin auch ein Wegweiser und ich fühle, dass ich nicht zu ihnen durchdringe, wenn ich zu rechthaberisch bin. So bemühe ich mich um Mäßigung.

Und was meine Eltern betrifft, so war meine Mutter in der Ehe sehr dominant und unser Vater war im Hintergrund. Ich frage mich, ob sie vielleicht sein Sprachrohr war, ohne dass sie es wusste. Damals hielt ich ihn für schwach, er wollte sich aus dem Tumult heraushalten. Er schien sie aber zu unterstützen. Heute denke ich, dass sie die Gesetze aufgestellt hat, denen aber seine Ideen zugrunde lagen.

Darby: Du hast gerade von »unserem« Vater gesprochen. Hast Du Geschwister?

Teilnehmer: Einen Bruder und eine Schwester. Sie haben weder einen Löwe-Mond noch eine Zwillinge-Sonne. Doch beide fanden unsere Mutter auch dominant. Aber an ihnen ist es im Gegensatz zu mir abgeglitten.

Darby: Sie werden andere spirituelle Ideen haben mit einem anderen Sonnenzeichen. Zudem werden sie auch andere Rollen einnehmen, um diese zu vermitteln, was wiederum davon abhängt, in welcher Phase ihr Geburtsmond steht.

Teilnehmer: Darby, Du benutzt oft das Wort »Idee«.

Darby: Ich benutze dieses Wort im platonischen Sinn, vielleicht im christlichen neuplatonischen Sinn: Die Idee im Geist Gottes. Ich könnte das Wort Archetypus verwenden. Aber mir gefällt »Idee«, weil ich eine Zwillinge-Sonne habe. Das erinnert mich an Marsilio Ficino, einen neuplatonischen Astrologen aus dem 15. Jahrhundert. Er hatte die Sonne auf 4° Skorpion und den Mond im Sextil dazu auf 12° Steinbock. Er sprach aus dieser Art von Sonne-Mond-Beziehung. Er forderte die Kirche und seine Zeit nicht nur mit seiner Mischung aus Astrologie und Katholizismus heraus. Er lebte im Zölibat und auf ihn geht der Begriff »platonische Liebe« zurück. Er war ein leidenschaftlicher Mann und schrieb einem Freund, ihre Beziehung könnte platonisch genannt werden, weil ihre Liebe der gemeinsamen Liebe zu Plato entspränge und fleischliche Liebe nicht mitumfasse. Er repolarisierte seine Fähigkeit für persönliche und soziale Beziehungen und er gab uns damit ein neues Wort für eine bestimmte Art von Liebe, die aus der gemeinsamen Liebe für etwas anderes oder jemand anderen geboren wurde. Heutzutage wurde der Begriff säkularisiert und bedeutet einfach nur noch »hier kein Sex«. Der Neumond, von dem Ficino sprach, war in der Waage. Die Samenidee war Waage, was bedeutet, Anmut in Beziehungen zu bringen.

Erstviertel-Mond

Dies ist ein Mond mit einer Entfernung von 90° bis 135° von der Sonne. Er schließt das zunehmende Quadrat, das Trigon und das Sesquiquadrat mit ein. Rudhyar sagt, dies repräsentiert eine krisenhafte Phase im Handeln. Die Sonnen/Mond-Phasen handeln natürlich alle von Beziehungen. Der Mond hat immer mit Beziehungen zu tun, der Beziehung zu sich selbst, zu anderen Menschen oder zum Leben generell. Die Sonne repräsentiert das Leben, die Lebenskraft, die Lebensrichtung. Wenn der Mond sich von der Sonne wegbewegt, greift er nach der emotionalen Verbindung zum Leben. So kann er sein normales Leben von Tag zu Tag leben, als Antwort auf den Ruf seines Geistes, der Sonne. Wenn er das Quadrat erreicht, gibt es eine Krise.

Rudhyar sagt, die Krise käme im Handeln zum Ausdruck, weil man versucht, Rahmenbedingungen zu schaffen, die »der zukünftigen Objektivierung neuer sozialer Ideale und eines neuen Gefühls für zwischenmenschliche Beziehungen diesen können« (Seite 58). Er sagt, dies weise auf einen starken Willen und Begeisterung hin, die er »Selbsterhöhung im Angesicht alter zerbröckelnder Strukturen« nennt. Es ist ein teilweise rücksichtsloses Bestreben, um neue Ideale zu konsolidieren.

Und trotzdem sind diese Menschen oft zwischen Vergangenheit und Zukunft gefangen. Aber Rudhyar sagt, sie empfinden Aufregung, wenn etwas Altes zerfällt, seien es Kunstrichtungen, Ehen oder Institutionen. Was es auch immer ist, es zwingt die Betreffenden dazu zu handeln, denn nun gilt es, Neues aufzubauen. Doch manchmal können Sonne und Mond im Quadrat auch ein Durcheinander der Werte hervorrufen, welches ein Handeln sehr erschwert.

Teilnehmer: Gestern zeigte mir jemand das Horoskop von Timothy Leary. Er hat die Sonne Ende Waage und den Mond Ende Wassermann mit Konjunktion zu Uranus in den Fischen, was er ja auch auslebte.

Darby: Da ist etwas dran. In jedem Moment seines Lebens und um jeden Preis lebte er die Beziehung zwischen diesen beiden Himmelskörpern aus. Seine Stimme klang mächtig für die Leute in den 60er-Jahren. Er predigte neue Arten von Beziehungen und eine neue Gesellschaft. Viele seiner Anhänger und er selbst empfanden Freude beim Gedanken an zerbröckelnde Institutionen und soziale Werte. Später wurde er in jedem Land, das er bereiste ins Gefängnis geworfen und in mehreren Ländern aus den Medien verbannt. Dies hat ihn aber, soweit ich weiß, nicht für eine Minute gebremst.

Ob Learys Einfluss destruktiv oder konstruktiv ist, hängt vom Standpunkt des Betrachters ab – wahrscheinlich ist er beides, wie es oft bei visionären Menschen ist. Er ist ein starkes Beispiel für diesen Typ von Sonne/Mond-Beziehung. Und er hat einen hohen Preis dafür gezahlt hinsichtlich seiner Beziehung zum Leben und seinem menschlichen Bedürfnis nach normaler Sicherheit. Aber vielleicht fühlte es sich für ihn nicht so teuer an wie es von außen erscheint, da Sonne und Mond im Trigon zueinander stehen.

Schauen wir uns jetzt ein Horoskop an, bei dem meines Erachtens emotional und materiell gesehen ein ziemlich hoher Preis gezahlt wird. Es handelt sich um Königin Elizabeth II.. Die königliche Familie ist eine leichte Beute für uns alle, weil alles, was sie tun, heutzutage öffentlich ist. Ich sah mir ihr Horoskop an und dachte: »Sie muss jetzt sehr aufgeregt sein«. Sie ist sicherlich mit einer zerfallenden Institution konfrontiert. Ist es nicht toll, dass sie so viel Spaß hat, wo um sie herum sich doch auch alle so gut amüsieren? Aber im Ernst, ich kann mir nicht vorstellen, dass es sie besonders glücklich macht. Seht, wo ihr Mond in Beziehung zu ihrer Sonne ist. Er befindet sich im 7. Haus, dem Haus der Ehe. Sie hat dort den Mond und Neptun mit einem Saturnquadrat und einer Opposition zu Mars.

Königin Elizabeth hat eine Stier-Sonne mit Venus in den Fischen im 2. Haus, was die Idee ihrer Sonne noch einmal hervorhebt. Ihre Samenidee, die beim Neumond vor der Geburt einströmte, kommt aus dem Widder – also dem Zeichen, von dem aus zu Beginn jedes Jahres jede Samenidee ihren Anfang nimmt Es ist der erste Impuls dieses Jahres, der ins Leben springt und sich das ganze Jahr hindurch entfaltet und für den sie ein »Gefäß« bereitstellt. Mars als Herrscher von Widder stand im Wassermann in Konjunktion mit Jupiter – dieser wiederum ist ein Teil ihres T-Quadrats mit Mars-Saturn-Neptun. Also gestaltete sich der Eintritt der Samenidee in Zeit und Materie stürmisch – sie wurde gestoßen und gezogen von den Kräften, die durch Saturn und Neptun symbolisiert werden.

Sie wurde wahrscheinlich entgegen ihrer Stiernatur in eine moderne Welt geworfen. Es wäre für sie von Natur aus sicherlich bequemer gewesen, wenn die etablierte Ordnung beibehalten wäre

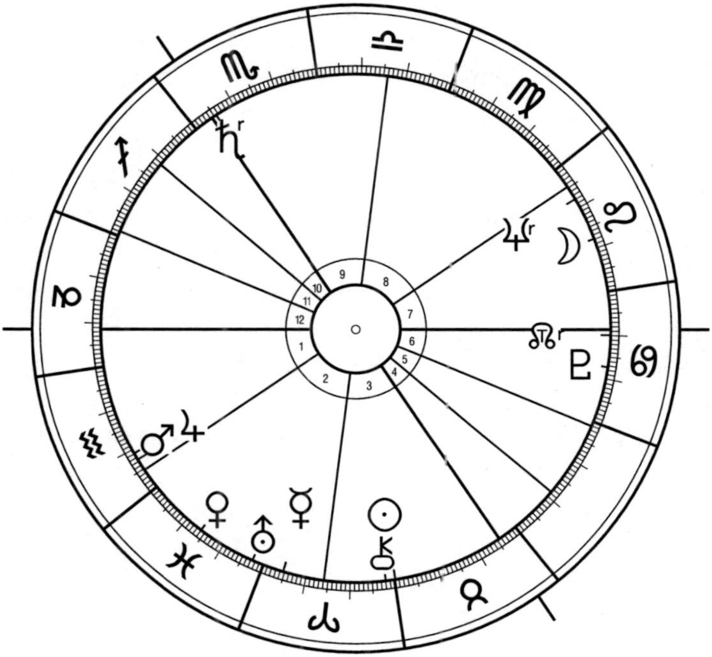

Abbildung 1: Königin Elisabeth II.
21. April 1926, 1:40 GMT, London (GB), GOH-Häuser

und sie Jahr für Jahr dieselbe Routine hätte aufrechterhalten können. Doch sie war gezwungen, an der modernen Auflösung und der Nivellierung der alten Werte teilzuhaben, was dem Wassermann entspricht. Wahrscheinlich wird sie sentimentale Gefühle zu ihrem Besitz gehegt haben, den sie zumindest teilweise der Öffentlichkeit zugänglich machen musste. Aber Dinge loszulassen ist ein Teil der Fische-Energie. Es fördert ihre spirituelle Entwicklung, auch wenn es wehtut. Es fiel ihr schwer, nicht wahr? Wie kann man aufrechterhalten und zusammenhalten (Stier) und zugleich weggeben (Fische)? Jemand mit Venus in den Fischen muss weggeben, was er liebt, um die Liebe zu erhalten, die er braucht. Also gerät der Impuls, der bei Neumond gezündet wurde, bei ihrer Geburt in Konflikte: öffentlich, privat, ihre persönliche Ehe, die Verbindung mit ihrem Volk sowie die offensichtlichen Katastrophen mit den Ehen ihrer Kinder betreffend.

Sie wurde kurz nach dem ersten Quadrat des Mondes zur Sonne geboren, aber ihr Mond steht im 7. Haus. Ich weiß nicht, was passierte, als sie jung war, aber als sie heiratete wusste sie schon, dass sie auf etwas baute, das zerfallen würde – vielleicht ist es die Ehe selbst. Von Anfang an muss es schwierig für sie gewesen sein, aber sie hielt sich tapfer mit ihrer Löwe/Mond-Würde oder für die, die ihre aufrechte Haltung negativ werten, mit ihrer Steifheit.

Das interessante Detail am Quadrat ist laut Rudhyar, dass man im Angesicht zerfallender Strukturen etwas Neues zu schmieden versucht. Ist es der Versuch, eine neue Beziehung zu ihrem Volk zu schmieden? Oder zu ihrem Mann? Was immer es ist, sie würde es löwenhaft königlich angehen.

Vielleicht musste sie ihre Ehe zerfallen sehen – oder ihren Stolz – um ihre Ehe immer wieder neu zu formen. Auch ihre Beziehung zu ihrem Volk versucht sie immer wieder neu zu gestalten, obwohl sie hier auch daran arbeitet, den Status quo aufrechtzuerhalten. Nun ist sie auch mit den maroden Ehen ihrer Kinder konfrontiert. Versucht sie daraufhin auch zu ihnen neue Beziehungen zu schaffen? Sie hat immerhin Neptun auch im 7. Haus im Quadrat zu Saturn und in Opposition zu Mars und Jupiter.

Elizabeth heiratete 1947, ihr Vater starb 1952 und im Jahr 1953 wurde sie gekrönt. Da sehen wir es. Zuerst gab es eine Krise. Das Quadrat zwischen Sonne und Mond verlangt Aufmerksamkeit, denn es ist ein harter Aspekt. Es zeigt auch, dass es zwischen den Eltern einen Konflikt gab, oder dass die elterliche Beziehung am intensivsten in ihren schwierigen Momenten gefühlt wurde. Die Spannung zwischen den Eltern ist mehr wahrzunehmen als die Leichtigkeit. Ihre Mutter ist die Queen Mother, die Löwendame schlechthin. Königin Elisabeth hat den Mond im Löwen im 7. Haus im Quadrat zur Sonne im Stier im 3. Haus. Man weiß, dass sie ihren Vater geliebt hat und vielleicht bemerkte sie die starke Persönlichkeit der Mutter, die ihre Rolle in der Öffentlichkeit genoss und bemerkte auch die dadurch entstandenen Spannungen zwischen ihren Eltern. Sie war eingestimmt auf die verlässlichen und ruhigen Qualitäten ihres Vaters und auf die königliche und auf Menschen zugehende Art ihrer Mutter. Sie selbst ist ihrem Vater wohl ähnlicher.

Wenn das Quadrat zwischen Sonne und Mond zunehmend ist, dann spürt man die Spannung so, dass die Mutter vom Vater weggeht. Die Königinmutter mag für dasselbe Ziel gearbeitet haben wie ihr Mann, nämlich Ruhe und Stabilität für ein aufgewühltes Volk zustande zu bringen. Doch sie tat dies ganz auf Löwe-Art und dem gemäß 7. Haus. Königin Elizabeth spürte diese Spannung und muss nun versuchen, in einer von Krisen geschüttelten Zeit ein Gefühl von Frieden und Stabilität zu vermitteln. Wahrscheinlich tut sie dies in ihrer Ehe, in ihrer Beziehung zu ihrem Volk und in den Ehen ihrer Kinder. Es geht um die Konsolidierung von neuen Ideen im Angesicht zerfallender Strukturen und zerbröckelnder Stabilität. Die Samenidee handelt hier von Stabilität in der Krise. Elisabeth ist auch ein Werkzeug der Krise und des Kampfes dafür, dass neue soziale Beziehungen aufgebaut werden können.

Also gibt es hier eine Krise und die Königin ist als Stier mit Venus in den Fischen darum bemüht, die Illusion oder den Traum von Stabilität zu erhalten. In diesem Sinne ist sie eine Dienerin der Liebe. Aber sie ist auch eine Dienerin des Neumondes vor ihrer Geburt, mit dem sie auf die Welt kam. Sie ist aufgefordert, sich um all das zu kümmern, dem sie dient, und um dessen Erhalt muss sie standfest sein. Ferner muss sie eine neue Beziehung zu ihrem Volk aufbauen – Mars steht in ihrem Neumondhoroskop vor der Geburt im Widder – mit einer Menge Angst und Frustration – angezeigt durch das T-Quadrat. Selbst wenn sie nicht die Königin wäre, wäre sie jemand, der an den Dingen festhält und müsste doch alles, was ihr gehört, gehen lassen, alle ihre angestammten Ressourcen. Sie müsste auch dann Teil einer neuen Ordnung werden, obwohl es ihr schwerfiele.

Teilnehmer: Wie ist es mit einem zunehmenden Trigon von Sonne und Mond?

Darby: Nelson Mandela zum Beispiel hatte die Sonne im Krebs im Trigon zum Mond im Skorpion. Er ist ein gutes Beispiel für einen Menschen, der für ein neues soziales Ideal in überpersönlichen Beziehungen arbeitet. Er war ein Mann mit einem starken Willen und einer »Selbsterhöhung im Angesicht zerfallender Strukturen«. Ein ruhiger Mensch, der sich ganz der Konsolidierung neuer Ideale widmete. Man kann wohl eindeutig sagen, dass sein Leben stark mit auflösenden, zerfallenden und degenerierten Strukturen zu tun hatte. Da es sich um ein Trigon zwischen den beiden Lichtern handelt, stellen wir uns vor, dass er gar nicht so sehr das Gefühl einer Krise hatte. Bei ihm ist es nicht so spannungsgeladen wie bei der Queen, er kann sich auch anmutiger ausdrücken. Wahrscheinlich war auch die Beziehung seiner Eltern weniger spannungsreich. Das sagt uns das Trigon.#

Buckelmond

Dieser Typus wurde mit einem Abstand von 135° bis 180° zwischen dem Mond und der Sonne geboren. Es reicht vom zunehmenden Sesquiquadrat über das Quinkunx bis zur Opposition. Wir bleiben noch ein wenig bei der königlichen Familie. Prinz Charles, der Sohn der Königin, folgt genau einem Buckelmond. Dane Rudhyar sagt, wenn man sich zum Vollmond hinbewegt, arbeitet man auf Erleuchtung hin. Charles ist zwei Tage vor Vollmond geboren, ein Skorpion mit dem Mond im Stier, der auf den Vollmond zuläuft.

Gemäß Dane Rudhyar richten Menschen mit diesem Typ des Mondes ihre Aufmerksamkeit stark auf die persönliche Entwicklung. Sie möchten ihrem Leben einen Sinn und einen Wert geben, zum Beispiel, indem sie etwas für die Gemeinschaft tun. Diese Menschen arbeiten daran, eine gewisse Offenbarung oder Erleuchtung zu erreichen. Sie verschreiben sich großen Zielen und hoffen, dass andere mit ihnen im Dienst an einer guten Sache zusammenarbeiten.

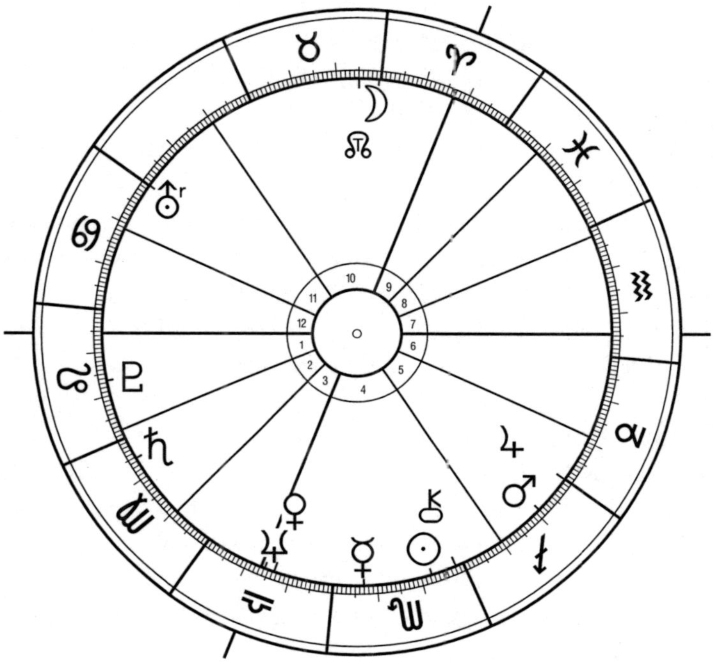

Abbildung 2: Prinz Charles
14. November 1948, 21:14 GMT, London, GOH-Häuser

Was auch immer wir über Charles denken mögen, er arbeitet unauffällig an den Dingen, die ihm am Herzen liegen und er kämpft öffentlich um Erleuchtung. Bei seiner Geburt stand die Sonne schon so weit am Ende des Skorpions, dass sein vorgeburtlicher Neumond auch schon im Skorpion ist. Hier sehen wir das Absterben des Verbrauchten, Zerfall und Säuberung. Nur die nackten Knochen bleiben übrig, die Essenz dessen, was einst in das Leben entlassen wurde. Die Samenidee im Skorpion ist die Zerstörung des Alten und die Reinigung, um neuem Leben den Boden zu bereiten. Im Skorpion brechen wir auf und werden geöffnet, damit im Schützen eine Vision realisiert werden kann. Es ist der Lauf der natürlichen Zyklen, Raum für Neues zu schaffen. Ein

Samen muss aufbrechen, damit etwas Neues entspringen kann. Prinz Charles scheint dies öffentlich zu tun. Er hat eine verantwortungsvolle Position (Mond im 10. Haus) und wir alle sehen, wie er sein Skorpion-Schicksal auslebt. Ich kann immer nicht ganz zustimmen, wenn Astrologen meinen, dass er niemals König werden wird.

Darby: Charles hat den Mond im 10. Haus und den Löwen aufsteigend am Aszendent. Pluto steht im 1. Haus im Quadrat zur Sonne. Er drückt seine Persona mit Würde aus, aber er äußert auch einen Sinn für Gefahr, indem er seine dunklen Seiten sowie seinen Hang zu Depression und Gefährdung zeigt. In seiner formalisierten und festgelegten Welt erscheint dies etwas selbstzerstörerisch. Aber er muss es zum Ausdruck bringen. Wie alle mit Pluto im Löwen trägt er den evolutionären Drang in sich zu zerstören und sich selbst wieder neu zu erschaffen. Die Ambivalenz Macht zu haben, aber gleichzeitig Macht brechen zu wollen, kämpft in ihm. Sein Pluto steht im 1. Haus im Zeichen Löwe. Etwas muss zerstört werden, auf dass etwas entstehen kann, das besser in die Zeit passt, in der er lebt. Er arbeitet für eine Erleuchtung, die ihm und der Öffentlichkeit aufzeigen wird, was zerstört werden muss. Und er tut dies durch seine Position der Verantwortung mit dem Mond im 10. Haus im Stier.

Diese Botschaft von Zerstörung und Transformation zu verbreiten ist die Berufung von Charles. Sein Mond steht im Stier, der Herrscher von Stier ist die Venus, die in der Waage im 4. Haus mit Neptun in Konjunktion steht. Das sagt uns, dass er in eine Familie hineingeboren wurde, in der Idealisierung und Enttäuschung in Bezug auf Liebe und Partnerschaft schon in früher Kindheit ausgespielt wurden. Vielleicht geschah es heimlich, aber er nahm das Flüstern wahr. Es zeigt auch, dass seine spirituelle Sehnsucht von seiner Familie, seinem Stamm nicht erfüllt werden konnte. Spirituell gesehen ist er ein Fremder unter seinesgleichen. Und er sucht etwas, das er vielleicht erst im Alter findet.

Natürlich sagt uns sein Horoskop noch mehr als das, und es wird immer ein Geheimnis bleiben, auch für ihn selbst. Vielleicht ist diese tiefe spirituelle Traurigkeit, diese Sehnsucht, Teil seines Charismas.

Hört, was Dane Rudhyar sagt: »Sie fragen immer wieder >warum<; sie arbeiten an einer Klärung persönlicher oder soziokultureller Anliegen und haben dabei ein für sie bedeutendes Ziel im Sinn.« (Seite 59) Sie haben ein Ziel im Blick und mögen es persönlich vielleicht niemals erreichen, da sie Teil eines größeren Bildes sind, nur ein Moment in einer sich entfaltenden Geschichte. Ihr Ziel ist Erleuchtung, das volle Licht, welches den Kern des ursprünglichen Samens offenbart. Mit dem Herrscher seines Mondes in dieser Konfiguration ist es wohl auch eine Antwort auf frühe Gefühle der Verwirrung und des Verlusts, weil seine Mutter privat von dem ausschweifenden erotischen Verhalten ihres Ehemannes enttäuscht war. Seht Ihr, warum ich das sage?

Teilnehmer: Venus-Neptun in der Waage im 4. Haus.

Darby: Ja. Ich kenne mehrere Leute mit diesem Buckelmond. Bevor ich mich in Dane Rudhyars Buch vertieft habe, hatte ich mir angewöhnt, sie einfach als Vollmondmenschen zu betrachten. Aber dann bemerkte ich, was es bedeutet, wenn der Mond kurz vor und kurz nach dem Vollmond steht. In beiden Fällen scheinen die Botschaften, die von den Eltern empfangen wurden, gegensätzlich zu sein. Diese Menschen können objektiver sein als diejenigen, die am Anfang des Zyklus geboren wurden. Ihnen kann etwas passieren und sie können es gleichzeitig als »interessant« ansehen. Aber beim zunehmenden Vollmond werden sie zum Licht hingetrieben – der Erleuchtung und der Aufdeckung entgegen. Es drängt sie persönlich dorthin, weil es Ihnen für das Leben wichtig zu sein scheint. In ihrer Kindheit beobachteten sie, wie ihre Mütter im Gegensatz zu ihren Vätern versuchten, etwas zu verstehen. Auf den Unterschied zur abnehmenden Opposition komme ich später noch zu sprechen.

Vollmond

Der Vollmond ist der Punkt der Erleuchtung. Neumond und Vollmond sind nach Rudhyar die wichtigsten Momente im Zyklus. Diese Phase geht von 180° bis 225°. Beide Phasen sind ein Anfang, aber in entgegengesetztem Sinne. Der Neumond sät den Samen und der Vollmond zeigt die Blume, die aus dem Samen entsprang. Die Blume des Samens.

Ich verwende hier das Horoskop eines Landes, das vielleicht heute nicht mehr relevant ist. Dies ist das Südafrika, das ich kannte und das Horoskop, das wir damals benutzten, als ich noch dort lebte. Für uns hat es damals funktioniert, das sahen wir an den Transiten und Progressionen. Ich beschloss, es hier wegen der Dinge zu zeigen, die sich damals ereigneten. Dies ist ein Vollmondhoroskop.

Die Sonne steht in den Zwillingen mit dem Vollmond im Schützen, aber die Saat, der Neumond vor diesem Vollmond, hat im Stier stattgefunden. Venus, die Herrscherin des Stiers, befand sich im Widder. Ihr einziger wichtiger Aspekt war ein Trigon zu Uranus im Löwen. Dadurch hat die Samenidee, Geist in Materie einzupflanzen, plötzlich etwas Dringendes an sich. Als dann der Vollmond zwei Wochen später da war, lief die Sonne in die Zwillinge und Südafrika wurde kurz nach diesem Vollmond geboren.

Rudhyar sagt, die Opposition von Sonne und Mond ist der Höhepunkt des Zyklus, der Apex. Der originale Impuls ist jetzt deutlich zu sehen. Zitat: »Dies kann eine Offenbarung oder eine Erleuchtung sein und normalerweise eine Art Erfüllung, doch es kann, negativ ausgeprägt, auch Trennung oder Loslösung bedeuten – vielleicht sogar eine Loslösung von der Realität oder eine innere Trennung …« (Seite 59)

Weiter sagt er, dass Beziehung allumfassend wichtig ist für diesen Typus. Oder auch, dass dieser alle Beziehungen ablehnt, außer die mit »idealem oder absolutem Charakter«.

Die Objektivität eines reinen Bewusstseins ist die Grundlage von Charakter – Erkenntnis, Erleuchtung und Erfüllung – doch es

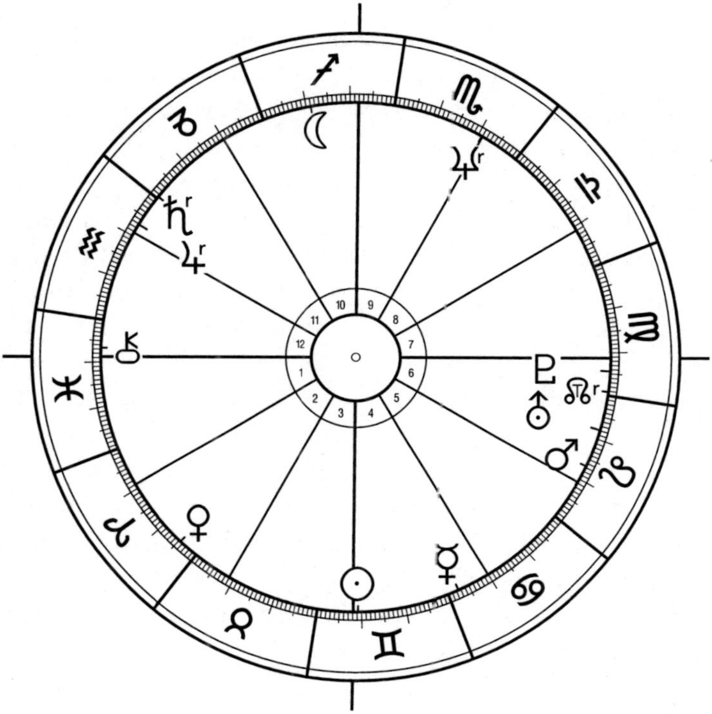

Abbildung 3: Südafrika
31. Mai 1961, 12:00, Pretoria (SA), GOH-Häuser

kann, negativ ausgeprägt, auch Trennung oder Loslösung bedeuten. Dies ist eine radikale Position. Alle von uns erleben Enthüllungen, aber man ändert daraufhin nicht sein Leben.

Die weiße Bevölkerung in Südafrika teilte generell die Ansicht, dass sie die Oberschicht sei und das Recht hätte, von der schwarzen Bevölkerung bedient zu werden. Einzelne empfanden das vielleicht anders, aber das Land hatte diese kollektive Anschauung und war lange in der Lage, dieses Denkmuster aufrechtzuerhalten. Und dann, vor relativ kurzer Zeit, wurde dieses Dogma altmodisch – und zwar richtig altmodisch und wurde zutiefst abgetrennt von der Realität der neuen Zeit.

Die Spannung baute sich auf, bis eine neue Erkenntnis in Gestalt von zwei wichtigen Anführern aufkeimte: F. W. de Klerk und Nelson Mandela. Bei de Klerk steht die Sonne am Ende des Zeichens Fische und der Mond am Ende des Zeichens Steinbock. Er ist also Teil des letzten Viertels des Mondzyklus. Er wohnte Ende Mai einem Dinner in Gesellschaft von Margaret Thatcher, John Major und anderen Geschäftsleuten bei. Eine Freundin von mir war auch dort und später erzählte sie mir, dass de Klerk gefragt wurde, warum er es getan habe, warum er gegen die Apartheit gestimmt habe. Seine Antwort war: »Gott sagte es mir, ich hatte eine Offenbarung. Ich hatte einen Traum." Meine Freundin fing zu ihrer eigenen Bestürzung auf dieser Dinnerparty an zu weinen. Aber das Schlimmste war für sie, dass andere Teilnehmer ungefähr so reagierten: »Oh, ja, interessant. Entschuldigung, dass wir gefragt haben.« De Klerk hat die Sonne in den Fischen mit Neptun am Aszendenten. In diesem Fall war er die Stimme Südafrikas.

Teilnehmer: Aber auch die des neuen Südafrikas. Nach Nick Campion, der die Zeit des Inkrafttretens der neuen Verfassung nimmt, hat das neue Südafrika die Sonne im Stier in Opposition zum Vollmond im Skorpion! Also gibt es eine neue Erkenntnis oder Offenbarung, von der aus das Land sich bewegt.

Darby: Ganz genau. Auch in diesem Horoskop hat der Neumond im Zeichen davor einen Samen gesät. Die Sonne steht auf 5° oder 6° Stier und der Mond auf 20° Skorpion. Also vor dem Neumond im Widder, dem Originalimpuls. Es war sogar der Originalimpuls für das besondere Tierkreiszeichenjahr.

»Beziehungen bedeuten dem Menschen vom Vollmond-Typus alles; oder er verwirft alle Beziehungen«. (Seite 59) Zum Zeitpunkt dieses Horoskops gab es eine klare Trennung zwischen Schwarz und Weiß. Diese erwies sich aber mit der Zeit als unpassend. Die festgelegte Beziehung zerfiel und jetzt entwickelt sich eine neue Gesellschaft, basierend auf einer neuen Erkenntnis. Jetzt haben wir auch ein neues Horoskop.

»Beziehungen bedeuten dem Menschen vom Vollmond-Typus alles; oder er verwirft alle Beziehungen mit der Ausnahme jener, mit einem Ideal oder einem absoluten Charakter.« Mit anderen Worten, es liegt eine sinnhafte Wahrheit bei der Opposition. Man folgt der Wahrheit, bis man zu der Erkenntnis kommt, dass es da eine andere Wahrheit gibt, und dann folgt man dieser Wahrheit. Mit jemandem, der dir mit dieser Wahrheit nicht folgen kann, kann man auch keine intime Beziehung pflegen, weil man von der Erleuchtung schon verbrannt ist. Man bewegt sich weg von ihm.

Menschen mit dieser Vollmondopposition zeigen in ihrem Leben den Samenimpuls, der bei Neumond gesetzt wurde. Sie fühlen den Druck, diese in den Aktivitäten des täglichen Lebens zum Ausdruck zu bringen. Ihr Seelenleben ist mit der Offenbarung der Samenidee verbunden. Manchmal ist der Ausdruck der Enthüllung sehr destruktiv, manchmal auch sehr kreativ. Von Buddha wird gesagt, er sei mit der Sonne im Stier und dem Vollmond im Skorpion geboren. Er starb mit der Sonne im Skorpion und dem Vollmond im Stier. Man sollte meinen, dass seine Aufgabe, die Samenidee des Stiers zu verwirklichen, nach dieser Zeit vollendet war.

Kennt jemand von Euch die Arbeit Thomas Mertons? Er hatte den Vollmond im Löwen in Opposition zur Sonne im Wassermann. Der Neumond wurde zuvor im Steinbock gesät. Er war Mönch in einem kontemplativen Orden. Am Ende seines Lebens war er in der religiösen Welt bekannt als ein Mann, der das kontemplative Leben und die Gebete für die moderne Welt erneuert hatte. Er war offen für nichtreligiöse Denker wie Heidegger und Albert Camus und auch für den Hinduismus, den muslimischen Sufismus und den Zen-Buddhismus.

Man könnte sagen, Merton war offen für jeden, der in die Ewigkeit schaute, sei es mit Gott oder ohne. Sein tägliches Leben und seine Arbeit waren von der Disziplin eines Mönchs gekennzeichnet. Der Same, den er manifestiert, kommt aus dem Steinbock. Doch er war Wassermann und erneuerte die Gebetstraditionen. 1968 starb er im Alter von 53 Jahren.

Teilnehmerin: Mein Mann hat die Sonne in den Zwillingen und den Vollmond im Schützen. Er gehört zu den Leuten, die das Satellitenfernsehen in dieses Land bringen. Er glaubt absolut daran. Tatsächlich habe ich noch nicht erlebt, dass er etwas tut, wovon er nicht hundertprozentig überzeugt ist. Ich nenne ihn Mr. Mission. Er war nur ein einziges Mal, deprimiert, nämlich als er einen Job hatte, von dem er nicht überzeugt war. Es machte ihn krank. Aber er kam da heraus und sagte, er würde diesen Fehler nie wieder begehen. Er hat Venus im Krebs. Die Firma hatte ihm so viel Geld geboten, dass er davon das Haus seiner Träume hätte kaufen können. Bevor er das Geld zusammen hatte, kündigte er. Ich war damals entsetzt, habe später aber verstanden, dass sein Leben und seine Vitalität wichtiger waren als ein Traumhaus.

Teilnehmer: Was ist mit Elternbeziehung bei der Sonne/Mond-Opposition?

Darby: Die Eltern scheinen in zwei verschiedene Richtungen zu ziehen, sowohl beim zunehmenden als auch beim abnehmenden Vollmond. Loyalität zum einen mag sich wie Untreue zum anderen anfühlen. Kompromisse sind verhasst, müssen aber erlernt werden. Dies gilt auf beiden Seiten des Vollmonds. Ich habe aber auch festgestellt, dass es Unterschiede zwischen den beiden Seiten gibt. Was ich festgestellt habe ist, dass die Mutter bei der zunehmenden Opposition nach ihrer eigenen spirituellen Enthüllung oder Erleuchtung gesucht hat und sich damit vom Ehemann entfernt hat. Zumindest zur Zeit der Geburt dieses Kindes. Sie wollte nach etwas greifen, was aber noch nicht angelangt war. Das Kind wächst mit einem Gefühl von Erwartung auf, das zu einem Teil seines späteren Beziehungslebens wird, seines Seelenlebens.

Bei der abnehmenden Opposition weiß die Mutter schon, dass ihre Werte sich von denen ihres Mannes unterscheiden. Sie lebt einfach mit diesem Wissen und mag im Laufe ihres Lebens etwas damit anfangen oder nicht. Diese wichtige Sache ist bekannt. Es bleibt nur die Frage, ob etwas getan wird oder nicht.

Aussaat-Mond

Der Aussaat-Mond trifft auf Menschen zu, deren Mond 135° bis 90° vor dem Neumond steht. Dazu gehören auch das abnehmende Sesquiquadrat, die Quinkunx und das abnehmende Quadrat. Jetzt sind wir wieder auf dem Weg nach Hause, falls wir das Ende des Zyklus als solches betrachten wollen. Dies nennt man den Aussaat-Mond. Der neue Samen für die nächstfolgende Idee im Jahr wird gesät. Man verlässt den Vollmond und geht zum Viertelmond.

Hier sind wir wieder bei der königlichen Familie. Prinzessin Diana fällt in die Kategorie des aussäenden Typus. Sie hat die Sonne im Krebs und den Mond im Wassermann im. Der Mond steht in Opposition zu Uranus und im Quadrat zur Venus im Stier im 5. Haus.

Wieder wurde der Samenimpuls zwei Wochen vorher gesetzt beim Neumond in den Zwillingen. Merkur war zu der Zeit im Krebs, sodass wir uns vorstellen können, dass der Zwillingssame für Kommunikation einen Krebs-Unterton hat. Sie war so sehr Krebs und alles, was sie tat, teilte diese Botschaft mit. Dies hat mit Dianas Fähigkeit des Nährens zu tun, doch sie übermittelte diese Botschaft durch den Mond im Wassermann, der in Opposition zu Uranus und im Quadrat zur Venus stand. Ihr Impuls, den Geist des Krebses zum Ausdruck zu bringen, war sehr stark. Aber sie machte es mit dem T-Quadrat, ihrem eigenen sperrigen Rhythmus des An und Aus. Andere Menschen finden die Art, wie sie reagierte, sprunghaft und voller Rätsel. Sie konnte Ratschläge nur in kleinen Dosen annehmen und kann auch nur darauf hören, wenn sie gerade dazu aufnahmebereit ist. Habt Ihr mal versucht, einer Person mit einer Mond-Uranus-Opposition einen Rat zu erteilen?

Teilnehmer: Ja, meinem Sohn. Erst als er 17 Jahre alt war, habe ich gelernt, wie man mit ihm umgehen sollte. Er braucht gut entwickelte Argumente für das Gegenteil von dem, was ich ihm rate, um dann selbst entscheiden zu können, was gut für ihn ist. Diese Freiheit braucht er.

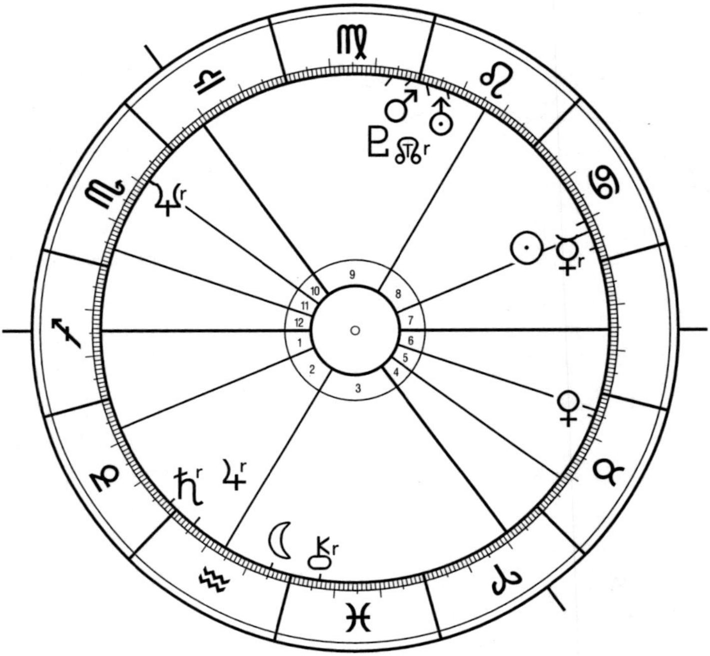

Abbildung 4: Prinzessin Diana
1. Juli 1961, 18:45 GMT, London (GB), GOH-Häuser

Darby: Zurück zu Prinzessin Diana. Sie kann nicht hören oder fühlen, was gesagt wird, es sei denn, es ist völlig objektiv und losgelöst von eigenen Interessen. Ich frage mich, wie oft sie mit ihrem Charakter und in ihrer Position wohl an Menschen gerät, die nicht irgendwelche Interessen verfolgen. Diese alte Botschaft des Krebses, diesen Archetyp der nährenden Mutter, kann sie in unserer heutigen Zeit nur in Fragmenten zeigen. Mit ihrem Mond/Venus-Quadrat muss sie das Gefühl haben, dass sie niemals die Art von Nährung von anderen bekommen kann, die sie braucht.

Nun sagt Rudhyar über den aussäenden Typus: Diese Leute demonstrieren, was sie gelernt haben. Sie sind eine Art Sämann von Ideen. Sie machen Ideen populär. Sie sind Kreuzritter und Kämpfer für eine Sache. Er sagt, und ich zitiere hier: »der negative

Typ kann sich leicht in einer Sache verlieren und fanatisch werden oder sich von Massenemotionen leiten lassen« (Seite 60). Ich dachte an jeden, den ich in dieser Gruppe hier kenne und habe die Kreuzfahrer bei der Arbeit beobachtet. Die Offenbarung hat stattgefunden und es gibt Arbeit, die getan werden muss. Mit dem Trigon ist es selbstverständlich leichter, denn da besteht weniger Widerstand. Der ist aber immer noch vorhanden. Der aussäende Typus ist sich nicht völlig klar darüber, was die Offenbarung ist, aber er springt in das Gefühl, die Botschaft zu verbreiten. Da ist wieder eine Spannung, besonders beim Quadrat, weil man von der Samenidee schon so weit entfernt ist und weil man sich wieder der Sonne annähert, die eine neue Idee gebären wird.

Ich will es so zusammenfassen: Die Erleuchtung liegt hinter einem. Jetzt geht es darum, die Samen, die dabei herausgekommen sind, zu verteilen. Vollmondmenschen leben die Offenbarung, aber jene Menschen, die in der aussäenden Phase des Mondzyklus geboren wurden, müssen sich bewegen, um dies in den Fokus der Menschheit zu bekommen. Ihre Aufgabe besteht darin, das, was offenbart wurde, durch ihre persönlichen Beziehungen zu anderen Menschen und zum Leben einzubinden. Deswegen können sie einem wie Kreuzritter erscheinen. Sie haben das Gefühl, in einem Wettrennen gegen die Zeit zu sein. Denn der Mond geht jetzt auf sein letztes Quadrat zu, bevor er sich beim nächsten Neumond wieder mit der Sonne vereint.

Ist es bekannt, dass Albert Einstein in diesem Teil des Zyklus geboren wurde? Er hatte die Sonne in den Fischen und den Mond im Schützen und befand sich auf der Seite des abnehmenden Quadrats. Sein Neumond fand in den Fischen statt, denn seine Sonne steht in diesem Zeichen auf 23°. Wir sollten nicht nur an seine Arbeit denken, die unsere Wahrnehmung der Realität auf eine Art neu definiert, die wir bislang noch gar nicht in ihrer Gesamtheit zu verstehen vermögen, sondern denken wir vor allem an den Feldzug, der daraus entstand. Einstein hat sein ganzes Leben als Erwachsener versucht, den Einsatz der Bombe zu unterbinden, die sozusagen das Kind seines Geistes war. Gemeint ist die

Bombe, die nur deswegen gebaut werden konnte, weil er der Wissenschaft Informationen über den Aufbau des Atoms geliefert hatte. Zwar ist er als einer der intelligentesten Menschen unserer Zeit bekannt, doch es ist äußerst merkwürdig, dass auch die Dümmsten wissen, wer er ist, da sie sein Gesicht mit der herausgestreckten Zunge kennen. Außerdem weiß man dann auch, was er tat, ohne es aber wirklich zu verstehen.

Ist das zugrunde liegende Muster erkennbar, das Dane Rudhyar meint? Mich fasziniert, wie Dane Rudhyar seine Vision des jährlichen Tanzes von Sonne und Mond so im Detail beschreibt und besonders, was er daraus liest. Jeder von uns ist an einem bestimmten Punkt des Zyklus geboren. Und jeder von uns wird natürlicherweise seine Rolle dort erfüllen. Ob wir es gerne oder unwillig, bewusst oder unbewusst, gut oder schlecht tun, hängt von anderen Dingen ab. Aber wir sind ein Teil eines natürlichen Zyklus. Unser Mond vermittelt zwischen Ewigkeit und Zeit, zwischen Geist und Materie, zwischen Idee und Ausführung. Und dies geschieht gemäß der Natur und wird ausgedrückt durch den himmlischen Tanz zwischen unserem Mond und unserer Sonne.

Letztviertel-Mond

Wenn wir beim letzten Viertel, dem Quadrat, angekommen sind, haben wir wieder einen Krisenpunkt im Zyklus erreicht. Das letzte Quadrat reicht von 90° bis zum Halbquadrat bei 45°. Darin enthalten ist das letzte abnehmende Sextil. Unsere Beispiele hierfür sind Margaret Thatcher, Bill Clinton und Carl Gustav Jung. Im letzten Viertel ist es laut Dane Rudhyar Zeit für die Verwirklichung von ideologischem Glauben in definitiven Gedankensystemen oder konkreten Institutionen. Menschen, die in dieser Phase geboren werden, erzwingen Angelegenheiten in persönlichen und sozialen Beziehungen, koste es was es wolle. Sie sind nicht flexibel und sehen sich als Pioniere, die erst später anerkannt werden.

Rudhyar sagt, Reformer gehören zu dieser Gruppe. Sie werden

in eine Zukunft gelenkt, die sie nur erfühlen. Ich denke, dies ist eine besonders interessante Beobachtung und eine gute Beschreibung all der Leute, die in diesem Teil des Zyklus geboren sind. Jung war am Ende seines Lebens enttäuscht und traurig, weil seine Idee sich nicht weit genug verbreitet hatte. Er hatte das Gefühl, sein ganzes Leben einer Arbeit gewidmet zu haben, die nicht genug gewürdigt worden wäre. Er lebte mit Sicherheit ein Leben, das der Verwirklichung von ideologischen Überzeugungen in definierten Gedankensystemen und in konkreten Institutionen gewidmet war.

Teilnehmer: Margaret Thatcher passt da mit Sicherheit rein. Über Clinton weiß ich nicht genug.

Darby: Keiner von uns weiß es, weil er noch zu jung ist. Diese Leute scheinen sich mit etwas abzugeben, das nicht vollkommen verwirklicht ist, bevor sie das Feld verlassen. Rudhyar sagt, dass diese Menschen im Allgemeinen Ironie und Humor haben, den sie in den Dienst an ihrer Sache stellen – oder sie sind vollkommen unfähig, Kritik anzunehmen. Ich neige dazu, zu glauben, »sowohl ... als auch« stimmt eher als »entweder ... oder«, wenn wir von Menschen sprechen.

Da ich mich von Menschen angezogen fühle, die Humor haben und über sich selbst und ihre Sache lachen können, habe ich viele Freunde, die in dieser Phase des Mondes geboren worden sind. Immer wieder konnte ich beobachten, dass sie etwas genau wussten, es aber gehen lassen mussten, damit es realisiert werden konnte. Sie wissen etwas und wollen dranbleiben. Aber wenn sie dranbleiben, leben sie nicht so, dass das Wissen verkörpert werden kann. Das ist ein Thema des applikativen Quadrats.

Das separative Quadrat kämpft sehr darum, eine neue Struktur aufzubauen, die die kommende Erleuchtung aufnehmen soll. Dagegen kämpft das applikative Quadrat darum, nicht im Besitz der Offenbarung sein zu wollen. Samen können nur im Dunklen sprießen.

Teilnehmer: Ich gehöre in diese Kategorie. Ich kämpfe, kämpfe und kämpfe. Aber schließlich sage ich: »Ok, ich schaffe es nicht.

ich gebe auf«. Wenn ich es dann aufgegeben habe, scheint es ein Eigenleben anzunehmen. Das ist mir kürzlich passiert. Ich habe die Sonne in der Jungfrau im 9. Haus im Quadrat zum Mond im 7. Haus. Ich hatte schrecklichen Ärger mit der Person, die mir für mein Geschäft Geld geliehen hatte. Er sollte ein stiller Teilhaber sein, aber er war alles andere als still. Er mischte sich überall ein. Bei Jahresbeginn beschloss ich, alles aufzugeben – es einfach loszulassen und ihm sein Geld wiederzugeben. Wir hatten eine Auseinandersetzung. Es war alles beschlossen. Dann verliebte er sich plötzlich und zog nach Dänemark. Ich bekam dann zwei große Aufträge kurz hintereinander und war davongekommen! Jetzt nach zwei Jahren haben wir endlich Boden unter den Füßen.

Darby: Das ist ein sehr praktisches Beispiel für den Ausdruck dieser Phase. Danke, Jungfrau! Spricht es noch auf andere Arten?

Teilnehmer: Ja, das tut es. Jede meiner bisherigen Freundinnen musste es aushalten, dass ich meine Vorstellungen von Beziehungen auslebte. Jetzt bin ich verheiratet und meine Frau trägt die Last meiner Ideale über Beziehungen. Sie ist irdischer als ich. Ich denke, ich bekomme Probleme, wenn ich versuche, das Ideal zu verwirklichen, aber ich muss es machen. Und dann muss ich es aufgeben. Ich fühle die Kraft davon. Ich weiß, dass ich recht habe. Aber ich muss das Rechthaben aufgeben.

Darby: Das Schwierige ist wohl, dass Du es erst loslassen kannst, wenn Du es wirklich loslässt. Mit der Schwärze des Mondes vor Dir, dem Neumond, als vielleicht unbewusstem Wissen, kämpfst Du wahrscheinlich darum, im Licht Deiner eigenen Vision zu bleiben.

Teilnehmer: Ja. Ich versuchte, philosophisch zu werden, bevor ich es fühle. Aber das funktioniert nicht.

Darby: Jakob und der Engel. Ich muss daran denken, was eine der Sangomas einmal zu mir sagte. Das war eine Stammesheilerin, eine Medizinfrau. Sie sprach davon, dass, wenn man von einem Geist gerufen wird, man unbedingt darauf hören soll oder man wird sterben. Aber man muss ihn auch mit allem, was einem etwas wert ist, bekämpfen. Aufzugeben bevor man geschlagen ist, schwächt einen – oder signalisiert dem Geist, dass man schwach ist. Gar nicht nachzugeben tötet Dich. Bis zum Ende zu kämpfen und dann nachgeben bringt Dich zum Punkt der Transformation – der Gnade.

Jakob kämpfte die ganze Nacht mit einem Dämon und am Morgen sah er, dass es ein Engel war, der nun von ihm weg wollte. Und er sagte zu dem Engel: »Ich lasse Dich nicht gehen, es sei denn, Du segnest mich.« Nachdem er gesegnet war, konnte er auf einer Leiter gen Himmel klettern.

Balsamischer Mond

Menschen, deren Mond weniger als 45° vor der Sonne steht, fallen in diese Gruppe. Sie sind bis zu dreieinhalb Tage vor der Konjunktion von Sonne und Mond geboren. Dane Rudhyar spricht poetisch über diese Phase. Er sagt, dass diese Menschen prophetisch veranlagt sind. Sie empfinden sich als Endprodukt einer Phase und doch wenden sie sich der Zukunft zu. Sie haben ein Gespür für Schicksal. Sie empfinden sich als einen Schrein oder ein Feld, innerhalb dessen etwas getan werden muss. Oft sind sie willens, sich dafür aufzuopfern. Ihr eigenes Leben halten sie für weniger wichtig als das, was durch sie ermöglicht wird, nämlich die Vergangenheit durchzureichen an die Zukunft, in die Zeit des neuen Samens.

Dies ist der Abschnitt, in dem der ganze Zyklus »beim Samen ankommt«. Es ist der Samen für den nächsten Zyklus, denn die Idee der nächsten Konjunktion wird im Dunkel der Zeit davor geboren. Beziehungen sieht er »sowohl als Schlusspunkte eines Prozesses wie als Mittel, ein transzendentes Ziel zu erreichen." Hierfür, so meine ich, war Karl Marx ein gutes Beispiel. In einem mehr poetischen Sinne ist es Bob Dylan mit seinem balsamischen Mond im Stier dicht bei seiner Sonne in den Zwillingen. Wenn der Mond wieder mit sich selbst in die Konjunktion geht, wird das in einem anderen Zeichen geschehen. Es wird ein neuer Impuls und ein neuer Samen sein und es entsteht ein Gefühl für neue Erwartungen.

Ich habe einen sehr guten Freund mit dieser Mondstellung. Er spricht oft von dem Gefühl, dass die Vergangenheit, die Geschichte, schwer auf ihm lastet. Er kommt aus einer Familie, deren Mitglieder seit Generationen ziemlich hochrangige Beamte waren, und er spürt den Druck der Familiengeschichte. Er selbst ist dieser Familientradition nicht gefolgt, hat aber trotzdem das Gefühl, dass er eine Aufgabe hat. Seine Aufgabe hat damit zu tun, dass etwas aus seiner Vergangenheit erledigt oder erlöst werden muss, damit die Zukunft befreit werden kann. Er spielt das auf jegliche Art in seinem täglichen Leben aus, das oft vernebelt und verschleiert ist. Aber das Gefühl, dass »etwas abgegeben werden« soll, ist tatsächlich sehr stark bei ihm. Er hat Merkur in Konjunktion zu Neptun im 9. Haus im Trigon zu Uranus Konjunktion Mars im 5. Haus. Hier kann man deutlich sehen, wie eine Dimension des Horoskops die andere unterstützt.

Dies erinnert mich daran, Euch an Folgendes zu erinnern: Wir schauen uns hier verschiedene Dimensionen an. Der soli-lunare Zyklus drückt die eine Dimension aus und das Geburtshoroskop eine andere, die Progressionen wieder eine andere und die Antiszien oder die Halbsummen wieder eine andere. Auf so viele Arten können wir bedeutungsvolle Strukturen entdecken. Mit manchen Ebenen kann man besser umgehen als mit anderen und manchmal kann man leicht von einer Ebene auf die andere wechseln, manchmal sieht man das Gleiche auf verschiedenen Ebenen. Es ist sehr wichtig, dass man herausfindet, was für jeden jeweils funktioniert und dem sollte man auch treu bleiben. Die meisten von uns müssen verschiedene Methoden und Systeme ausprobieren, denn wir sollten so viel forschen, wie wir können. Aber letztendlich stellen wir doch fest, dass manche Methoden klarer zu uns sprechen als andere.

Um den soli-lunaren Zyklus verstehen zu lernen, sollte man ihn einige Jahre beobachten. Man kann bei jedem beliebigen Neumond beginnen. Aber es lohnt sich auf den Widderneumond, der in jedem Jahr der Beginn eines Zyklus ist, zu achten. Bei jedem Neumond sollte man sich die Position und den Zustand des Herrschers der Sonne notieren und dann einfach beobachten. Nach sieben Tagen bildet der Mond ein Quadrat zur Sonne, dann nach weiteren 14 Tagen eine Opposition und schließlich nach 21 Tagen wieder ein Quadrat, bis er nach 28 Tagen wieder in Konjunktion mit der Sonne steht. Diesmal aber im Stier, weil sich die Sonne jetzt im Stier aufhält. Danach wiederholt sich der soli-lunare Tanz in den Zwillingen, anschließend im Krebs und so weiter.

Indem man den Mond mit dem Körper, dem Geist, den Gefühlen und der Vorstellungskraft beobachtet, wird er ein Teil der Wahrnehmung. Man wird sehen, dass die Beziehung zwischen der Sonne und dem Mond nur ein Moment in diesem Zyklus ist. Man wird zu einem Teil von etwas viel Größerem und hat darin seinen Part zu spielen. Man ist einer der Tänzer, aber der Tanz begann schon sehr viel früher und er wird lange weitergehen, nachdem man gegangen ist. Wir haben Teil an einem heiligen Tanz.

Diesen Zyklus zu beobachten, ist einer der Wege, um besser in Kontakt mit der Entfaltung des Lebens zu kommen, anstatt sich nur damit zu beschäftigen, ob man bekommt, was man von diesem oder jenem Moment im Leben erwartet. Jeder Neumond findet jeweils im nächstfolgenden Haus statt und so kann man verfolgen, wie er »sät«, während er das eigene Leben berührt. Folgt man diesem Zyklus für eine Weile, erspürt man den Rhythmus der beiden Lichter, bis diese Dimension des himmlischen Tanzes schließlich Teil unseres inneren Wissens wird. Der Mond reflektiert die Sonne auf die Erde und erzählt uns die Geschichte der Seele auf ihrem Weg durch den Alltag. Wir alle spielen eine Rolle in seiner Zeit.

Der progressive Mond im Verhältnis zum Geburtsmond

Betrachten wir nun, wie der Zyklus des progressiven Mondes durch das Horoskop läuft und dabei Aspekte zum Radixmond bildet. Nach ungefähr 28 Jahren kehrt er in der Progression wieder auf seinen eigenen Platz zurück. Auf diesem Gang durch das Horoskop wird der progressive Mond natürlich jeden einzelnen Planeten berühren und er wird durch jedes Haus laufen. Wenn er schließlich wieder am Ausgangspunkt angekommen ist, beginnt er seine Runde erneut von vorn. Die meisten erleben zwei Zyklen des progressiven Mondes. Hat man das Glück und die Kraft alt zu werden, kann man die progressive Wiederkehr des Mondes ein drittes Mal haben. Einige wenige erleben sogar noch einen Teil des vierten Zyklus des progressiven Mondes.

Frischen wir nochmals unser Gedächtnis auf. Der Radixmond beschreibt das physische Tor, durch das wir in das Leben eintreten. Um also auf unserem kleinen bunten Planeten Zeit verbringen zu können, müssen wir ihn durch den Körper einer Frau betreten. Bisher hat noch niemand eine andere Möglichkeit entdeckt, wie wir hierher gelangen könnten. Der Körper dieser Frau enthält die Erinnerungen und Spuren aller Gefühle, die jemals auf der Erde gefühlt wurden. Die ganze Vergangenheit ist in diesem Körper enthalten, einiges aus der Ahnenlinie der Frau, die uns geboren hat und anderes aus der Ahnenlinie des Vaters, dessen Spermien sie befruchtet haben. Aber auch weit darüber hinaus enthält der mütterliche Körper alle menschlichen Spuren bis zurück zu den Anfängen des Universums.

Die Vergangenheit, die durch die Mutter aufgenommen wurde, wird durch die Qualitäten des astrologischen Zeichens, durch das der Mond bei der Geburt transitierte, gelenkt. Dieses Zeichen beschreibt, welcher der zwölf großen Archetypen zum Ausdruck kommt und definiert die damit verbundenen Erfahrungen. Die Gefühlsnatur, die auf der emotionalen Geschichte der Vorfahren aufbaut, wurde von der sich entwickelnden Beziehung zu Eurer Mutter verstärkt sobald Ihr geboren wurdet. Für Astrologen wird dies durch die Stellung und die Aspekte des Mondes noch genauer definiert. Die ganze Tiefe und vom Mond getragene Vergangenheit wird zum ersten Mal durch die leibliche Mutter aktiviert. Sie ist die irdische Quelle, aus der man aufsteigt, und sie ist die Leinwand, auf die wir so lange unsere Gefühle projizieren, bis wir von ihr so weit unabhängig sind, dass wir anfangen können, diese Gefühle auf jemand anderen zu projizieren! Dieser Prozess, seine Gefühle auf jemand anderen übertragen und sie dann verdreht oder verändert widergespiegelt zu bekommen, ist eins der Tore, durch das wir es lernen, eine echte Beziehung zu uns selbst, zu anderen und zum Leben zu erlangen. Es erscheint wie ein Spiegelkorridor, der ganz weit zurückreicht.

Der Mond beschreibt unsere instinktiven Antworten, die über viele Leben unserer Ahnen entwickelt und gesammelt wurden. Sie wurden von unserem Nährboden absorbiert, also von unserer Mutter, unserer Quelle. Haben wir erst den Körper unserer Mutter verlassen, werden sie von den Umständen unserer Kindheit aktiviert. Diese vom Mond gespiegelten Themen werden von unserer Umwelt verstärkt, in deren Zentrum für die meisten von uns die Mutter steht.

In astrologischer Hinsicht steht der Mond am Himmelzelt und auch an unserem inneren Himmel, geht immer seine Runde und aktiviert unsere Aspekte. Jeden Tag werden Position und Aspekte von inneren und äußeren Umständen verstärkt. Wir bringen mehr und mehr in das Leben ein. Die astrologische Dimension reflektiert die physische Dimension und die physische spiegelt die astrologische.

Einerseits werden also Vergangenheit und die Umstände unseres frühen Genährt-Werdens in Gewohnheitsmuster umgewandelt, die uns durch unser ganzes Leben hindurch zu unserer Quelle und unseren kindlichen Reaktionen zurückbringen. Aber andererseits bewegen wir uns seit dem Tag unserer Geburt weg von dieser Quelle. Diesen Teil der Geschichte erzählt der progressive Mond. Auf dieser symbolischen Ebene bewegt der Mond sich Monat für Monat weiter, Grad für Grad, weg von seiner Geburtsposition. Er führt uns fort von der Urquelle hin zu anderen Strömen des Lebens.

Jedes weitere Zeichen und Haus, in das der Mond eintritt, symbolisiert neue Erlebnisse und Menschen. Jede neue Erfahrung fördert unsere instinktiven Verhaltensmuster zutage, aber jede Erfahrung bietet uns zugleich auch neues Leben. Es ist ein Paradox. Die Art, wie wir uns auf andere beziehen, ist »konditioniert und unfrei« – abhängig von den Einflüssen, die Teil unseres unterbewussten Lebens sind. Und doch ist es die einzige Art und Weise, wie wir eine Beziehung zum Leben finden können. In gewisser Weise wird das Quellenerlebnis ständig verstärkt, aber gleichzeitig entfernen wir uns permanent von dieser Quelle und bewegen uns auf ein Dasein zu, das andere miteinschließt.

Teilnehmer: Und mit anderen Menschen besteht immer die Möglichkeit zur Liebe.

Teilnehmer: Oder wenigstens irgendeine Art von Beziehung?

Darby: Diese Erfahrungen sind archetypisch und universal und verbinden mit der allgemeinen Menschlichkeit, die uns zu einer tieferen Quelle zurückführt, die zum Teil in der Zeit und zum anderen Teil in der Ewigkeit liegt.

Indem sich die Ereignisse unseres Lebens entfalten, werden wir vorwärtsgezogen. Dieses Vorwärts ist allerdings keine gerade Linie, sondern eher eine Spirale, ein Vorwärts, das uns immer wieder zu unserer Vergangenheit bringt und wenn wir wollen, sogar zu einer Quelle tiefer als unsere persönliche Vergangenheit und jenseits unserer persönlichen Erinnerung.

Die üblichen Gefühle, die bei einem Wendepunkt oder einer Krise hochkommen, führen einen oft über die rein persönliche Erlebnisebene hinaus. Diese Gefühle, die psychologisch gesehen an die Mutter gebunden sind, öffnen den Eingang zu den tiefen

Wassern, die einen zu der unergründlichen Lebensquelle zurückführen. Diese Gefühle, die aus der Vergangenheit der Ahnen aufsteigen, sind der Fluss, auf dem wir zurück zum Ursprung reisen können. Die Quelle ist sowohl zeitlich als auch ewig. Indem wir in uns die Gewohnheit entwickeln, über Zeit und Ewigkeit nachzudenken, nähren wir uns aus den Wassern des Lebens, die unterhalb und durch unser Leben fließen. Dies ist unsere echte Seelennahrung. Es ist der Kern all dessen, was wir suchen, wenn wir nach der Liebe greifen. Und es ist in jeder Begegnung enthalten, egal wie verrenkt es erscheint. Der progressive Mond erzählt uns die Geschichte unserer emotionalen Reise durch unser Leben und er zeigt uns die Pforten in die Unterwelt, zu den Unterwasserhöhlen, die sich zu universalen Gründen und Gewässern hin öffnen. Es gibt Momente, in denen die Türen zu diesen Tiefen geöffnet sind.

Wir werden die Spur des progressiven Mondes jetzt verfolgen, um einige dieser Momente ausfindig zu machen. Nämlich wenn die Gegenwart Vergangenheit und Zukunft zusammenzieht. Wenn die Gegenwart die Vergangenheit so aufstellt, dass wir die Zukunft befreien können. Ist das nachvollziehbar?

Teilnehmer: Die Zukunft für immer befreien?

Darby: Nein, das nicht. Nicht notwendigerweise. Die Art der Befreiung, von der ich hier spreche, muss immer wieder neu gewonnen werden. Wie oft geraten wir in einen altbekannten gefühlsmäßigen Zustand unter völlig anderen Umständen? Weil wir innerlich wach sind, sehen wir in diesen Umständen alte Spuren der Vergangenheit, die diese Gefühlsmuster ausgelöst haben, aber wir sind immer noch in dem Muster selbst verloren und können uns nicht auf das Neue darin beziehen. Wir kleben an dem Stückchen, welches dieses Gefühl ausgelöst hat.

Ich beobachte den progressiven Mond nun schon seit 1969 und dabei stelle ich Folgendes fest: Kommt der progressive Mond in ein Quadrat, eine Opposition oder eine Konjunktion mit der Radixposition des Mondes, dann fällt diese Zeit mit Beziehungserfahrungen zusammen, bei denen man um eine Ecke der inneren persönlichen Entwicklung biegt. Wohnt man diesen Momenten bewusst bei, kann man sich weiter in das Unbekannte hineinbewegen, wo unendliche Möglichkeiten liegen, anstatt dasselbe Muster immer und immer wieder zu wiederholen.

Selbstverständlich wird man das Muster wiederholen – ich will niemand in die Irre führen. Der Mond handelt von Wiederholung und ständiger Wiederkehr. Aber wenn diese Aspekte des progressiven Mondes zum Geburtsmond auftreten, sind die gleichzeitig auftauchenden Menschen und Umstände ein Tor. An diesem Tor wird ein Zurückgehen in die Vergangenheit ermöglicht durch die Wiederholung der tiefen emotionalen Muster. Zugleich gibt es die Anziehungskraft des Unbekannten, sprich das neue Element in der Situation, die von unbegrenzten Möglichkeiten spricht. Wenn man vorsichtig beiwohnt, kann man seinen Beziehungsmustern erlauben, in neue Territorien vorzudringen, man kann sich eine Gewohnheit zulegen, sodass man neue Schichten seiner selbst und seiner Umwelt erkennt. Der Mond, seine Stellung und seine Aspekte zeigen immer die Bedingungen in der Vergangenheit. Jedes Erlebnis, das einen gefühlsmäßigen Inhalt hat, wird dieselbe Art von Problemen in sich vereinigen. Und doch berührt jedes Erlebnis das Band, das einen mit der Quelle verbindet. So sind Zeit und Ewigkeit verknüpft. Wir beobachten den Mond dabei, wie er uns beobachtet.

Auf die Vergangenheit zu achten, indem man seine Verhaltensmuster wiedererkennt, während man auch neue Formen durch aktuelle Umstände und neue Leute wahrnimmt, führt einen zum Unbekannten, wo neue Formen von Freiheit und Verantwortung liegen.

Manchmal wollen wir uns nicht in die unbekannte Zukunft bewegen. Letzten Freitag kam ein Klient zu mir; er kommt jährlich wegen einer Vorschau auf das kommende Jahr. Er sagte: »Wieder kommt die jährliche Sitzung auf mich zu. Es ist so langweilig, jedes Jahr ist es das Gleiche«. Ich dachte an dieses Seminar und sagte: »Aber das kann doch gar nicht sein. Die Planeten treten in immer neue Beziehungen zueinander und Du bist immer wieder in einer anderen Beziehung zu Dir selbst und zu anderen Menschen. Nichts ist immer gleich.« Es hat ihn nicht sonderlich interessiert, dieses Thema zu vertiefen. Er ist ein Mensch, der entschieden hat, worum es in seinem Leben geht und der sich in seiner Rolle niedergelassen hat. Das Geheimnisvolle und das Unvorhersehbare, das sich hinter dem Bekannten versteckt, macht ihn in keiner Weise neugierig.

Später griff ich beim Abendessen mit Freunden das Thema wieder auf. Wir stellten fest, dass wir im Zuge des Älterwerdens eher das immer nur Gleiche an Menschen und Dingen wahrnehmen anstatt Unterschiede und das Neue. Dass wir die meisten neuen Dinge sogar umso misstrauischer begrüßen, je älter wir werden. Aber dass wir, indem wir so sind, auch ein Teil der Natur sind. Wir dachten an die Planeten, die sich in immer anderen Beziehungen zueinander bewegen, aber deren Zyklen sich doch ständig wiederholen. Es gibt eine sich ewig wiederholende Gleichheit inmitten eines sich endlos entfaltenden nie zuvor Dagewesenen.

Im zweiten und dritten Zyklus des progressiven Mondes erhalten wir eine Chance, im Territorium unseres Gefühls- und Seelenlebens zu navigieren. Nach der lunaren Wiederkehr, kurz bevor wir 28 Jahre alt werden, beginnt der progressive Mond seinen Durchgang von Neuem. Aber die anderen Progressionen haben sich auch bewegt und die transitierenden Planeten bilden die ganze Zeit neue Aspekte. Während der ersten 28 Jahre fällt jede Bewegung des progressiven Mondes mit dem Eröffnen von neuen Territorien zusammen. Beginnt er seine Runde das zweite Mal, besucht er jeden Punkt erneut und man erinnert sich an die Vergangenheit durch Erlebnisse in der Gegenwart. Wenn man darüber nachdenkt, kann man die Gegenwart bis hinunter zu ihren Wurzeln erleben, anstatt das gleiche Gefühlsmuster nur dumpf zu wiederholen.

Teilnehmer: Denkst Du, dass die gleichen Dinge nochmals passieren werden?

Darby: Auf eine Art denke ich das. Lasst mich selbst als Beispiel nehmen, um es zu erklären. Mein progressiver Mond steht im Zeichen Widder.

Teilnehmer: Ach, darum bist Du bereit, Dich selbst als Beispiel zu nehmen.

Darby: Ja, ich zögerte, aber ich kann nicht widerstehen! Als mein progressiver Mond Anfang des Jahres in den Widder trat, schaute ich in die Ephemeriden, um zu sehen, wann er das letzte Mal dort war. Ich wusste natürlich, dass es vor knapp 28 Jahren gewesen ist, aber ich wollte die genaue Zeitspanne wissen. Ich verbrachte ein paar Monate damit, innerlich in der Zeit zurückzugehen und mich an allen möglichen Ärger zu erinnern, den ich mir zu der Zeit eingehandelt hatte. Ich konnte mich entsinnen, wonach ich damals suchte und dies erinnerte mich an Aufregung sowie alles Neue. Ich suchte die Transite dieser zweieinhalb Jahre heraus und dachte an die Ereignisse, die zeitgleich in meinem Leben stattfanden. Hin und wieder habe ich eine emotionale Begegnung, die Erinnerungen an diesen früheren Widdermond in Gang setzt. Meine Gefühlsreaktionen sind sehr ähnlich, aber ich habe jetzt deutlich mehr Auswahl, wie ich auf diese inneren Gefühle reagieren kann.

Ich untersuchte auch den Aspekt des progressiven Mondes zu meinem Geburtsmond, der vor ungefähr zwei Jahren stattfand. Ich befand mich beim letzten Quadrat und bin nun auf dem Weg zu meiner Wiederkehr des progressiven Mondes, was aber noch etwas dauern wird. In dem Monat, als der progressive Mond im Quadrat zum Radixmond stand, meinte ich zunächst, es würde nichts Wichtiges passieren. Aber die lunaren Sphären sind oft versteckt und ich ahnte, es würde noch etwas auftauchen. Jetzt, zwei Jahre später, sehe ich eine Begegnung an einem bestimmten Abend, wo die Gegenwart mich in die Vergangenheit schleuderte. Ich erinnere mich jetzt an die Auswirkungen, die es auf mich hatte, aber damals war ich zu sehr mit der Erfahrung selbst beschäftigt. Die Vergangenheit erhob sich wieder – hervorgerufen durch die Gegenwart. Ich saß da und wunderte mich, aber zu der Zeit hatte ich keine Möglichkeit gesehen, es auszudrücken. Das Erlebnis fühlte sich universell an und doch war die Situation besonders. Ich sagte damals zu jemandem: »Ich fühle mich, als ob die Zeit verzerrt wäre«. Doch ich musste erst ein wenig Abstand bekommen, um zu sehen, dass dies Teil einer größeren Geschichte war. Diese begann bei meiner Wiederkehr des progressiven Mondes und nahm beim ersten Quadrat eine dramatische Wende. Was bei der Opposition war, weiß ich nicht mehr genau, aber zu der Zeit war ich in Psychotherapie und in diesem tiefen Raum muss es sich ausgedrückt haben. Dies fällt mir zu meiner Mondwiederkehr ein, aber es ist noch nicht abgeschlossen.

Jetzt gehe ich ein drittes Mal durch das Zeichen und meiner zweiten Wiederkehr des progressiven Mondes entgegen und hier und da halte ich an und bemerke verschiedene Reaktionen und denke an frühere Zeiten. Das meinte ich, als ich sagte, sich selbst durch die Vergangenheit in die Zukunft zu bringen. Jede gefühlsmäßige Beziehung schickt einen zu einem früheren Zeitpunkt zurück und bringt einem die Chance, sich selbst einzuholen oder mit sich selbst auf dem Laufenden zu sein. Das Nachdenken befreit uns so weit, dass wir etwas mehr im Hier und Jetzt gegenwärtig sind. Darum liegt die Dimension der Ewigkeit unter allem Zeitlichen.

Wenn wir die besinnliche Kraft unserer Seelen benutzen, um das Konstante im sich immer Ändernden und das Veränderliche in der ständigen Wiederholung zu beobachten, dann können wir Nahrung aus dem Leben ziehen.

Teilnehmer: Das verlangt eine ganze Menge.

Darby: Wir haben weniger innere und äußere Freiheit, als wir denken. Aber wenn wir überhaupt Freiheit haben, dann wohnt sie in unseren Herzen und mit unseren Herzen können wir schon Entscheidungen treffen.

Teilnehmer: Aber die meisten Leute, mich eingeschlossen, finden das Konstante in der Unfähigkeit, sich selbst und andere zu verändern. Ich beobachte bei meiner Tochter, wie sie in Beziehungen immer und immer dasselbe Muster wiederholt. Sie verliebt sich in Männer, die anders zu sein scheinen, sie aber dann doch immer auf dieselbe Art verletzen. Ich kann erkennen, dass sie dieses negative Muster von mir gelernt hat. Ich war nicht in der Lage, es zu verändern und sie wiederholt es jetzt. Wie können sie oder ich daraus Nahrung ziehen?

Darby: Ich kann diese Frage nicht innerhalb dieses Seminars beantworten, dazu ist die Zeit zu kurz. Ich kann nicht viel über Deine Tochter, die vermutlich jung ist, sagen. Sie ist wahrscheinlich dabei, durch Beziehungen ihr eigenes Wesen kennenzulernen. Es ist anders als bei Dir, da Du in der zweiten Runde des progressiven Mondes bist. Zeit und Erfahrung haben Dir den Horizont für eine tiefere Ebene der Erfahrung gegeben.

Ich weiß, dass die, die auf ihr inneres und äußeres Leben achtgeben, die ihre Wünsche steuern, anstatt sich von ihnen lenken zu lassen, mit der Zeit einen direkteren Bezug zum Leben gewinnen. Ich bin mir sicher, sie tun dies durch ihre tiefe Vertrautheit mit ihren angeborenen Mustern und nicht dadurch, dass sie versuchen, diesen zu entkommen. Genau das Muster, das Dich dazu bringt, dieselben Fehler immer wieder zu machen, ist das Tor zu dem Unveränderlichen, aus dem alle Veränderung aufsteigt. Mit Hilfe von Aufmerksamkeit und Fürsorge wird unsere Wahrnehmung verfeinert. Durch Nachdenken tragen uns unsere Überlegungen tiefer in die Wirklichkeit unseres Lebens, was das Leben an sich ist.

Nun ist es an der Zeit, etwas über den Saturnzyklus zu sagen. Der Mond und der Saturnzyklus sind unausweichlich miteinander verbunden, da sie periodisch ähnlich verlaufen. In den ersten 28 Jahren sind sie sehr eng verbunden. Das erste progressive Mondquadrat zum Radixmond kann zeitlich mit dem ersten Saturnquadrat zum Radixsaturn zusammenfallen. Die erste Opposition des progressiven Mondes wird dicht an der ersten Saturnopposition sein und auch das zweite progressive Quadrat von beiden Planeten ist noch in ähnlichem Abstand. Die Unterschiede zwischen ihnen haben viel damit zu tun, wie schnell der Mond sich in einem Abschnitt des lunaren Zyklus bewegt.

Die progressive Mondwiederkehr und die Saturnrevolution finden in einem Abstand von zwei Jahren zueinander statt. Aber je älter man wird, desto größer wird die Differenz zwischen den beiden, da der lunare Zyklus 27½ Jahre dauert und der Saturnzyklus 29½ Jahre. Bei der zweiten progressiven Mondwiederkehr sind die beiden Zyklen schon fünf Jahre auseinander. Die progressive Mondwiederkehr findet zuerst statt und dann, vier oder fünf Jahre später, die zweite Saturnwiederkehr. Bei der dritten Wiederkehr beträgt der Unterschied ungefähr sieben Jahre.

Das sagt uns, dass unsere emotionale Entwicklung (Mond) und unsere Charakterentwicklung (Saturn) in unserer Kindheit und Jugend eng miteinander verknüpft sind. Die Entwicklung unserer Seelen (Mond) und die Entwicklung unseres Verantwortungsgefühls uns selbst und anderen Mitgliedern unserer Gesellschaft gegenüber (Saturn) sind in unserer Jugend und frühen Erwachsenenzeit noch ungefähr aufeinander ausgerichtet. Aber mit zunehmendem Alter laufen die beiden immer mehr auseinander. Die Entwicklung unserer Beziehung zum Leben, durch die Natur und durch andere Menschen (Mond), trennt sich langsam von unserem inneren Gesetzgeber (Saturn).

Die Regeln und Verantwortlichkeiten, mit denen wir in der ersten Hälfte unseres Lebens fertigwerden müssen, sind eng mit unserer inneren Entwicklung verbunden. In der Mitte des Lebens und im Alter scheint dies aber anders zu sein. Wir haben auch dann immer noch mit Vorschriften, Gesetzen und Begrenzungen zu tun. Das Reich des Saturns ist jedoch in unseren knirschenden Knochen und der Begrenztheit von Energie zu spüren. Aber diese Begrenzungen und deren Anerkennung, was neue Rituale und Regeln erfordert, sind nun nicht mehr an die Dimensionen des progressiven Mondes gekoppelt.

Teilnehmer: Heißt das, dass die Seele frei von Zeit wird, je älter wir werden?

Darby: Das kann ich in meinem jetzigen Alter noch nicht beurteilen. In 30 Jahren werden wir eine interessante Unterhaltung über dieses Thema führen. Aber das ist ein interessanter Hinweis und es lohnt sich darüber nachzudenken. Wir sollten uns selbst und andere daraufhin beobachten.

Bei dem Saturnzyklus haben wir es mit der Welt der Form zu

tun. Beim Zyklus des progressiven Mondes geht es um die Welt des Inhalts. Jede Station des Saturnzyklus sagt uns etwas über die Struktur eines Lebens und über die Verantwortlichkeit, die daraus resultiert. Saturn sagt uns, wo die Arbeit liegt und mit welcher Art von Arbeit man es möglicherweise zur Meisterschaft bringen kann. Der Mond sagt uns, wer derjenige ist, der diese Arbeit ausführt. Er gibt uns Hinweise auf das Seelenleben des Bewohners dieses besonderen Lebens. Der progressive Mond sagt uns, wo sich die Seele Nahrung vom Leben nimmt. Saturn beschreibt die Form des Lebens an einem bestimmten Punkt und der progressive Mond sagt uns, wer es ist, der diese Form belebt. Ich werde mich jetzt mehr um den progressiven Mondzyklus kümmern und der Zyklus des Saturns wird dabei unausweichlich dabei seine Konturen zeigen.

Erstes Quadrat: ein Nest bauen

Das erste Quadrat des progressiven Mondes zum Geburtsmond findet im Alter von sechs oder sieben Jahren statt. Wir haben uns vom Säugling über das Baby zum Kind entwickelt. Wir brauchen noch ein Zuhause, aber wir sind schon »um eine Ecke gegangen«, indem wir uns emotional und sozial weiterentwickelt haben. Wir fühlen uns zur Unabhängigkeit hingezogen. Zur selben Zeit erleben wir das erste Saturnquadrat und das Uranushalbsextil. Dies gibt einen Geschmack von Freiheit, falls sich nicht andere Dinge dazwischendrängen. Erinnert Ihr Euch, dass ich sagte, dass diese Winkel uns öffnen für die Möglichkeit von neuer Freiheit und Verantwortung? Wir wissen schon, dass der Saturnzyklus dem Mondzyklus dicht auf den Fersen folgt. Aber habt Ihr auch bemerkt, dass der Uranuszyklus die meiste Zeit mit eingewoben ist? Wir werden das beobachten.

In diesem Lebensabschnitt, so nimmt die Gesellschaft wenigstens an, können wir uns etwas mehr Freiheit nehmen. Wir sind keine Babys mehr und es wird erwartet, dass wir wissen, wer wir im Verhältnis zu anderen Kindern sind. Wir haben auch ein Bewusstsein davon, wer unsere Eltern im Unterschied zu anderen Eltern sind. Wir erkennen, wer zu unserem Stamm gehört und wer nicht. Wir wissen, wo wir hingehören, und wir erlangen ein Bewusstsein von sozialen Hierarchien. Die Grenzen unserer Welt, die wir von unseren Eltern übernommen haben, werden klar. All dies fällt in den Bereich des Saturns. Sie können anhand der Transite des Saturns beschrieben werden. Aber es passiert noch etwas anderes, was man im Licht des Mondes besser verstehen kann.

Die vom progressiven Mond gespiegelte Entwicklung hat mit etwas Innerem und oft sehr Subtilem zu tun. Es geht um die Bewegung im Seelenleben und auch um die Selbstwahrnehmung sowohl als Teil von anderen als auch für sich allein. Am Anfang unseres Lebens im Mutterbauch und auch die ersten Jahre danach sind wir nicht wirklich von der Unendlichkeit getrennt. Wir sind Natur und antworten auf unsere natürlichen Bedürfnisse. Tag für Tag, Monat um Monat und Jahr für Jahr treten wir in Zeit und Raum ein und werden nach und nach dessen gewahr, dass wir isoliert und Einzelwesen sind. Innerlich und äußerlich getrennt. Als Säuglinge sind wir eins mit der Seele der Welt. Wir sind Tier, Blume, Fisch – auf rhythmische Art unseren Bedürfnissen folgend. Aber im Alter von sieben Jahren haben wir eine Stufe erreicht, auf der wir nicht länger unbewusst sind. Wir verstehen die Unterschiede zwischen uns und anderen. Wir sind abgeschnitten, und das wird vom Saturnquadrat reflektiert.

Aber das Quadrat des progressiven Mondes spricht von dem Bedürfnis, sich wieder mit der Natur zu vereinen. Wir finden einen geheimen Teil unserer selbst, einen geheimen Ort, ein heimliches Nest, wo wir uns selbst bestärken. Jetzt beginnen wir, über unser Leben nachzudenken und suchen einen Ort, wo die Ewigkeit wohnen kann. Wir existieren nicht mehr nur, sondern fangen an nachzudenken, wir haben die Macht der Reflektion erhalten. Wir können überlegen. Und dieses Überlegen führt zur Annahme von Verantwortung, zu Saturn. Aber auch zur Entwicklung unserer Seele.

Alles strebt zur Unabhängigkeit, aber noch brauchen wir elterliche Fürsorge. In diesem Lebensabschnitt kommt es zu einer Krise zwischen dem Weg zurück zur Vergangenheit oder vorwärts in die Zukunft. Jetzt, wo wir uns von unserer abgeschlossenen Welt wegbewegen, ist plötzlich Zugehörigkeit sehr wichtig. Wir entwickeln das Stammesbewusstsein. In Amerika war es meiner Generation in diesem Alter plötzlich wichtig zu wissen, wo unsere Wurzeln sind. Auf die Frage »Was bist Du?«, bekam man die Antwort »Ich bin französisch, schwedisch, deutsch, irisch«, oder »Ich bin irisch katholisch,« oder »Ich bin amerikanischer Ureinwohner,« und dann kommt von uns die Frage: »Wer bist denn Du?« Plötzlich interessiert es uns, wo die anderen herkommen.

Ungefähr mit sieben Jahren merken wir, dass Menschen nicht nur zu Familien gehören, sondern auch zu Stämmen. Man will aber auch zu einer Gruppe von Gleichaltrigen dazugehören. Manchmal gelingt das nicht und dann ist man sehr einsam. Es fehlt etwas.

Teilnehmer: Diese Fragen nach den Wurzeln, die Du erwähntest – Amerika wird dem Krebs zugeordnet. Darum wissen wir alle, woher wir stammen.

Teilnehmer: Das stimmt. Ich meine mich zu erinnern, dass es in einem Steinbock-Land hieß: »Wählen Deine Eltern die Labourpartei oder die Konservativen?« Das bedeutete: »Zu welcher Klasse gehörst Du?« oder »Was arbeitet Dein Vater?«

Darby: Das fragen amerikanische Kinder auch. Und all das, womit man etwas über die Stammeszugehörigkeit herausfinden kann. Und wer wozu gehört. Wenn man sehr uranisch ist, ist man mit Menschen aus anderen Stämmen glücklicher. Ist man neptunisch, sucht man Leute, die dasselbe Lied singen, egal, was ihr sozialer Stamm ist. Und wenn Pluto sehr stark ist, ist man auf eine bestimmte Art einsam zwischen all den Stämmen und man versucht, seine Seele irgendwo durchzuzwängen weit außerhalb bekannter Gewohnheiten.

Teilnehmer: Ich kam erst mit neun Jahren in die Schule, weil wir ständig umgezogen sind. Als ich sieben oder acht Jahre alt war, so erinnere ich mich, blickte ich meine Mutter an und dachte: »Du kannst nicht meine Mutter sein. Ich muss wohl adoptiert worden sein«. Ich hatte aber nicht den Mut, es laut zu sagen.

Darby: Das ist interessant. Ich habe so etwas oft gehört aus dieser Phase des Lebens. Es erinnert mich daran, dass Planeten, wenn sie sich selbst quadrieren, oft einen Stoß-mich-Zieh-dich-Effekt zwischen Vergangenheit und Zukunft auslösen. Die Angst, die Vergangenheit loszulassen, sei sie auch noch so schmerzhaft, gegen den natürlichen Drang, in die Zukunft, in das Unbekannte zu gehen.

Dies ist die Zeit, in der sich ein Gefäß in unserer eigenen Psyche formt. Ein Teil von uns, der aus dem ewigen Jetzt aufgetaucht ist, erschafft sich dieses Gefäß, welches den Teil Eurer selbst enthält, der sich danach sehnt, in sein ewiges Zuhause zurückzukehren, der allerdings auch mehr und mehr gelockt wird von Dingen in Zeit und Raum. Während der Periode zwischen dem Quadrat des progressiven Mondes und dem Saturnquadrat wird das Gefäß und sein Inhalt geformt. Da wir von der Seele der Welt abgeschnitten wurden, suchen wir jetzt ein Zuhause für das kleine Etwas, das unsere eigene Seele ist.

Teilnehmer: Mit sieben Jahren findet vielerorts die heilige Kommunion in der katholischen Kirche statt.

Teilnehmer: Was ist die heilige Kommunion?

Darby: Das ist eine heilige Handlung, bei der das siebenjährige Kind als Mitglied in die katholische Kirche aufgenommen wird. Ein Jahr vorher gibt es eine Zeit der Vorbereitung und dann nimmt das Kind an einem Ritual teil, bei dem es die heilige Kommunion in Form von Brot und Wein empfängt. Ab diesem Zeitpunkt ist es ein Mitglied der katholischen Kirche und es gilt als fähig, moralische Entscheidungen treffen zu können. Vor dem eigentlichen Ritus, dem Abendmahl, legt es seine erste Beichte ab. Es hat dann über sein bisheriges Leben nachgedacht und erinnert sich an alle Sünden, wie die Eltern anlügen oder unfreundlich zu anderen Kindern zu sein. Das Kind kann dann zwischen Gut und Böse unterscheiden und es gilt als fähig, moralische Entscheidungen zu treffen. Vor der Erstkommunion ist es noch nicht zur Sünde fähig und kann diese Entscheidungen noch nicht treffen. Bemerkenswert ist, dass dies im Alter von sieben Jahren geschieht, also beim ersten Quadrat des progressiven Mondes zum Geburtsmond. In anderen Kulturen gibt es ebenso Rituale, die in diesem Alter durchgeführt werden. Ich habe noch nie davon gehört, dass es früher stattfindet. Natürlich gibt es Rituale nach der Geburt, aber um das siebte Lebensjahr herum ist eine Zeit für Übergangsrituale. Die römisch-katholische Kirche nimmt diese für sie uralten Rituale sehr ernst. Aber auch, wenn man nicht zu einer Welt gehört, in der es formalisierte Rituale gab, erinnert man sich bestimmt an etwas Wichtiges aus dieser Zeit, etwas das mit der Existenz und der Sterblichkeit zu tun hatte.

Teilnehmer: Ich habe den Mond im Wassermann im 6. Haus. Das erste Quadrat fand im Stier im 9. Haus statt. Als ich sechs oder sieben Jahre alt war, nahm mein Kindermädchen mich auf dem Motorrad ihres Freundes mit. Das war wahnsinnig aufregend. Ich fühlte mich so erwachsen. Dann zog mein bester Freund in eine andere Stadt und ich vermisste ihn schrecklich. Aber wichtiger war, dass ein Freund und ich in der Garage Kirche spielten. Ich spielte den Priester und hielt den anderen Kindern Predigten!

Darby: Ein wundervoller Ausdruck für das 9. Haus! Hörten sie wenigstens zu?

Teilnehmer: Ich bin Zwillinge mit der Sonne im 10. Haus. Sie hörten zu! Jedenfalls eine Zeit lang, bis es langweilig wurde. Damals wollte ich Priester werden. Doch dann wurde mir gesagt, dass Mädchen keine Priester werden können. Das ärgerte mich sehr. Danach wollte ich Maurer werden.

Darby: Passt sehr gut zu Stier! Heute hättest Du wahrscheinlich beides werden können. Ein gutes Beispiel für diese Lebensphase.

Teilnehmer: Inwiefern ist die zweite Runde der ersten ähnlich?

Darby: Lasst mich zunächst einmal durch die erste gehen. Sie ist die Basis für die zweite und die dritte und man muss sie erst gut verstehen.

Erste Opposition: sich verlieben

In vorindustriellen Gesellschaften ist auch dies ein wichtiger Punkt der Initiation. Es passiert zwischen 13 und 15 Jahren. Und wieder kommt ein oder zwei Jahren später die Saturnopposition. Uranus ist auch dabei, indem er ein Sextil zu seiner Radixposition bildet. Die sexuelle Entwicklung wird in dieser Altersstufe sehr wichtig genommen und deswegen werden Rituale durchgeführt, die dazu dienen, dass der Stamm nicht auseinanderfällt und die ganze sexuelle Energie verloren geht. Pubertätsriten finden statt und danach kann man heirateten. Auch unsere Gesellschaft hat ihre Rituale, doch diese sind weniger formalisiert. Oder vielleicht werden sie nicht so klar verstanden. Das Heiraten ist jedoch noch eher selten in diesem Alter.

Trotzdem findet in dieser Zeit ein Tanz statt. Ab diesem Alter gelten die jungen Menschen nicht länger als Kinder. Unsere moderne Gesellschaft weiß nicht mehr, wie man diese Zeit zwischen Kindheit und Erwachsensein ehrt und für viele ist es zu einer sehr problematischen Zeit geworden. Häufig hat es damit zu tun, dass wir uns so lange in der Ausbildung befinden und endlos lange auf Stühlen sitzen müssen. Und das während unserer hormonell aktivsten Jahre! Unsere Hormone spielen so verrückt, dass sich im Kopf alles dreht, während die Gesellschaft versucht, uns abzukühlen, indem sie unseren Kopf mit Informationen vollstopft. Vom Standpunkt des Saturns aus, der eine Opposition zu seiner Radixposition bildet, stehen wir im Widerspruch zu Autoritätspersonen und den Regeln der Gesellschaft. Viele von uns entwickeln eine rebellische Haltung gegen alle Arten von Tradition und Autorität, andere werden sehr nett, lernen aber sich zu verstecken. Der Rest kämpft mit sich selbst und dem System. Mütter sagen, dass sie ihre Kinder nicht mehr wiedererkennen.

Dieser Satz ist die Kernaussage der Opposition des progressiven Mondes. Bei der Geburt sind wir noch eins mit der Mutter, teilen Körper und Seele. Mit sieben sind wir schon etwas entfernter, aber noch nah an dem, was sie kennt. Wir beginnen, Nahrung in unserer Umgebung bei Gleichgesinnten zu finden. Mit 14 Jahren aber ist es unser Bedürfnis, so weit weg wie möglich von der Mutter zu kommen. Wir suchen Nahrung für unser neu erwachendes Selbst. Wir wollen unsere Seele in anderen finden, jemandem, der uns in der Weise widerspiegelt, dass wir uns wieder ganz fühlen können. Unsere Hormone treiben uns aus unserem Körper und wir wollen in jemand anderem unser Zuhause finden.

Teilnehmerin: Während meiner Opposition des progressiven Mondes wurde ich aufgrund der familiären Situation in ein Internat geschickt. Meine Mutter und ich wollten es nicht, aber Familienumstände zwangen uns dazu. Ich habe den Mond im Steinbock im 9. Haus in Opposition zu Uranus im Krebs, beide mit einem Quadrat zu Neptun. Zweieinhalb Jahre war ich sehr unglücklich, aber dann fand ich einen Freund und es wurde besser.

Darby: Es war aber nicht deine Wahl, Dich zu trennen. Und doch passierte es. Es war an der Zeit, sich zu trennen. Du hättest es vielleicht selbst getan, wenn nicht das Schicksal Dich dazu gezwungen hätte. Das Schicksal in Form von äußeren Planeten in harten Aspekten zu Deinem Mond. Wenn das Schicksal operiert, ist es schwer zu wissen, was unsere wirklichen Gefühle sind. Sie werden überlagert von Gefühlen der Machtlosigkeit. Wie auch immer, Du erinnerst mich an etwas. In dieser Zeit geht es nicht nur um sexuelle Sehnsucht. Es ist die Sehnsucht der Seele, sich in dem zu wiederzufinden, was das andere ist. Die Sehnsucht nach Vereinigung mit anderen.

In diesen Jahren fühlt sich alles so intensiv an. Wir verlieren uns und wollen uns in jemand anderem wiederfinden. Wir träumen. Wir stellen uns vor, dass uns jemand erkennt und uns spiegelt. Wir suchen uns in jedem in unserer Umgebung. Wir verlieben uns. Wir ent-lieben uns. Wir werden betrogen und wir betrügen. Wir werden verletzt und enttäuscht. Wir werden zur Vereinigung getrieben und unsere tiefen Gefühlsmuster werden im Umgang mit anderen ausgespielt.

Es ist vielleicht das erste Mal, dass wir die Möglichkeit haben, uns so zu sehen, wie andere uns sehen. In dieser siebenjährigen

Phase entdecken wir Dinge über uns, die uns entzücken und Dinge, die uns wehtun. Durch unsere intensiven gefühlsmäßigen Erfahrungen werden wir geformt und neu geformt. Manche verlieren ihre Form, um anderen zu gefallen. Und manche ziehen sich zurück, zurück in sich selbst, weil sie niemanden finden, der sie reflektiert. Wir verstecken uns, damit uns andere nicht verletzen können. Dies ist eine Zeit, in der Kunst und Musik für uns lebendig werden können.

Zuhörerin: Ja, das ist mir in meiner einsamen Zeit passiert, bevor ich einen Freund fand. Ich fing an zu malen und Flöte zu spielen. Damit habe ich erst kurz vor der Geburt meiner beiden Kinder aufgehört.

Darby: Das ist eher ungewöhnlich. Die meisten Leute hören nur in der Pubertät viel Musik. Kunst und Musik drücken die Seele aus, individuell und kollektiv. Wir finden uns in den wahren Schöpfungen der Künstler und Musiker wieder.

Teilnehmer: Ich schaudere, wenn ich überlege, was mein Sohn an der Musik, die er hört, findet.

Darby: Wenn ich mich recht entsinne, schauderte es unseren Eltern auch bei der Musik und der Kunst, die uns damals gefiel. In den ersten Jahren dieser Phase scheinen wir in den Augen unserer Eltern neben uns zu stehen, was oft tatsächlich so ist. Gefühlsmäßig sind wir so weit von unseren kindlichen Anfängen entfernt wie nur möglich. Wir sind dem Säugling, der wir waren, so unähnlich wie möglich, was durch die Opposition symbolisiert wird. Manche Teenager empfinden dies als eine Befriedigung.

Erinnern wir uns, der progressive Mond der Mutter ist auch 14 Jahre von der Geburt des Kindes entfernt. Auch er steht in Opposition zum Geburtsmond des Kindes. Mütter, die mit ihrer inneren Entwicklung Schritt gehalten haben, können sich über die neue Beziehung, die sich ihnen eröffnet, freuen. Die beiden neuen Perspektiven können sich mit Freude gegenseitig reflektieren. Ich kenne einige Mütter, bei denen es so ist. Aber sehr oft gibt es in unserer Gesellschaft einen Konflikt zwischen Eltern und Kind oder Mutter und Kind.

Neulich nahm ich für eine Freundin in Südafrika eine Beratung auf Kassette auf. Ihr Kind war gerade 14 Jahre alt geworden und sie war wütend, weil ihr Kind sich ihr zum ersten Mal ernsthaft widersetzt hatte. Ihr Sohn hat einen Waagemond im 2. Haus. Ihr könnt Euch vorstellen, was für ein charmanter Junge er normalerweise ist. Aber nun ist sein progressiver Mond im Widder und im 8. Haus. Er ist jetzt trotzig und zurückgezogen. Sein Haar ist zu lang und er zieht sich nicht mehr anständig an. Er ist jetzt nicht mehr anmutig in seinem Benehmen.

Teilnehmerin: Und sie hat Angst. Ich sympathisiere sehr mit ihr. Mein Sohn hat den Mond in der Jungfrau im 2. Haus. Als er 15 Jahre alt wurde, war sein progressiver Mond im 8. Haus in den Fischen. Ich konnte es nicht fassen, was mit seinem Zimmer passiert war. Und die Leute, die er mit nach Hause brachte, sahen aus, als hätten sie ihr Leben lang auf der Straße gelebt. Er ist ein Steinbock mit der Sonne im 6. Haus. Ich war dann sehr wütend und fragte ihn, was das bloß für Leute seien. Er schnappte zurück: »Ich erforsche etwas! Ich finde heraus, wie es außerhalb Deiner antiseptischen aufgeräumten Wände aussieht. Was dagegen?« Allerdings, ich hatte etwas dagegen. Wir waren ein paar Jahre wütend aufeinander. Es war entsetzlich. Sein Vater zog sich in seine Arbeit zurück. Ich war allein mit meinem Kampf. Mein Mond ist im Widder und ich war wild geworden.

Darby: Wo seid Ihr jetzt miteinander?

Teilnehmerin: Das ist ein paar Jahre her. Jetzt ist er auf der Universität und es ist viel besser geworden. Er ist ziemlich interessant geworden. Ich studiere jetzt auch, er sagt, er hätte mich aus dem Haus getrieben und das wäre ein Segen. Schau mich jetzt an. Er hat wohl recht.

Teilnehmerin: Ich hatte ein ähnliches Erlebnis mit meinem Sohn. Und ich muss sagen, obwohl es wieder besser zwischen uns ist, bin ich noch sehr traurig. Wir haben die Nähe, die zwischen uns war, verloren, und ich sehe auch nicht, was ich falsch gemacht habe. Es ist eine Barriere zwischen uns. Wir waren uns früher so nah und mir tut es weh, wie zurückhaltend wir jetzt miteinander umgehen.

Teilnehmerin: Aber vielleicht ist es nötig, damit er jemand anderes finden kann, dem er nah sein kann. Ich hatte mit meiner Tochter eine mildere Version dieser Trennungsphase. Es ist jetzt länger her. Sie wurde eine Frau und ich wollte sie als Kind behalten. Sie musste von mir weg, um ihr eigenes Selbst zu finden. Jetzt, wo sie eigene Kinder hat, sind wir uns wieder nah. Aber ich muss aufpassen, dass ich mich nicht zu sehr einmische, das ist hart! Aber es funktioniert.

Darby: Es stimmt, was Ihr sagt. Das Bedürfnis des jungen Menschen, sich abzusondern, ist eine natürliche Antwort. Die Natur fordert, dass wir das Heim verlassen und Partner suchen. Die Seele der Welt ruft uns auf, wir sollen jemanden finden, der uns verwandt ist und doch fremd. Schauen wir nochmals auf die Stammesgesellschaften. Diese hören noch auf die Natur und doch sind sie schon so weit von dieser getrennt, dass sie eigene Regeln aufstellen. Man kann nicht in die eigene Familie heiraten, es wäre zu nah und schadet der Mannigfaltigkeit. Zugleich kann man aber auch nicht zu weit weg heiraten, denn dann würde man den Schutz seiner Sippe verlieren.

In unseren multikulturellen Gesellschaften scheinen diese Regeln immer mehr auseinanderzubrechen. Jedoch nicht ganz, denn irgendwie gibt es sie ja doch noch. Wenn Mutter und Sohn in dieser Phase zu eng verbunden bleiben, kann der Sohn sich nicht im richtigen Maße von der Vergangenheit befreien, um rauszugehen und eine Partnerin zu erobern, die seiner Mutter zwar ähnlich ist, sich aber dennoch von ihr unterscheidet. Die Natur wäre nicht zufrieden und Mutter und Sohn zahlen am Ende einen hohen Preis. Saturn verlangt eine Abspaltung von der Vergangenheit und der progressive Mond zieht einen hin zur Vereinigung mit einem anderen, der bekannt und doch fremd ist.

Mit Müttern und Töchtern verhält es sich ein bisschen anders. Mütter, die eine Tochter zur Welt bringen, gebären sich selbst – so scheint es. Wenn die Saturnopposition und die progressive Mondopposition eintreten, ist aus der Tochter eine Frau geworden, die selbst fähig sein wird, zu gebären. Sie muss sich von ihrer

Quelle entfernen, um selbst eine Quelle werden zu können. Wie diese Trennung verläuft, hängt von den beiden Frauen ab. Wenn sie Glück hat, kann die Tochter sich auf eine Art trennen, die es ihr erlaubt, auf einer anderen Ebene wiederzukommen. Wenn die Tochter wegzieht, sieht sie ihre Mutter sehr klar, die Anteile, die sie bei sich loshaben will und die Anteile, die sie für sich behalten will.

Vergesst nicht, jeder Aspekt zum Geburtsmond bringt uns zu unserer Quelle zurück und schickt uns auch weg von der Quelle. Mutter und Tochter spiegeln sich in dieser Zeit. Die Tochter denkt: »Ich will nicht so werden wie sie.« Und die durchschnittliche Mutter denkt: »Was wird nur aus ihr werden?« Ein weiterer heimlicher Gedanke kommt noch dazu: »Wie alt ich im Gegensatz zu ihr aussehe«. Diese Zeit verlangt viel Weisheit und Humor von den Eltern.

Teilnehmer: Ich habe einen Klienten, der zweimal jährlich zu mir kommt. Er erzählte mir, dass er bei seiner Saturnopposition gemerkt hat, dass er homosexuell ist. Er lernte bei seiner Opposition des progressiven Mondes ein Mädchen kennen und es lief ganz gut mit ihr. Danach traf er ihren Bruder und es war Liebe auf den ersten Blick. Bei der Saturnopposition wusste er, dass es gegenseitig war. Er hatte ein paar schlechte Jahre, bis er seine Homosexualität akzeptieren konnte. Nun lebt er seit 20 Jahren mit einem Mann zusammen und bald kommt seine zweite Opposition des progressiven Mondes. Sein Freund und er haben eine gemeinsame Freundin und vor kurzem entdeckte er, dass er sich zu ihr hingezogen fühlt! Er hat den Mond im Schützen im 8. Haus und Uranus in den Zwillingen im 2. Haus.

Darby: Hat er Angst vor dieser Anziehung?

Teilnehmer: Er sagt, nein. Vielleicht verfolgt er sie, vielleicht auch nicht. Ihn interessierte nur das Timing, als ich ihm von dem Zyklus erzählte. Erinnerst Du Dich? Letztes Jahr sahen wir mein Horoskop an, als ich Dich besuchte. Ich bin mit einer Frau zusammen. Wir entdeckten unsere Neigung zur gleichgeschlechtlichen Liebe beide im Alter von 21 Jahren, zur Zeit des zweiten Quadrats. Seit dem verfolge ich den Weg des progressiven Mondes mit allen meinen Klienten.

Darby: Da machen wir jetzt auch weiter. Kurz nach der Opposition des progressiven Mondes kommt die Saturnopposition. Manchmal sind sie sehr dicht zusammen und manchmal gibt es einen zeitlichen Abstand von drei oder mehr Jahren. Zwischen der einen und der anderen Opposition erfährt jeder von uns eine Veränderung in der Beziehung zu sich selbst und zu anderen. Die Opposition des progressiven Mondes eröffnet uns neue Möglichkeiten für unser Beziehungsleben. Und wir wollen uns außerhalb unserer selbst spiegeln und suchen Kontakt zu Gleichaltrigen. Wenn dann die Saturnopposition stattfindet, hat sich die Struktur unseres Lebens verändert, weil wir mit anderen, sowie mit den Dingen, die unsere eigenen Anteile reflektieren, eine Beziehung eingegangen sind. Die Saturnopposition zeigt uns die Neustrukturierung, die stattfindet.

Das zurückkehrende Quadrat: Mauern reparieren

Diese Phase kommt, wenn wir ungefähr 21 Jahre alt sind. Das Saturnquadrat folgt danach, je nachdem, wie schnell der progressive Mond sich bewegt. In diese Periode fällt auch das erste Quadrat des transitierenden Uranus zu seiner Radixposition. Das ist der erste harte Aspekt, den Uranus bildet. Das ist ein Erwachen. Die anderen beiden Phasen sind natürlich auch ein Erwachen. Aber hier ist es stärker, hier werden wir wachgerüttelt. Das erinnert mich an einen Mann, der sagte, die meisten Leute hätten im Alter von 21 Jahren ein kurzes Erwachen und würden dann nach und nach für den Rest ihres Lebens wieder einschlafen. Wenn er dann jemanden traf, der noch wach war mit 30, 40, 50, war er sehr erstaunt. Er fand, es war, als ob jemand bunt gekleidet in einem Schwarz-Weiß-Film umherläuft. Verstörend und aufregend.

Schauen wir uns zuerst Saturn an. Anfang der 20er kommen uns in der Regel unsere potenzielle Nützlichkeit und unser Wert für die Gesellschaft stärker in das Bewusstsein. Dies ist die Saturnseite der Geschichte. Die Saturnwiederkehr ist dann die nächste große Stufe. Wir sind jetzt mit ungefähr 21 Jahren auf dem letzten Teil unseres Weges zum Erwachsenendasein. Das heißt, wir erhalten Anerkennung und bekommen Pflichten. Manche rücken in den Mittelpunkt der Gesellschaft, mit allen dazugehörigen Verantwortlichkeiten – Heim, Familie, Arbeitswelt, soziales Netzwerk. Andere finden einen Platz mehr außerhalb der Mauern unserer Gesellschaft. Aber nur wenige steigen wirklich aus. Wir mögen zwar vor den Toren stehen, kleben aber immer noch an den Wänden. Dies ist der Beginn der Phase, die uns zu unserem Platz führt.

Wir gelten nun in der Gesellschaft als Erwachsene. Hat man einen Hochschulabschluss, kann man sich jetzt entscheiden, welche gesellschaftliche Rolle man übernehmen möchte. Steht man noch in einer Ausbildung, wird einem dies den Platz in der Welt zuweisen. Man kann eventuell auch schon sehr erfolgreich sein in seiner Arbeit, ist aber nach wie vor ein Anfänger und hat noch einen langen Weg durch das Leben vor sich. Die nächsten sieben Jahre bis zur Saturnwiederkehr werden zeigen, ob man es lernt, den Forderungen, die die Welt an einen stellt, gewachsen zu sein. Es wird von Euch erwartet, etwas zum Reichtum der Gesellschaft beizutragen oder ihn zumindest zu erhalten, für Euch und Eure Familie, falls Ihr eine habt, zu sorgen. Viele Frauen fangen in unserer Gesellschaft jetzt an, Kinder zu bekommen, es sei denn, sie haben eine andere Berufung.

Hier ruft die Zukunft. Wir gehen ihr entgegen und wollen unabhängig werden. Wir werden zu etwas gerufen, das unserem Ego Sinn und Zweck verleiht. Da gibt es Struktur und Verantwortung. Vielleicht wäre es genauer zu sagen, dass wir einen inneren Drang zu etwa hin verspüren und der Druck besteht darin herauszufinden warum. Unsere Gesellschaft schaut uns mit fragenden Augen an und wir können nicht anders, als uns dem auf die eine oder andere Art zu stellen.

Teilnehmer: Das sind hauptsächlich Saturnthemen, nicht wahr?

Darby: Ja, so ist es. Auch im Licht des Mondes stehen wir an einem Wendepunkt. Es beginnt mit dem progressiven Mond im

Quadrat zum Geburtsmond. Dies bringt neue Beziehungen in unser Leben, zeitlich etwas früher als das Saturnquadrat. Wir haben unsere Seele verloren und wiedergefunden und im Licht von Beziehungen, Schönheit, Musik oder Kunst haben wir einen weiteren Wendeunkt erreicht. Wir haben Gewohnheiten gefunden, die uns die Momente von Unendlichkeit geben, die wir für unsere spirituelle Erhaltung benötigten, auch wenn wir diese nicht als solche erkennen. Wir sind durch die eine oder die andere Art von Feuer gegangen und unsere innere Natur sagt uns, dass wir zurückkehren sollen zum inneren Wohnbereich, der unserer Fähigkeit zum Nachdenken Form gibt. Etwas lässt uns zurückkehren in das innere Heim, das wir zu bauen anfingen beim ersten Quadrat im Alter von mit sechs oder sieben Jahren. Doch jetzt suchen wir Beziehungen, die uns nach innen ziehen, sodass wir Wege finden, um auf unsere Seele aufzupassen oder auf den Ort, wo sie wohnt. Wenn wir ganz in die Welt mit all ihren Forderungen eintauchen, brauchen wir diese Möglichkeit des inneren Rückzuges.

In der letzten Phase werden wir dazu geführt oder hingezogen, auch außerhalb unserer selbst über uns nachzudenken. Der progressive Mond im Quadrat reflektiert unser Bedürfnis, Wege zurück zu unserem inneren Selbst zu finden. Diese brauchen wir, um in der Welt mit ihren vielfältigen Forderungen navigieren zu können. Plotin, der Neuplatoniker des zweiten Jahrhunderts, sagt uns, dass die Seele Verlockungen in Dinge oder Menschen hineininterpretiert, von denen wir angezogen werden, damit wir die Sehnsucht nach Gott erleben können. Wir brauchen auch starke innere Wände, um die Seele am Leben erhalten zu können, auf dass wir von dem Ewigen im Zeitlichen profitieren.

Teilnehmer: Verlockungen?

Darby: Ich bekomme immer Schwierigkeiten, wenn ich dieses Wort benutze. Jedes Mal kommt dann die Frage, welches Wort Plotin für »Verlockungen« benutzte. Ich glaube, Marsilio Ficino hat es in seinen Kommentaren zu Plotin gebraucht. Es ist nicht griechisch und Plotin sagte es auch nicht genau so. Aber sowohl Ficino als auch vor ihm Plotin beschrieben den Prozess so, dass dies meine Vorstellungskraft beflügelte. Man muss sich das so vorstellen, dass die Weltseele bei bestimmten Dingen oder Personen Köder auslegt, die wir als Verlockungen unserer eigenen Seele erkennen.

Plotin sagt, man kann nicht etwas oder jemanden wollen, dessen Form nicht schon in der Seele vorhanden ist. So werden diese Verbindungslinien gezogen, diese Ströme zwischen Euch und einer Sache oder einer Person entstehen und die Sehnsucht ist aktiviert. So zieht uns das Ewige durch das Vergängliche an. Materielle und emotionale Sehnsucht ist die zeit- und raumgebundene Dimension von ewiger Sehnsucht. Ohne diesen Hauch von Ewigkeit in unserem täglichen Leben werden die Dinge schrecklich flach.

Teilnehmer: Es gibt doch noch Drogen, Alkohol und Sex.

Darby: Du scherzt, aber es stimmt! Manchmal sind das direkte Tore zur Ewigkeit, zu direkt! Ihr wisst, dass viele Kulturen den Gebrauch von Rauschmitteln ritualisiert haben. Wenn sie nicht in geheiligten Ritualen eingesetzt werden, können sie sehr destruktiv sein. Sex ist das stärkste Tor von allen, das man uns Sterblichen gegeben hat. Wenn wir uns verlieben, werden wir alle in die Sphären der Unendlichkeit geschickt. Auf einer ganz einfachen Ebene führt Sex zwischen zwei Menschen unterschiedlichen Geschlechts oft zu der Geburt eines neuen menschlichen Wesens, was die Kette der Zeit in die Unendlichkeit dehnt. Sexuelle Anziehung hat die Kraft der Schöpfung oder der Zerstörung und ist darum etwas Ewiges, ob sie ausgelebt wird oder nicht.

Zurück zum Thema: In der vorherigen Phase, in der Opposition des progressiven Mondes zum Radixmond wurden wir verlockt oder geködert und aus uns herausgerufen. Am Beginn dieses Quadrats werden wir von innen gerufen, um uns wieder mit unserer Seele zu verbinden, damit wir uns nicht selbst verlieren, wenn wir in die Welt hinausgehen. Manche Menschen bauen so starke Mauern um ihre Seele herum, dass sie den Kontakt zu sich selbst verlieren. Andere, die den Ruf der Welt und zur Verantwortlichkeit vernehmen, versuchen sich in der inneren Welt der Zeitlosigkeit zu verlieren. Beide Extreme funktionieren wirklich.

Welche Beziehungen wir zu dieser Zeit auch eingehen und welche Krisen und Zwickmühlen wir erleben, sie geben uns die Erfahrungen, die wir brauchen, um eine neue Beziehung zu uns selbst aufzubauen. Da dies einige Monate vor dem Saturnquadrat zur eigenen Radixposition passiert, ist es eine Vorbereitung auf die Herausforderung von außen, welche die Segel setzt hin zu der Beziehung zur Welt und ihren Forderungen.

Da es sich um den Mond handelt, ist dies oft versteckt. Insofern nimmt man es in dem Moment nicht wahr. Erst wenn der Zyklus weiterläuft, erkennt man im Nachhinein sehr viel deutlicher, worum es eigentlich ging. Überhaupt kann man es viel klarer sehen, je weiter man sich entfernt hat. Darum gewinnt man auch bei der zweiten und dritten Wiederholung dieser Phase sehr viel leichter Weisheit und Perspektive.

Teilnehmerin: Ich erinnere mich an diese Periode sehr gut. Was ich bemerkt habe, war, dass mein Saturnquadrat ein Jahr nach meinem Mondquadrat stattfand. Es dauerte sechs Monate. Saturn saß direkt auf dem Quadrat. Erst direkt, dann rückläufig und dann wieder direkt, alles innerhalb von zwei Grad. Kannst Du etwas über den Saturnwinkel sagen, wenn er auf dem Grad des Saturns anhält und da monatelang stationär bleibt?

Darby: Saturnaspekte sind immer ungemütlich, weil sie langsame Entwicklungen innerhalb der Begrenzungen unserer zeitlichen Realität darstellen. Wenn Saturn sich ohne Pause und Rückläufigkeit bewegt, ist ein Anpassen des Egos an neue oder andere Umstände einfach. Aber wenn er Monate an ungefähr derselben Stelle verbringt, scheint das Ego in seiner Anpassung an die Welt größere Aufmerksamkeit zu brauchen. Wenn man später auf diese Phase im Leben zurückblickt und überlegt, warum sie schwierig war und man Identifikationsprobleme hatte, erkennt man, dass man auch etwas erreicht hat. Die Erfahrungen gingen unter Umständen sehr tief und führten zu einer grundlegenden Neuorientierung im Leben.

*Teilnehmer*in: Ja, das war wirklich so. Es war eine Zeit mit ungewöhnlichen Erfahrungen.

Darby: Ich denke, wenn man auf Perioden solch harter und lang andauernder Aspekte zurückblickt, wird man feststellen, dass Entwicklungen, die zu der Zeit stattfanden, von Dauer waren.

Lunare Wiederkehr: sich selbst aushalten

Die erste Wiederkehr des progressiven Mondes findet ungefähr ein Jahr vor der Saturnwiederkehr statt. Uranus mit ungefähr 27 ein Trigon zu seiner Radixstellung. Er macht uns die Veränderungen leichter, er bereitet uns darauf vor. Die Saturnwiederkehr ist nicht nur ein Tag in Eurem Leben, sondern sie ist ein Prozess. Sie dauert von 18 Monaten bis zu zwei Jahren und vorbereitet werden wir darauf durch die Wiederkehr des progressiven Mondes.

Es wurde so viel über die Saturnwiederkehr geschrieben. Ich möchte hier nicht viel über die Saturnrevolution sagen, außer, dass sie eine Neubewertung von allem, was vorher passierte, darstellt. Sie fällt oft zeitlich mit großen Veränderungen in unserem Leben zusammen. Unser Ego wird herausgefordert. Unsere Richtung wird herausgefordert und wir treffen zu diesem Zeitpunkt Entscheidungen, die sich auf den Rest unseres Lebens auswirken.

Das Gewicht der Welt lastet auf uns mit allen seinen Anforderungen. Der Druck zeigt sich in den Entscheidungen, die wir in dieser Zeit treffen. Der Kompass, mit dem wir durch unser Leben navigieren, richtet sich auf einen bestimmten Kurs ein und wir werden diesem Kurs mehr oder minder die nächsten 30 Jahre folgen. Transite der äußeren Planeten werden die Pfade, die sich uns eröffnen, aufdecken.

Es fühlt sich oft wie eine Wiedergeburt an, sobald die Richtung klar ist. Allerdings hat dieses Gefühl der Wiedergeburt mehr mit dem progressiven Mond als mit Saturn zu tun. Saturn zeigt uns das Gerüst, das gebaut wird, um die Grenzen unserer Ego-Entwicklung zu definieren. Er zeigt unsere Verantwortlichkeit und wo uns die Entwicklung von Disziplin die größte Befriedigung bringt, wo wir am meisten leiden für unsere Unverantwortlichkeit und wo wir den höchsten Preis für Unterdrückung und Verdrängung zahlen.

Teilnehmer: Du sagst, die lunare Wiederkehr ist der Eingang zur Saturnwiederkehr. Ist sie eine Vorbereitung in irgendeinem Sinn?

Darby: Die progressive Mondwiederkehr gebiert die Person, die diesen Raum bewohnt. Sie ist nur insofern eine Vorbereitung, als jemand da sein muss, damit etwas passieren kann. Die lunare Wiederkehr, reflektiert in den emotionalen Umständen dieser Zeit, öffnet die Pforten für unser tiefstes Selbst. Diese Umstände und unsere Antwort auf sie enthüllen etwas Fundamentales über die Natur unserer Seelenreise, wie sie sich ausdrückt über hell und dunkel, gut und schlecht unserer Persönlichkeit. Die Wiederkehr des progressiven Mondes ist die Vorbereitung auf die Saturnwiederkehr. Die Wiederkehr des Saturn stellt sozusagen das Gefäß für das dar, was aus der Wiederkehr des progressiven Mondes kommt. Gefäß und Inhalt, jeder ist Yin und Yang des anderen. Hat man sie einmal zusammen gesehen, kann man nicht mehr die eine ohne die andere sehen.

Teilnehmer: Ich habe gerade nachgesehen, in welchem Jahr die Wiederkehr meines progressiven Mondes stattfand. Es ist 15 Jahre her, aber ich erinnere mich gut. Ich möchte mich nicht über die Umstände äußern, in denen ich damals war. Aber es war eine Zeit, in der ich entdeckte, dass ich nicht so ein anständiger Mensch war, wie ich von mir immer angenommen hatte. Nie zuvor war mir der Gedanke gekommen, ich könnte kein guter Mensch sein. Ich wollte zu der Zeit etwas erreichen, und ich habe alles dafür getan, es zu bekommen und dabei habe ich einigen Leuten auf meinem Weg sehr geschadet. Ich habe versucht, es vor mir selbst zu rechtfertigen. Aber das ist mir nie richtig gelungen. Ich muss immer noch daran denken.

Darby: Danke dafür. Du hast uns etwas sehr Wichtiges erzählt. Etwas gebären ist ein schmerzhafter Prozess, wie die meisten von Euch wissen. Ob es ein Kind, ein Bild, ein Buch, ein Computerprogramm oder eine wahre Beziehung ist. Geburt ist beladen mit Gefahr. Wir können Techniken lernen, Rituale praktizieren, um den Schmerz möglichst gering zu halten, aber Geburt ist Schöpfung und bringt uns der Ewigkeit nah. Sie ist selten sauber. Die Revolution des progressiven Mondes reflektiert die Zeit, in der wir unsere Seele gebären – oder besser gesagt, unsere Seele gebiert uns – in eine neue Dimension und eine neue Selbstwahrnehmung.

Selbstbewusstsein hat viele Facetten. Zeit und Ewigkeit sind eng miteinander verknüpft zwischen der lunaren und der saturnalen Revolution. Wir stehen auf einem Berg und können genauso weit in die Vergangenheit sehen wie in die Zukunft. Die Umstände und Beziehungen in dieser Zeit verlangen, dass wir tief in unser sterbliches Wesen blicken, im Hinblick auf unsere Unsterblichkeit. Wir wagen nicht, uns vor unserer eigenen Bestechlichkeit und Schwäche zu verstecken, aber auch nicht vor unserer inneren Schönheit. Es gibt sehr klare Momente zwischen der progressiven Mondwiederkehr und der Saturnwiederkehr. Manche fühlen sich gut an und andere sind fürchterlich. Zu entdecken, dass wir nicht sind, wer wir zu sein dachten, ist einer davon.

Die Saturnrevolution handelt davon, dass man für sein Leben Verantwortung übernimmt oder, dass man zumindest ahnt, was das bedeutet. Die Revolution des progressiven Mondes zeigt durch die sie begleitenden Umstände, für wen wir oder was wir Verantwortung übernehmen sollten. Man kann keine Verantwortung für eine abstrakte Idee übernehmen. Die Mondwiederkehr enthüllt das innere Selbst mit allen seinen Sehnsüchten und seiner Fähigkeit, nach den Schätzen des Lebens zu greifen.

Erinnern wir uns, es geht um den Geburtsmond, sein Zeichen, seine Stellung und seine Aspekte. Die Reaktionen auf die Beziehungen und Umstände während der Wiederkehr des progressiven Mondes zeigen die grundsätzliche Natur, die von den Vorfahren geerbt und vom bisherigen Leben geformt wurde. Die Umstände werden anders sein als bei der physischen Geburt vor 27½ Jahren, aber die Art, wie man Nahrung sucht, wird charakteristisch sein. Man fängt das Leben mit einer ererbten Natur wieder neu an, die schon gelebt wurde bis zu dem, was man jetzt ist.

Teilnehmer: Mir war nicht klar, dass ich suchte, was ich brauchte.

Aber ich denke, ich bekam es. Seit Jahren fühlte ich mich schuldig, weil ich meine Mutter nicht liebte. Während meiner Mondwiederkehr kam sie für zwei Wochen zu Besuch. Sie wohnt in Australien und blieb bei jedem ihrer Kinder zwei Wochen. Ich habe selbst zwei kleine Kinder und sie kam, wie sie sagte, um mir zu helfen. Als sie wieder ging, war ich so erschöpft wie noch nie in meinem Leben. Aber ich fühlte mich frei und unglaublich erleichtert.

Darby: Was war passiert, dass Du Dich so befreit fühltest?

Teilnehmerin: Ich weiß es nicht. Ich habe den Mond im Schützen im 4. Haus mit einer Konjunktion zu Saturn. Saturn steht vor dem Mond. Also hatte der progressive Mond ihn bereits passiert. Wahrscheinlich zu dem Zeitpunkt, als ich erfuhr, dass sie zu Besuch kommen würde. Ich war so deprimiert bei dieser Aussicht, aber ich dachte auch, dieses Mal wäre es anders mit ihr. Zwischen Mond und Saturn liegen bei mir 6°. Aber dieses Gefühl von Freiheit! Es war wohl, weil ich plötzlich sehen konnte, wie unglaublich selbstsüchtig sie war. Sie hatte mir immer Selbstsucht vorgeworfen und ich kann es auch nicht leugnen. Aber als sie wieder abreiste, war es so, als würde ich mich nie wieder für irgendetwas oder irgendjemand schuldig fühlen.

Darby: Und?

Teilnehmerin: Na ja, vielleicht war es auch ein Hirngespinst. Aber ich hatte entdeckt, dass man Vater und Mutter ehren muss, aber dass man sie nicht lieben muss, wenn sie nicht liebenswert sind.

Darby: Die lunare Wiederkehr brachte in Deinem Fall ein Gefühl von Freiheit. Das mag ungewöhnlich sein. Wenn die Mutter in dieser Phase noch lebt, zeigt sich normalerweise eine Veränderung der Beziehung zu ihr an. Tatsächlich ist es eine Veränderung der eigenen Beziehung zum Leben. Es ist die Geburt einer neuen Aufmerksamkeit. Ich kenne viele Leute, die sich ihrer selbst vor der Zeit ihrer Wiederkehr des progressiven Mondes sehr bewusst waren. Bei der Wiederkehr des progressiven Mondes reflektiert das Gefühlsleben jedoch eine solche Tiefe, dass man nach dieser Zeit aus Selbsttäuschung mehr und mehr nachsichtig mit sich selbst wird.

Teilnehmer: Das sind deutliche Worte.

Darby: Ja, das weiß ich. Jedenfalls spiegeln die Beziehungen, die man zur Zeit der Wiederkehr des progressiven Mondes hat, die Gefühlsnatur auf eine Weise, als ob man selbst neu geboren wird. Jeder Aspekt des emotionalen Wesens ist nun verwirklicht oder befreit worden. Der progressive Mond ist über den ganzen inneren Himmel gegangen und hat jedes Gefühl und jede Reaktion, zu der man fähig ist, reflektiert. Jetzt fängt er seine Reise wieder von Neuem an, aber diesmal hat man einen inneren Spiegel, in dem man seine Gefühle sieht, und die Handlungen resultieren aus ihnen.

Teilnehmer: Es hört sich an, als hätte man sich nach der ersten Runde des progressiven Mondes einen Spiegel gemacht, der jeden Grad des Tierkreises reflektieren kann. Bei der lunaren Wiederkehr ist er vollständig und man kann sich klar erkennen.

Darby: So ungefähr ist es. Vielleicht ist das Wort »machen« zu konkret. »Hervorrufen« wäre vielleicht besser. Diese Momente, wenn Zeit und Ewigkeit sich ineinander verhaken, wenn die Vergangenheit sich durch die Gegenwart erhebt, sind die Momente, in denen diese andere Dimension hervorgerufen wird. Zur Zeit der Wiederkehr des progressiven Mondes ist diese Dimension, dieser Platz der Seele in einem solchen Umfang verwirklicht, dass er klar anzeigt, ob man darauf achtet oder nicht. Für die meisten von uns dauert es eine Weile, bis wir auch interpretieren können, was wir in diesem Spiegel sehen. Aber es ist die Wahrheit unserer Seele, die ewig und in der Zeit in all ihren Farben inkarniert.

Von einem praktischen Gesichtspunkt aus ist jetzt ein günstiger Zeitpunkt, um innere und äußere Rituale zu entwickeln, die den Spiegel sauber halten, ihn polieren. Rituale, in denen wir uns Fragen stellen, die uns unserer allgemeinen Menschlichkeit näherbringen. Man kann es natürlich ablehnen, in ihn zu schauen. Die meisten von uns haben etwas von Schneewittchens Stiefmutter in sich. Unsere moderne Version davon ist: »Das Hässliche, das ich im Spiegel sehe, ist nicht meines, es ist seins oder ihres.« Oder die entgegengesetzte Version: »Das Hässliche dort im Spiegel ist alles meins.« Schließlich kann man solche Verzerrungen aber durchschauen und geduldig werden. Man sieht seine eigene Tiefe und findet zu mehr Menschlichkeit. So erkennt man die Natur des Lebens selbst.

Wenn nun der progressive Mond weitergeht, kann uns jede seiner Positionen im Zyklus in die Zeit vor dem 28. Geburtstag zurückbringen, sodass sich diese mit heute vergleichen lässt. Kommt man an den Eckpunkten an, sieht man die Vergangenheit so deutlich, dass man sich mit vertiefter Wahrnehmung in die Zukunft bewegt. Durch Nachdenken und Aufmerksamkeit kann Eure Wahrnehmung Euch weit über Euch selbst hinaustragen.

Teilnehmer: All das passiert bei der Wiederkehr des progressiven Mondes?

Darby: Jeder der Punkte, über die wir heute sprechen, eröffnet eine neue Phase des Lebens. Die Konjunktion, das Quadrat oder die Opposition finden gleichzeitig mit einem emotionalen Erlebnis statt, das die nächste Phase einläutet. Diese Phase entwickelt sich in den nächsten sechs oder sieben Jahren. Transite von äußeren Planeten werden der Geschichte Form verleihen, wenn sie sich entfaltet.

Teilnehmer: Ich verstand die Bedeutung meiner Wiederkehr des progressiven Mondes erst drei Jahre hinterher, ja sogar erst nach meiner Saturnwiederkehr. Zur Zeit der Mondwiederkehr begann ich eine Beziehung, die mein Leben verändern sollte. Ich wusste es da aber noch nicht. Ich brauchte ein paar Jahre, bis ich verstand, dass die Frau, die ich bei meiner Mondwiederkehr getroffen hatte, die Frau war, die ich seit meinem 13. Lebensjahr gesucht hatte. Sie war so wirklich und wahrhaftig, dass ich sie nicht erkennen konnte. Ich war zu sehr an meine Fantasien gewöhnt.

Darby: Oft erkennt man die Dinge erst im Nachhinein, was frustrierend ist für Astrologen, nicht wahr? Lasst uns das zweite herausgehende Quadrat zum Geburtsmond betrachten. Ich möchte den Zyklus noch einmal durchgehen und Euch das Horoskop einer Person, die mir ihre Lebensgeschichte zur Verfügung gestellt hat, zeigen.

Der zweite Zyklus des progressiven Mondes enthält die zusätzliche Dimension der Erinnerungen, die man mitbringt. Aufgrund der Fähigkeit, sich an die früheren Stationen zu erinnern, kann man besser navigieren. Den ersten Zyklus macht das Leben mit einem. Aber den zweiten, den nach der Saturnwiederkehr, macht man selbst mit dem Leben.

Wer die Saturnwiederkehr schon hinter sich hat, besitzt die Tiefe der Erinnerung, um zu der früheren Phase zurückzukehren. Man hat jetzt alles und kann sich jeder folgenden Phase widmen. Indem wir in der Erinnerung immer wieder zum ersten Durchgang zurückgehen, holt sich die Seele selbst ein und orientiert sich neu. Achtet mit Respekt auf diese Erinnerungen und wartet auf die Seele.

Der Saturnwinkel, der dem Mondwinkel folgt, wird das Ego und die Struktur im Leben zurechtrücken. Er wird der inneren Entwicklung ein Zuhause geben. Auf den jetzt immer größer werdenden Unterschied zwischen den Saturn- und den Mondwinkeln werde ich später noch zurückkommen.

Zweiter Zyklus, erstes Quadrat: das Nest neu auspolstern

Ein paar Jahre vor dem zweiten Saturnquadrat erreicht der progressive Mond seine herauslaufende Quadratposition. Dies geschieht im Alter von 32 und 34 Jahren. Die Aktivität der anderen äußeren Planeten zur eigenen Radixstellung ist während dieses Aspektes minimal. Uranus tritt irgendwann in ein Quinkunx zu sich selbst, aber ansonsten ist nicht viel los. Trotzdem ist diese Periode nicht weniger wichtig als andere.

Bei der Wiederkehr des progressiven Mondes war da eine Wiedergeburt im Hinblick auf die Beziehungen zu anderen, zum Leben und zu sich selbst das Thema. Die Saturnrevolution schien diese Position zu festigen und verlieh einem einen Status in der Gemeinschaft. Jetzt wird diese Position herausgefordert. Wieder einmal, wie damals mit sechs oder sieben Jahren, gibt es eine innere Neuorientierung. Das Zugehörigkeitsgefühl und das Empfinden von Isolation werden von den gefühlsmäßigen Vorkommnissen hervorgebracht. Die Beziehungen, die einem in dieser Zeit wichtig sind, zeigen auf ziemlich mächtige Art und Weise, wo man gewesen ist und worauf man hinauswill.

Vielleicht fühlt man sich von der Unendlichkeit abgeschnitten oder mag, falls man eher praktisch veranlagt ist, das Gefühl haben, dass etwas fehlt. In dieser Zeit fühlt man sich zu Menschen hingezogen, die einen darauf aufmerksam machen, wo die nächste Station der emotionalen Entwicklung liegt. Diese Menschen gelangen in das Innerste, wo die Seele wohnt. Diesen Raum hatte man sich schon mit sechs oder sieben Jahren geschaffen, beim ersten Quadrat. Welchen Konflikt es auch immer gerade geben mag, er zieht einen nach innen, wo man sein Nest neu auspolstert. Eine neue Dimension steigt auf und verlangt eine neue Beziehung zum Leben.

In den ersten sieben Jahren des Lebens wurden wir von der Ewigkeit weg und in die Zeit hineingezogen. Während der Wiederkehr des progressiven Mondes um das 27. Lebensjahr vertieften sich Zeit und Verantwortung durch Erfahrung und man wurde sozusagen wiedergeboren. Jetzt, bei diesem Quadrat, wird tiefere Seelennahrung benötigt und die momentanen Beziehungen zeigen einem beides: den Mangel an solcher Nahrung und die Möglichkeit, sie zu finden.

An diesem Punkt zieht es einen zurück zu den Wurzeln. Die Vergangenheit kommt und verlangt einen Rückblick. Wer auch immer einem jetzt nahesteht, bringt Erlebnisse, die die angeborenen Beziehungsmuster zum Leben erwecken. Aber derjenige bringt auch Erfahrungen, welche neue Räume eröffnen, die bewohnt werden wollen. Die Vergangenheit und die Zukunft ziehen jede in ihre Richtung.

Teilnehmer: Das erinnert mich daran, dass Jupiter im Krebs erhöht ist. Welche Visionen man auch immer für die Zukunft hat, wenn sie real sein sollen, müssen sie aus unserer Geschichte kommen. Nichts, was wir erschaffen, kann wirklich befriedigend sein, wenn es nicht aus dem tiefsten Selbst kommt. Ansonsten wäre es der Traum eines anderen.

Darby: Das ist sehr schön ausgedrückt. Erhöhungen zeigen sehr viel. Die ganze Arbeit mit dem progressiven Mond ist in der Tatsache enthalten, dass Jupiter im Krebs erhöht ist. Die ganze Natur versteckt sich in diesen Worten.

Die emotionalen Umstände der gegenwärtigen Situation bringen die Geister Eurer Ahnen auf den Plan. Man geht so tief nach unten, wie die Nabelschnur zur Vergangenheit reicht. Bei der Wiederkehr des progressiven Mondes wurde man mit seinen Wurzeln verbunden und wieder auf den Weg geschickt. An diesem Punkt jetzt entlassen diese Wurzeln ihre Geister wieder, um dem beginnenden Versprechen der Zukunft zu begegnen. Die Seele orientiert sich neu und dabei muss sie die Vergangenheit und die Zukunft zugleich fühlen. Oftmals fällt dies mit einer Zeit zusammen, in der man sich einem neuen »Stamm« anschließt, der die innere Welt besser widerspiegelt. Wenn dann ein paar Jahre später das nächste Quadrat kommt, ist die emotionale Basis geschaffen und im Leben wird strukturelle Arbeit geleistet, die die innere Entwicklung des lunaren Quadrats reflektiert.

Opposition im zweiten Zyklus: Sich noch einmal verlieben

Vom astrologischen Standpunkt her gesehen sind die Jahre Anfang 40 sehr vollgepackt, nicht wahr? Es folgt das Neptunquadrat zur Radixposition, das Plutoquadrat für die, die ungefähr um 1950 geboren wurden. Dies tritt früher bei denjenigen ein, die später geboren wurden. Danach kommen die Uranusopposition und die Saturnopposition und zwischen 40 und 42 Jahren die Opposition des progressiven Mondes. So viele Zyklen verknüpfen sich miteinander um den 40. Geburtstag herum. Kein Wunder, dass wir diesen Geburtstag irgendwie unheimlich finden. Wir kommen wieder in eine Phase, die wie Rebellion aussieht. Dieses Mal richtet sie sich aber nicht gegen die Eltern oder die Mutter, sondern gegen diejenigen, die uns zu dieser Zeit am nächsten sind.

Besonders interessant wird es, wenn man Kinder im Teenager-Alter hat, die parallel dazu in ihrem Zyklus auch an diesem Punkt sind. Die Kinder erleben ihre erste Opposition und suchen ihre psychische Nahrung in einer den Eltern unbekannten Welt. Zur selben Zeit suchen die Eltern Nahrung in einem Leben, das sich in Opposition zum Zeitpunkt der Geburt des Kindes befindet. Kind und Eltern sind beide füreinander neu. Das kann eine schöne Erfahrung sein, da beide sich gleichzeitig öffnen, aber für unsichere Menschen kann es auch sehr beunruhigend sein. Für Männer und Frauen ohne Kinder ist es eine Zeit der inneren Konfrontationen, in der die Vergangenheit und ihre Sehnsüchte losgelassen werden und sich eine unvorhersagbare Zukunft öffnet.

Wieder einmal fühlt es sich an, als würde die Seele aus uns herausgeworfen und man muss losgehen und sie suchen. Man wird sie nicht auf dem bekannten Territorium, das man sich selbst eingerichtet hat, finden. Es wird helfen, in Gedanken zu der Zeit der ersten Opposition, zurückzugehen, um die untergründigen Gefühle von damals zu erkennen. Sie liegen unter allen Handlungen. Die Dinge, die damals passierten, wurden durch Transite der äußeren Planeten zu den persönlichen Planeten und auch durch die Progressionen verschiedener Planeten beschrieben. Damals, bei der ersten Opposition wurde die Beziehung zwischen einem selbst und der Mutter herausgefordert. Jetzt ist es wieder ähnlich, aber dieses Mal wird es nicht die Mutter sein, mit der man die engste Beziehung hat. Falls doch, wird sie noch einmal aus der Tiefe des Selbst herausgefordert. Jetzt muss man sich in unbekannte Gefilde begeben. Es ist für uns alle ein Bedürfnis, in dieser Zeit nach dem Unbekannten zu greifen.

Beziehungen, die in dieser Zeit geknüpft werden, rufen etwas in einem hervor, das schon lange in uns geschlummert hat. Die Notwendigkeiten des Lebens, aber auch die während der ersten Saturnrevolution angenommenen Verantwortlichkeiten und Ansprüche, haben das Gefühlsleben in eine bestimmte Richtung gelenkt. Während der Opposition des progressiven Mondes scheint emotionale Nahrung bei den Aktivitäten des täglichen Lebens nicht mehr zu finden zu sein. Menschen, die man jetzt kennenlernt, setzen eine Sehnsucht nach neuen Erfahrungen in Gang. Was man damit anfängt, wird in der Zeit zwischen der Opposition des progressiven Mondes und der Saturnopposition entschieden werden.

Teilnehmer: Ich habe eine Liste von allen meinen bisherigen Aspekten des progressiven Mondes und des Saturns erstellt. Dabei ich habe festgestellt, dass ich etwas zu langsam bin. Die Ereignisse kann ich gut nachvollziehen, aber die Menschen, die diese bei mir auslösten, traf ich teilweise erst ein oder zwei Jahre später.

Darby: Ich kann das gut verstehen. Ich sehe auch die bedeutsamen Beziehungen oder Umstände manchmal erst ein oder zwei Jahre später als den tatsächlichen Aspekt. Wir haben es hier mit dem Mond zu tun und stehen lange nur im halben Licht oder weniger. Es ist geheimnisvoll und versteckt. Auch sind, bevor etwas tatsächlich passiert, schon feine Spuren und Ankündigungen vorhanden, die wir erst rückblickend in starken Farben wahrnehmen. Zu der Zeit, in der sie stattfinden, sind sie noch zu verborgen. Es wird ein Moment kommen, an dem sich Vergangenheit und Gegenwart in charakteristischer Weise treffen. Diese Wendung wird Euch für eine neue Phase Eurer inneren Entwicklung öffnen. Es wird eine neue Phase in Eurer Beziehung zum Leben auf dieser Erde sein. Die Sphären des Mondes sind die meiste Zeit heimlich und versteckt. Manchmal werden Formen von seinem Licht fantastisch erhellt, aber das ist selten. Die meiste Zeit erhaschen wir nur kurze Einblicke.

Einlaufendes Quadrat: Wände und Fenster reparieren

Dieser Winkel tritt zwischen dem 28. und dem 49. Lebensjahr zeitgleich mit dem Uranusquinkunx auf die Radixposition statt.

Das Saturnquadrat wird sich nicht vor dem 51. Lebensjahr ereignen, aber da ist etwas zwischen den beiden, das uns einen Schlüssel zu diesem Teil unserer Reise durch das Leben gibt.

Teilnehmerin: Vielleicht bereitet uns das Mondquadrat darauf vor, dass wir 50 Jahre alt werden und das Saturnquadrat bestätigt es durch die harte Wirklichkeit, die offenkundig wird. Zum Beispiel stehen Kinder beim Mondquadrat im Bus für einen auf, aber erst beim Saturnquadrat fangen sie an, einem über die Straße zu helfen!

Darby: In welcher Gegend gibt es Kinder, die solche Kavaliere sind?

Teilnehmer: Das war metaphorisch gesprochen.

Darby: Welche astrologischen Vorkommnisse gibt es um das 50. Lebensjahr herum?

Teilnehmerin: Die Chironwiederkehr.

Darby: Ja, mit 50 erleben wir unsere Chironwiederkehr. Sie ist im Quadrat des progressiven Mondes und im Saturnquadrat enthalten. Was auf der lunaren Ebene passiert, wird von unserem Tagesselbst oft nicht erkannt. Was sich beim Saturnquadrat ereignet, ist leichter zu erkennen, da es spürbar unbequem ist! Die Chironwiederkehr ist ein großer Wendepunkt in unserem Leben, denn sie scheint unsere Sterblichkeit und Unsterblichkeit zu enthüllen, beides zur selben Zeit. Man ist in dem Gefühl gefangen, sehr alt, aber doch auch wieder sehr jung zu sein.

Teilnehmerin: Es zeigt, wie zerbrechlich man ist, aber gleichzeitig fährt es die inneren Energien hoch. Zumindest habe ich es so erlebt. Es passierte nichts anderes Astrologisches und so konnte ich es deutlich erleben. Ich dachte damals, dass die Wunden Chirons einfach unsere Sterblichkeit sind oder etwas in der Art. Dies hat mich so getroffen, dass ich mich im selben Moment unsterblich fühlte, als ich doch erkannte, dass ich sterblich bin. Es war erheiternd.

Darby: Erinnerst Du dich an den Winkel des progressiven Mondes in der Zeit davor?

Teilnehmerin: Ja, ich habe nachgesehen, bevor ich hierherkam. Es war der Monat des vorher stattfindenden lunaren Quadrats – ein Jahr vor meinem 50. Geburtstag. Meine Tochter hatte ihr erstes Kind bekommen. Ich war Großmutter geworden.

Darby: Vergangenheit und Gegenwart kamen also auf eine Art zusammen, in der sich eine neue Phase Deines Lebens eröffnete. Diese Ebene führt uns wieder zurück auf die Stufe, auf der wir 21 Jahre alt waren. Damals »traten wir in die Welt ein«. Da gab es eine natürliche Regung, unsere Seele zu schützen. Auch wenn das unbewusst war. Eine ähnliche Bewegung gibt es hier, aber man könnte sagen, es ist eine Rückkehr zu unserem inneren Wohnort, um unsere Beziehung mit unserer Seele zu erneuern oder zu renovieren. Diesem Teil von einem selbst, der in der Ewigkeit, aber auch in der Zeit lebt. Kannst Du mir sagen, wie das das Bedürfnis angeregt hat, dieses innere Selbst zu schützen?

Teilnehmerin: Ich erinnere mich, dass ich mir sehr bewusst darüber war, die richtige Art von Beziehung zu meiner Tochter, ihrem Mann und ihrem Baby etablieren zu wollen. Ich hatte so viele Frauen gesehen, die es schon am Anfang vermasselt hatten, indem sie sich einmischten, ungefragt Ratschläge erteilten und im Weg waren. Ich sagte mir nur: »Sei jetzt cool, lass es langsam angehen«. Vielleicht hatte diese Phase das in mir manifestiert. Ich habe den Geburtsmond im 8. Haus und mein progressiver Mond war zu dieser Zeit im 5. Haus. Ich weiß, dass ich die tiefen Gefühle anderer so sehr mitfühle, dass ich völlig unsensibel dafür werde, was sie von mir brauchen oder wollen.

Darby: Diese Winkel fallen immer mit den Geschehnissen in Beziehungen zusammen. Nicht immer sind sie ganz so eindrucksvoll wie zum Beispiel die Geburt eines Enkelkindes. Man kann dies rückblickend auch besser erkennen. Diese Wendezeit drückt sich auch aus durch Veränderungen im Beziehungsleben, durch die das innere Selbst merkt, dass eine Neuorientierung stattfindet. Die natürliche Neigung ist es, nach innen zu gehen und die Wände des Gefäßes zu überprüfen, ob sie auch noch komfortabel genug für das Selbst sind. Aber auch die Fenster dieses inneren Wohnplatzes sind wichtig. Sie müssen noch geöffnet werden können für die Unvorhersagbarkeiten des Lebens. In ungefähr sieben Jahren wird die zweite Mondwiederkehr stattfinden.

Die zweite Wiederkehr des progressiven Mondes

Ungefähr im Alter von 54 Jahren kommt der progressive Mond zurück zu seinem Ausgangspunkt. Die zweite Saturnrevolution wird erst vier oder sogar fünf Jahre danach stattfinden. Wir wissen, dass sie dazu auffordert, die Strukturen in unserem Leben sehr genau zu betrachten und uns auf irgendeine Weise auf das Alter vorzubereiten. Je nach unserer Natur geschieht dies von innen heraus oder durch Ereignisse. Jeder hat seine eigene charakteristische Art damit umzugehen. Einige brauchen Ereignisse, um mit ihrer Sterblichkeit umzugehen und andere sind so sensibel, dass sie es von selbst fühlen.

Die Wiederkehr des progressiven Mondes, die ungefähr vier oder fünf Jahre zuvor stattfindet, bringt eine neue emotionale Beziehung zu den Menschen um einen herum. Das kann oft mit der Geburt von Enkelkindern einhergehen. Was immer man für Gefühlserlebnisse hat, sie bereiten einen auf den Rest des Lebens vor. Man hat Zeit, sich daran zu gewöhnen, denn bis zur Saturnwiederkehr sind es noch ein paar Jahre. So kann man noch in die neue Beziehung zum Leben hineinwachsen.

Ich habe eine Freundin, deren Mutter bei ihrer dritten Wiederkehr des progressiven Mondes starb. Sie war oft genervt von ihrer Mutter, doch sie erzählte mir, dass deren Tod sie sehr erschüttert habe. Ich kann es mir gut vorstellen, da ihre Mutter während ihres ganzen Erwachsenenlebens bis in die eigenen ersten Jahre des Alters hinein da gewesen war.

Ich kann über diese Periode noch nicht so viel sagen, da ich dieses Alter noch nicht erreicht habe. Natürlich hatte und habe ich Klienten, die durch ihre zweite lunare und durch ihre zweite saturnale Wiederkehr gegangen sind. Ich weiß nur, dass es eine Wiedergeburt auf einer gefühlsmäßigen Ebene ist. Man hat einen ganzen Zyklus seines emotionalen Lebens absolviert und die Seele ist bereit, sich auf eine neue Beziehung zu Zeit und Ewigkeit einzustellen. Zurückzugehen auf Eure vorherige lunare Wiederkehr und in der Vorstellung Eure eigene Geburt und diese Momente zu erinnern, erlaubt Euch, Euch selbst einzuholen und für die nächste Stufe des Lebens Eurer Seele in der Zeit offen zu sein. Dies mit Respekt und Fürsorge zu beobachten, gibt Euch die Chance, für Beziehungen offen zu sein, die Euch ins Alter begleiten, das Euer Tor zurück in die Ewigkeit ist. In der Zeit zurückzugehen kann Euch zu Eurer Quelle zurückführen, die die Tür zu einer tieferen Quelle eröffnet.

Ich werde hier nicht mehr über den dritten Mondzyklus sprechen, aber ich möchte von einer lieben Freundin erzählen. Sie ist vor kurzem im Alter von 84 Jahren gestorben. Ihre dritte Wiederkehr, in der Waage, hatte ein paar Jahre vor ihrem Tod stattgefunden. Sie war ein Schütze und eine große Reisende, körperlich und geistig. Wir schauten alle ihre Aspekte in der Zeit ihrer lunaren Wiederkehr an und da sie gut waren, entschloss sie sich, eine Reise nach China zu wagen. Sie war Malerin und schon immer war sie von China fasziniert gewesen und sie glaubte, es wäre ihre letzte Chance, noch einmal allein so weit wegzukommen.

Sie unternahm die Reise. Als sie wiederkam, erzählte sie, wie sich eine so weite Reise für sie anfühlte, wie die Vorbereitung auf den Tod, der eine noch weitere Reise ist. Viele Dinge, die sie danach tat, schienen die letzten in diesem Leben zu sein. Sie machte zum Beispiel eine wunderschöne Collage von einem Sonnenuntergang und sagte, es könnte ihre Letzte sein.

Als sich der Tod dann schließlich näherte, kämpfte sie gegen ihn an, obwohl sie sich auf ihn vorbereitet hatte. Ich war in der Zeit sehr traurig, weil sie in ihrem Kampf so litt. Aber jetzt habe ich gelernt, dass jeder seine eigene Beziehung zum Tod hat, genau wie jeder seine eigene Beziehung zum Leben hat. Darüber zu entscheiden, ob die Beziehung eines anderen Menschen gut oder schlecht ist, hieße zu versuchen, Gott zu spielen. Jede lunare Wiederkehr ist eine Geburt. Im Falle meiner Freundin fand ihre erste

Wiederkehr des progressiven Mondes bei der Geburt ihres ersten Kindes statt. Über die zweite bin ich mir nicht sicher, ich kann mich an keine Details erinnern, aber die dritte brachte sie zu dem am weitesten entfernten Ort, den sie sich vorstellen konnte, und gebar die Idee der längsten Reise, die sie sich vorstellen konnte, der Reise hin zu ihrem eigenen Tod.

Ein Beispielhoroskop

Jetzt sehen wir uns das Horoskop einer Frau an und folgen dem lunaren Progressionszyklus durch ihr Leben bis zum jetzigen Zeitpunkt. Sie ist 45 Jahre alt und ich werde sie Helen nennen. Wir lernten uns 1976 in Südafrika kennen und neulich besuchte sie mich in London. Wir entdeckten während ihres Aufenthaltes, dass wir uns in dem Monat der Wiederkehr ihres progressiven Mondes kennengelernt hatten. Das brachte uns dazu, den progressiven Mond und seine Winkel zur Geburtsposition zu untersuchen. Der Saturnzyklus kam dazu, da sie ein Mond-Saturnquadrat hat. Sie hat ein gutes Gedächtnis und konnte sich an die Daten der wichtigen Ereignisse in ihrem Leben erinnern. In vielen Fällen kannte sie diese auf den Monat genau. Als ich sie fragte, stimmte sie zu, dass ich ihr Horoskop in diesem Seminar benutzen durfte.

Das Mond/Saturn-Quadrat in ihrem Horoskop macht es auf der einen Seite leichter, die Verknüpfung zwischen Mond- und Saturnzyklus zu erkennen. Andererseits sieht man jetzt nicht so gut, wie verbunden die beiden sowieso schon sind – auch ohne die Aspekte im Geburtshoroskop. Aber ich hoffe, es wird Euch ermutigen, die beiden Zyklen in Eurem Horoskop zu verfolgen, sodass das Beobachten der beiden für Euch zu einem normalen Vorgang wird.

Schauen wir uns nun das Horoskop selbst an. Helen hat Sonne, Mond, Venus und Merkur alle im Stier. Ihre Sonne steht in Konjunktion zu Venus im Stier noch knapp an der Spitze des 7. Hauses. Die Sonne ist im 6. Haus im Quadrat zu Jupiter im Wassermann am IC. Sie steht nah bei der Venus an der 7. Hausspitze. Die Sonne/Venus-Konjunktion bildet ein Quadrat zu Pluto im 10. Haus. Venus steht im Stier, ist Herrscherin der Stiersonne und im Quinkunx zu Neptun im 12. Haus. Skorpion ist aufsteigend

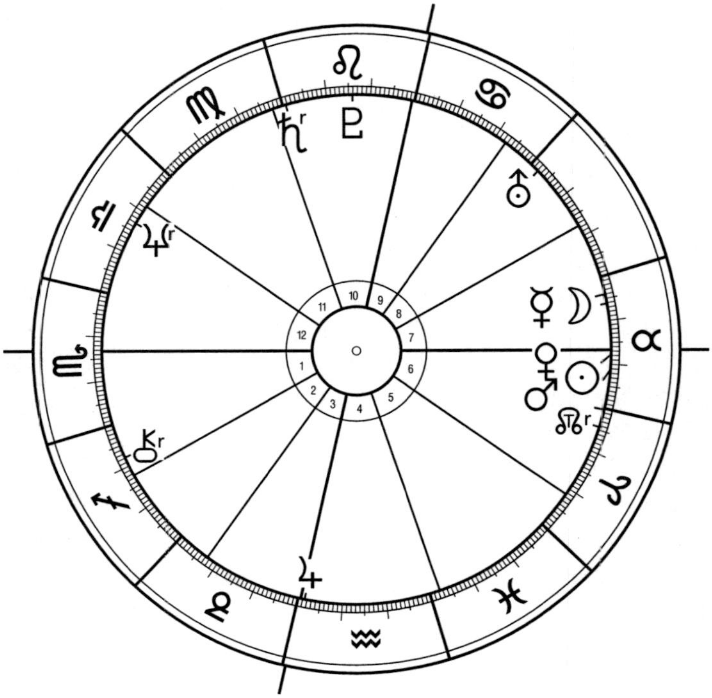

Abbildung 5: Helen
29. April, 1949, 15:50 GMT, Johannesburg (SA), GOH-Häuser

und Pluto, der transpersonelle Herrscher des Horoskops, ist der am höchsten stehende Planet.
Der Mond hat eine Konjunktion zu Merkur im 7. Haus und beide bilden ein Quadrat zu Saturn im 10. Haus. Mars, der persönliche Herrscher des Horoskops ist im Widder im 6. Haus mit einem Trigon zu Saturn und einem Quadrat zu Jupiter.

Teilnehmer: Ihr Mars und ihre Venus sind beide in ihren eigenen Zeichen und Venus steht an der Spitze eines ihrer eigenen Häuser. Sie werden wohl eine machtvolle Geschichte erzählen.

Darby: Ja, das tun sie. Mars ist in guter Kondition, er bildet ein Trigon zu Saturn und ein Sextil zu Uranus. Außerdem hat er ein

Quadrat zu Jupiter. Alle anderen Mitglieder in Helens Familie haben Mars/Jupiter-Kontakte. Das scheint den nicht-sesshaften Familienhintergrund zu repräsentieren. Ihre Eltern waren deutsche Juden, die vor den Nazis nach Südafrika geflohen waren. Als Helen und ihr Bruder geboren wurden, waren sie dort noch neu. Ihre Venus steht im Quadrat zu Pluto: Die Eltern steckten während Helens Kindheit in einer persönlichen Krise. In ihrem Erwachsenenleben haben die beiden Planeten sich klar gezeigt. Sie ist extrem abenteuerlustig und wagt viel, ist fast schon rücksichtslos. Sie verbringt viel Zeit im afrikanischen Busch und erforscht dort mehrere interne und externe Territorien. Dies ist eine Seite in ihrem Leben, die sie sehr glücklich macht. Hartes Trekking breitet ihr Spaß und sie schreckt vor keiner Anstrengung zurück. Das schließt auch harte Arbeit mit ein. Ihr Beziehungsleben ist allerdings schwierig. Sie hatte sehr intensive Beziehungen in knapp umgrenzten Lebensspannen. Es gab lange Pausen zwischen einigen wichtigen Beziehungen. In einer Beziehung zu leben, so sagt sie, bedeutet »schwierige Lektionen zu lernen«.

Ihr älterer Bruder wurde 1947 geboren, Helen wurde 1949 geboren. 18 Monate später verliebte sich ihr Vater in eine andere Frau und verließ die Familie. Mit all den Planeten im 7. Haus und der Sonne in Konjunktion zu Venus registrierten ihr Kinderkörper und ihre Kinderpsyche nachhaltig, was mit der Mutter, dem Bruder und auch dem Vater passierte. Der Mond im 7. Haus sagt uns, dass die Fähigkeit der Mutter, sich um Helen zu kümmern, sehr davon abhing, was sich gerade in der Partnerschaft zu ihrem Ehemann abspielte. Dieses Kind war im Guten wie im Schlechten stark in die Beziehung der Eltern verwickelt. Es war auch ein wichtiger Faktor in deren Partnerschaft. Ihr Vater war nur für ein paar Monate verschwunden, aber die Gefühle ihrer Mutter müssen einen bleibenden Eindruck geschaffen haben. Das Mond/Merkur-Saturnquadrat sagt uns, dass die Mutter aus sozialen Gründen ihre Gefühle unterdrückt hat. Aber das Kind hat dies nicht nur bemerkt, sondern wurde auch sehr davon beeinträchtigt.

Wie auch immer, der Vater kam zurück und es wurde danach

wohl noch eine ganz gute Ehe. Aber in der Zeit nach Helens Geburt fühlte er sich sehr verloren. Sonne und Venus stehen im Quadrat zu Pluto. Sie war die Tochter eines Mannes, der in einer Zeit der Dunkelheit lebte. Er hatte einen schrecklichen Verlust hinter sich. Seine ganze Familie war im Holocaust umgekommen. Dazu hatte er sich in einer persönlichen Verwirrung befunden. Er wusste nicht, wo er in Bezug auf Familie, Arbeit und seine Ehe im Leben stand. Er hatte eine Krebs-Sonne mit dem Mond in den Fischen in Konjunktion zu Uranus im 4. Haus. Er hatte sechs Planeten im Wasser und Skorpion aufsteigend. Könnt Ihr Euch vorstellen, wie verletzt er sich gefühlt haben muss?

Helens Mutter war in dem neuen Land unglücklich, einsam und abgeschnitten von ihrer Umgebung. Sie hatte viele Planeten im 11. Haus und Merkur im 10. Haus im Steinbock. Es war ihr sehr wichtig, was andere Leute von ihr dachten. Eine Zeit lang war sie allein mit zwei kleinen Kindern in einem fremden Land. Helens Planeten im 7. Haus sagen uns, dass sie das Trauma ihrer Eltern absorbiert hat.

Sie sagte mir, dass sie mit im Altern 18 Monaten eine Flasche mit Schlaftabletten zu fassen bekam und einen großen Teil davon schluckte. Als sie es mir erzählte, lachte sie: »Mit 18 Monaten habe ich versucht, mich umzubringen«. Sie lag drei Tage im Koma und für ihre Mutter muss es furchtbar gewesen sein. Dieses Kind hatte seinen Geburtsmond im 7. Haus, daran kann man sehen, wie tief sie verbunden gewesen sein muss mit der Beziehung ihrer Mutter zu ihrem Vater.

In der Zeit war Helens progressiver Mond im 8. Haus. Ihre Mutter befand sich in einer tiefen Ehekrise, es gab auch finanzielle Probleme und dann den »versuchten Selbstmord« der Tochter. Das Kind reflektierte die Angst und den Stress der Mutter in extremer Weise.

Teilnehmerin: Wo war der progressive Mond der Mutter?

Darby: Ich weiß den genauen Grad nicht, aber ich weiß, dass er im 12. Haus war. Ihre Mutter hatte in ihrem Radixhoroskop eine Mond/Saturn-Opposition und das Kind ein Quadrat vom Mond zum Saturn. Beide haben den Saturn im Löwen, die Mutter im 5. Haus und die Tochter im 10. Haus. Die Gefühle wurden damals nicht direkt ausgedrückt, sie kamen eher auf dunkle, dramatische Art zum Vorschein.

Darby: Nach ein paar Monaten waren die Eltern wieder vereint und sie blieben ein Leben lang harmonisch zusammen. Die dunklen Dimensionen öffneten sich nicht mehr in einer Weise, dass sie Helen direkt geschadet hätten.

Als sie sechs Jahre alt war, war Helens progressiver Mond im Löwen im 10. Haus und stand im Quadrat zu sich selbst im 7. Haus. Ich fragte sie, was passiert sei, und sie antwortete, sie hätte mit der Schule angefangen, einen Monat vor dem exakten Aspekt. Sie fand es toll, sie liebte es, zur Schule zu gehen. Ein paar Monate nach dem Aspekt kam ihr progressiver Mond auf den Saturn. Ich fragte nach ihrer Mutter, aber dazu fiel ihr nichts ein. Dann sagte sie nach einer Weile: »Das Einzige, was nicht schön war, war, dass ich zwei beste Freundinnen hatte, die Konstellation aber so war, dass immer zwei zusammen die Dritte ärgerten. Ich war immer eine von den beiden, die die andere schlecht behandelten. Aber eines Tages war ich die, gegen die sich die beiden anderen zusammenschlossen. Sie drohten, mich zu foltern. Sie erinnerte sich, absolut entsetzt gewesen zu sein.

Ich habe schon gesagt, dass beide Eltern jüdische Flüchtlinge waren, die als Teenager von ihren Eltern zu ihrer Rettung weggeschickt worden waren. Die meisten Mitglieder der Familie wurden in Konzentrationslagern ermordet. Als sie mir von der Folterandrohung erzählte, erinnerte sie das an etwas anderes. Sie hatte die ersten Jahre in der Schule eine heimliche Angst. Ihre Eltern waren bekanntermaßen Deutsche und keiner der Familie sah jüdisch aus. Sie hatte Angst, man könnte denken, sie seien Nazis. Wir vergessen oft, wie tief Kinder fühlen und denken oder wie schutzlos sie sich manchmal fühlen. Oder auch, was sie aus Unterhaltungen der Erwachsenen aufschnappen. Sie sprach mit niemandem darüber. Hier scheint das Quadrat von Sonne und Venus zu Pluto durch.

Die Androhung, gefoltert zu werden, hinterließ einen tiefen

Eindruck auf sie, aber ansonsten hatte sie eine gute Zeit. Ihr Mond hat ein Quadrat zu Saturn und diese Menschen unterdrücken ihre Gefühle, oft sogar verbergen sie sie vor sich selbst. Sie werden dazu erzogen, den natürlichen Fluss der Gefühle nicht zuzulassen und schmerzvolle Gefühle müssen ausgegraben werden, damit sie sich daran erinnern können. Sie sagte, trotz der dunklen Erinnerungen sei sie in der Schule glücklich gewesen: »Wenn ich von zu Hause wegkam, hatte ich ein eigenes Leben.« Sie wollte Abstand von ihrer Mutter gewinnen, brachte auch viele Freunde mit nach Hause und schuf sich ein Leben außerhalb der Familie. Wir können den Jupiter im Wasserman an den Wurzeln des Horoskops sehen. Offensichtlich fing sie schon sehr früh an, Freunde mitzubringen, die dann das Haus mit Leben füllten. Sie gehörte auch zu mehreren Banden zu verschiedenen Zeiten.

Ein Jahr nach dem Quadrat des progressiven Mondes folgte Saturn mit einem Quadrat zu seiner Radixposition. Hier schauen wir auf Saturn, der die Ego-Entwicklung in der Welt beschreibt. Es ist das Streben nach Meisterschaft, das Selbstachtung und Respekt von anderen verdienen will. Sie sagt, dass sie sich noch gut an das Saturnquadrat erinnern kann. In der Zeit hatte sie in der Schule einen Aufsatz geschrieben und hoffte und glaubte auch, dass er akzeptiert und in der Schulzeitung veröffentlicht werden würde. Dann erlebte sie aber eine herbe Enttäuschung. Zu ihrem Entsetzen wurde der Aufsatz ihrer besten Freundin ausgewählt. Ich fragte, worum es in ihrem Aufsatz gegangen sei. Das wusste sie nicht mehr, aber sie konnte sich an den Titel des Aufsatzes ihrer Freundin erinnern. Er hieß »Mrs. Mouse«.

Teilnehmer: Der Schock muss eingetreten sein, als Uranus ein Halbsextil zu seiner eigenen Radixstellung im 9. Haus, dem Haus der Veröffentlichungen, aufwies.

Darby: Beinahe. Das Halbsextil fand ein paar Monate vorher statt. Und nun war Uranus in den Löwen getreten und bildete eine Opposition zu Helens Jupiter im 4. Haus. Da traf sie im Alter von sieben Jahren eine wichtige Entscheidung für sich. Sie beschloss, »nicht mehr bemerkt zu werden. Ich will, dass das nie wieder passiert«. Habt Ihr gesehen, wie machtvoll Entscheidungen von Menschen mit Skorpion-Aszendenten sind? Wenn sie gefühlsmäßige Entscheidungen treffen, dann liegt darin eine unglaubliche Kraft. Sie sagte mir, dass sie es erst schaffte, diese Entscheidung aufzulösen, als Saturn 29 Jahre später wieder im Skorpion war. Sie wollte natürlich immer bemerkt werden, aber sie war innerlich sehr lange auf dem Rückzug, bevor sie es wirklich bemerkte. Ich glaube, die Kraft der Zeit und der Entscheidung war so groß, weil Pluto eine Konjunktion mit Saturn hatte! So fügen sich die Dinge, wenn man die anderen astrologischen Ereignisse miteinbezieht.

Die nächste Phase begann für sie mit zwölfeinhalb. Ihr progressiver Mond im Skorpion stand in Opposition zu ihrem Geburtsmond im Stier. Er bewegte sich schnell durch ihr Horoskop. Sie verspürte einen starken Widerstand gegen ihre Mutter. Sie sagte: »Eines Tages sah ich sie an und plötzlich hasste ich sie«. Sie standen im Garten und ihre Mutter warf ihr vor, ein Gartenwerkzeug verloren zu haben. Sie hatte es aber nicht angefasst und wollte, dass der Gärtner das bestätigte. Aus Angst verweigerte der Gärtner diese Aussage und die Mutter glaubte dem Gärtner. Sie kritisierte Helen dann wegen ihrer Haare und ihrer Kleidung, denn sie wäre ein ungepflegter Anblick für die Nachbarn. Sie hatte damals ihre Haare grün und gelb gefärbt, und das bereits im Jahre 1961! Sie kehrte sich dann jedenfalls gegen ihre Mutter und wurde, wie sie selbst sagte, »abscheulich«. Sie sah ihre Mutter an und dachte: »Du wirst niemals mehr Macht über mich haben«. Als sie dann 14 Jahre alt wurde, kam Saturn in Opposition zu seiner Radixposition im Wassermann im 4. Haus zum Geburtssaturn im 10. Haus. Da ließ sie sich dann auch von den Lehrern nichts mehr sagen. Ein Lehrer tadelte sie, sie fühlte sich angegriffen und dachte: »Du bist nur eine Person, du bist nichts Besonderes. Und ich bin auch eine Person. Ich muss überhaupt nicht auf dich hören.« Mit dem Respekt vor Autoritätspersonen war es vorbei. Anerkennung suchte sie nur noch bei ihren Freunden.

Jetzt ist diese Frau sehr anmutig und charmant. Aber in diesem Moment war sie es nicht. Sie musste die Schule wechseln und danach ging es ihr sehr gut. Uranus stand im Trigon zu ihrer Sonne. Ende 1968 kam ihr progressiver Mond in das Quadrat zu ihrem Geburtsmond. Er war auch auf seinem Weg zur Opposition zu ihrem Saturn im Löwen im 10. Haus. Sie machte ihren Schulabschluss und schrieb sich in der Universität im Fach Schauspiel ein. Mit Saturn im Löwen im 10. Haus im Quadrat zum Mond und auch im Quadrat zu Merkur und Skorpion aufsteigend studierte sie Schauspiel. Sie wollte die Anerkennung, die man ihr einmal verweigert hatte, zurückgewinnen. Aber auch dieses Mal ging es nicht gut aus, denn sie sagte, es sei die einsamste Zeit ihres Lebens gewesen. Der transitierende Neptun war auf 24° Skorpion in Opposition zu ihrer Mond/Merkur-Konjunktion und auch im Quadrat zu Saturn im 10. Haus. Sie fühlte sich, als würde sie ertrinken und hätte sich umgebracht, wenn sie die Energie dazu gehabt hätte. Zum Glück tat sie es nicht, denn das wäre für viele Menschen ein großer Verlust gewesen. Sie war auf der Stufe gewesen, wo der progressive Mond ein Quadrat auf seinem Weg zurück zum Radixmond bildete.

Dies ist ja die Zeit, in der die Seele einen Weg findet, sich zu schützen, wenn die Welt Anforderungen an sie stellt. Die Erlebnisse an der Schauspielschule zogen sie nach innen, um dort einen Platz von relativer Sicherheit zu finden. Die frühen Umstände in ihrem Leben waren hart gewesen und aus diesem Grunde war die Suche nach einem solchen geschützten Ort schwierig. Ihr inneres Territorium war ungemütlich.

Kurz danach kam das dritte Quadrat Saturns. In Helens Horoskop bedeutet dies, dass Saturn auf ihrer Mond/Merkur-Konjunktion saß und zu seinem eigenen Ort im Löwen ein Quadrat bildete. Sie verließ die Schauspielschule und begann im November 1971 eine Ausbildung als Krankenschwester. Die Sonne im 6. Haus zeigte allmählich ihr Licht. Ein paar Monate später lernte sie einen Mann kennen, verliebte sich und lebte mit ihm zusammen. Ihr progressiver Mond bewegte sich in ihr 5. Haus hin zur lunaren Wiederkehr, und Saturn stand nun im 8. Haus. Die Beziehung dauerte dreieinhalb Jahre, bis Mitte 1975. Das letzte

Jahr war sehr schmerzhaft. Als sie die Ausbildung beendet hatte, ging sie nach Australien. Gleichzeitig transitierte ihr Saturn in ihr 9. Haus und sie fand dort Arbeit als Krankenschwester. Ihr progressiver Mond kam in Konjunktion zu ihrer Sonne, dann zur Venus und schließlich in ein Quadrat zu Pluto. Für sie war es eine furchtbare und einsame Zeit in Australien und Helen entwickelte eine ernsthafte Essstörung. Im Mai 1976, ungefähr um ihren 27. Geburtstag herum, kehrte sie wieder nach Hause zurück.

Im Juni desselben Jahres hatte sie ihre Wiederkehr des progressiven Mondes. Zu der Zeit lernten wir uns kennen, was aus verschiedenen Gründen für uns beide ein bedeutsames Zusammentreffen war. Für Helen war es eine Art emotionaler Wiedergeburt, es war ihre progressive Mondwiederkehr. Sie hatte einen ganzen Zyklus emotionaler Erfahrungen hinter sich, die aus ihrer Herkunft resultierten, aber auch aus tieferen Schichten. Wir sind nicht nur das Ergebnis unserer Umstände. Sie hatte einen Zyklus emotionaler Erfahrungen abgeschlossen und das verlieh ihrem Leben eine bestimmte Form, es gab ihr eine Geschichte. Nun sollte diese Geschichte erneut beginnen, aber dieses Mal war es Helen, die sie schrieb.

Die Person, die dann in ihr Leben trat, war zufällig ich, eine Astrologin. Was damals eine Seltenheit war in Südafrika. Sie war fasziniert von der Welt, die sie durch die Astrologie kennenlernte und erinnert sich sogar noch an das Datum. Es war der 8. Juni 1976, der Tag ihrer Merkurwiederkehr. Die Mondknoten standen auf ihrer Aszendent/Deszendent-Achse. Der Südknoten war auf ihrem Deszendenten und ihrer Venus. Jupiter stand im Stier und sollte in einem Monat auf ihre Mond-Merkur-Konjunktion treffen. Wir begegneten uns in einem sehr guten griechischen Restaurant. Ich war nämlich mit ihrem Bruder befreundet, der meinte, wir würden uns gut verstehen, und der uns deshalb einander vorstellte. Er hatte recht gehabt. Als wir uns neulich wieder trafen, fragte Helen mich, ob ich eigentlich bemerkt hätte, dass sie damals gar nichts gegessen hatte. Ich hatte es nicht bemerkt, weil ich gebannt ihren Geschichten aus Australien gelauscht hatte. Zu dieser

Zeit hatte sie große Essstörungen. Es fing in Australien an und plagte sie noch bis in die ersten Jahre ihrer Beziehung. Sie sprach nicht darüber, Magersucht und Bulimie waren in den 70er-Jahren ein Tabuthema, erst recht in Südafrika. Außerdem war sie mit ihrem Mond/Saturn-Quadrat und dem aufsteigenden Skorpion sowieso nicht die Person, die über solche Dinge gerne sprach.

In dieser Zeit wurde sie Hebamme und war mit jemandem liiert, der viel über Astrologie sprach. Zwei Jahre später hatte sie ihre Saturnrevolution. Aber innerhalb dieser zwei Jahre kamen ihre progressive Sonne und ihr progressiver Mond in Konjunktion. Das war im August 1977. Sonne und Mond progressiv trafen sich auf 6° Zwillinge. Zu diesem Zeitpunkt begann sie bei Lifeline zu arbeiten. Dies ist eine Organisation, bei der Leute mit Sorgen anrufen können und man ist die sympathische und verständnisvolle Stimme am anderen Ende der Leitung. Ein paar Monate später wechselte ihr progressiver Mond ins 8. Haus. Als er das erste Mal dort gewesen war, hatte sie sich als kleines Kind mit den herumliegenden Schlaftabletten fast umgebracht. Beim zweiten Mal trat sie einer Gruppe bei, die Menschen mit Selbstmordgedanken zu helfen versuchte.

Im August 1978 hatte sie einen Autounfall. Ihr Wagen überschlug sich und landete kopfüber in einem Baum. Alle Insassen kamen mit dem Leben davon, aber Helen hatte sich ein Bein gebrochen und hatte noch ein paar andere Verletzungen, weshalb sie drei Monate im Bett liegen musste. Mit ihrem Mars im Widder im Quadrat zu Jupiter war sie rastlos und langweilte sich. Ich brachte ihr Astrologiebücher, damit sie die Zeit nutzen konnte.

Sie fing dann ernsthaft an, sich mit Astrologie zu beschäftigen. Sicher kennt Ihr diesen Moment. Ihr lest ein bestimmtes Astrologiebuch und plötzlich seid Ihr am Haken. Habe ich erwähnt, dass der transitierende Uranus zu diesem Zeitpunkt auf ihrem Aszendenten stand? Ist das nicht manchmal perfekt?

Etwa ein Jahr nach ihrer Saturnwiederkehr schloss sie sich einer Organisation an, die sich persönlichem Wachstum verschrieben hatte. So etwas wurde damals in Südafrika gerade zum Trend. Sie hatte keine wichtigen Beziehungen zu Männern mehr, seit der im Jahr 1995 beendeten. Wir waren enge Freundinnen geworden und dadurch öffnete sich ihr Geist für die Astrologie. Ende 1976 allerdings hatte es mich an einen anderen Ort verschlagen. Sie erlebte das als einen Verlust und fühlte sich eine Zeit lang verraten. Trotzdem fing sie nun an, sich selbst objektiv zu betrachten und zu merken, dass es in ihrem Leben ein Muster zum Thema enge Beziehungen gab. Sie traf dann jemanden, der ein enger Freund wurde, und sie lernte eine ganz neue Art von Leuten kennen.

Teilnehmer: Ich habe einen Zwillinge-Mond im 7. Haus und in meinem ganzen Leben scheint es nur um enge Beziehungen zu gehen. Es geht nicht darum, ob ich glücklich oder unglücklich in einer Beziehung bin, aber wenn ich keine habe, bin ich verzweifelt. Ich dachte, das käme von den Zwillingen. Ist es bei ihr dasselbe?

Darby: Ich denke, das ist einfach der Mond im 7. Haus. Dein Seelenleben wird erst durch Beziehung lebendig. Man inkarniert in diesem materiellen Reich, eingestimmt auf die Wellen, die zwischen einem selbst und einem anderen Menschen fließen. Wird der Mond von Saturn oder Pluto aspektiert, gibt es natürlich Phasen, in denen das Gefühlsleben zu vertrocknen scheint. Dann muss man arbeiten oder warten, bis sich neue Ebenen von Beziehungen auftun. Während Helen ihr astrologisches Bewusstsein entwickelte, lernte ich dies durch die Erfahrungen, die sie machte. Sie konnte ihre Gefühle ausdrücken: Mond Konjunktion Merkur im Trigon zu Jupiter im Wassermann. Neulich sagte sie zu mir: »Beziehung ist steiniger Boden für mich, aber ich entdecke, dass ich mich auf steinigem Boden auf eine für mich natürliche Art bewegen kann.« Ist das nicht ein fantastisches Bild für den Mond im Stier mit einem Quadrat zu Saturn?

Im Juli 1983 stand ihr progressiver Mond im Löwen im Quadrat zur Radixposition im Stier. Nun war sie die Leiterin der Organisation für das persönliche Wachstum geworden, wenn auch noch keine Trainerin. Sie hatte viele neue Leute kennengelernt. Mit dem Freund, den sie 1980 gefunden hatte, war sie nun in einer festen Beziehung.

Wenn wir zurückschauen, wie ihr Mond beim ersten Durchgang in dieser Phase war, als sie sechs Jahre alt war, sehen wir, dass sie viele Freunde hatte, aber dann zum Sündenbock gemacht wurde. Sie schrieb diesen Aufsatz und wurde von Saturn verletzt. Daraus resultierte ihr Entschluss, nicht mehr gesehen werden zu wollen. Das war ihre Art, ihre Seele zu bewahren und sich selbst zu schützen. Es war ihr Gefäß.

In dieser jetzigen Phase war sie die Büroleiterin ihrer Organisation, Sonne und Mars im 6. Haus, und nun wollte sie Trainerin werden, was große Sichtbarkeit bedeutete. Sie erinnerte sich an die Entscheidung, die sie als Kind getroffen hatte, als ihr progessiver Mond im gleichen Winkel stand. Nun wollte sie sichtbar werden. Sie beschloss, ihre Kindheitsentscheidung unwirksam zu machen und darüber hinwegzukommen. Mond Quadrat Saturn: An seinen Gefühlen arbeiten. Sie sagte mir, sie tue jetzt alles, um diesen Fluch, mit dem sie sich belegt hatte, aufzuheben. Leidenschaftlich arbeitete sie daran, wieder Sichtbarkeit zu erlangen. Sie fand, dass es eine wichtige Arbeit an sich selbst war, zumal sie bei einer Organisation für persönliches Wachstum beschäftigt war. Also waren dies die Zeit und der Ort, um es zu tun.

Helens progressiver Mond war im Löwen zwischen dem Geburtsmond und dem Saturn. Der transitierende Saturn war in der Waage und bildete im Sextil zu Saturn im Löwen. Neptun war im Schützen im Trigon zum Geburtssaturn. Sie arbeitete hart, um ihre zeitliche (Saturn) und spirituelle (Neptun) Autorität auszudrücken. Die Beziehung zu ihrer Mutter war immer noch belastet mit Schwierigkeiten und Groll, aber plötzlich wurde ihre Mutter krank und Helen hatte das Gefühl, dass sie sich um sie kümmern musste. Sie schaute auf ihr Horoskop und rief mich an: »Musste das nicht passieren? Dieses Mond Saturn Quadrat! Erst habe ich mein Leben lang versucht, von meiner Mutter wegzukommen und jetzt scheint es, dass ich mich für den Rest ihres Lebens um sie kümmern muss.« Es wurde wahr und sie nahm sich dieser Aufgabe mit der für sie typischen Energie an. Am Anfang war es ein steiniger Weg und bevor diese Periode zu Ende war, entdeckte sie, dass ihr

Freund ihre Bemühungen, Trainerin zu werden, sabotierte. Sie kämpfte um eine hohe Position in der Organisation und sie schloss keins der emotionalen Ereignisse um sie herum von ihrer inneren Arbeit aus.

Teilnehmer: Wie meinst Du das?

Darby: Ich meine, dass sie nicht sagte: »Hier versuche ich über meine früheren Kämpfe hinwegzukommen und da muss meine Mutter krank werden und mich ablenken. Und nun hintergeht mich mein Freund, wie kann ich also mein Ziel erreichen?« Sie bezog diese Ereignisse mit ein als einen Teil des Prozesses. Alles, was passierte, sah sie als Teil der emotionalen Gleichung an und arbeitete daran, mit sich selbst und anderen ins Reine zu kommen. Absolut bewundernswert.

Zu dieser Zeit stand Saturn im Skorpion im Quadrat zu seiner Radixposition im Löwen und sie hatte 1985 ihr Ziel erreicht. Sie erteilte Unterricht, sie wurde gesehen und sie hatte ihr Kindheitsmuster durchbrochen. Immer wieder und wieder hatte sie sich mit ihrem Freund auseinandergesetzt und sie waren sich näher als jemals zuvor. Treu pflegte sie ihre inzwischen invalide Mutter und wenn es Schwierigkeiten zwischen ihnen gab, klärte sie diese. Sie war einfach Saturn Quadrat Merkur.

Teilnehmer: Was war mit ihrer Beziehung zu Männern? Du hast immer wieder ihre Freundschaften mit Frauen erwähnt, aber Du hast nicht gesagt, ob das sexuelle Beziehungen waren.

Darby: Ihre Freundschaften mit Frauen waren nicht sexuell und sie hatte seit 1975 keine sexuelle Beziehung mehr zu einem Mann gehabt. Zu diesem Thema hatte sie eine sehr praktische Einstellung – kein Wunder mit all ihren Planeten im Stier. Sie hatte entschieden, alle anderen Beziehungsmöglichkeiten, die das Leben ihr bot, zu genießen. Ihr Freundschaftsleben war für sie eine reiche Nahrungsquelle und das war es auch für die, mit denen sie dieses Geschenk der Freundschaft teilte. Ich glaube, ich habe noch nie jemanden gekannt, der so pragmatisch in diesen Dingen war. Schon gar nicht in meiner Neptun-in-der-Waage-Generation. Aber sie war auf manche Art eine altmodische Person und sie machte aus Freundschaften etwas Einzigartiges. Wir konnten ihr Horoskop in Hinsicht auf psychologische Entwicklung ansehen und dabei völlig verschiedene Dinge verfolgen. Ich betrachte es nun auf die Weise, wie sie es tat, und nahm sie wahr, wie sie sich selbst sah. Wir beobachten ihren Prozess der Selbstreflektion und nicht unsere Betrachtungen ihres Prozesses.

Helen war nun eine Lehrerin und gleichzeitig war sie die Chefin des Büros. Ihr progressiver Mond kam dann in die Opposition zu ihrem Geburtsmond. Die erste Opposition war ihre Rebellion gegen die Mutter gewesen und ihre Entscheidung, mit Autoritäten nichts zu tun haben zu wollen. Jetzt war sie selber eine Autorität.

Allerdings hatte sie kurz vor dem Eintreten der Opposition entdeckt, dass sich in der Organisation Dinge abspielten, die ihr nicht gefielen. Sie konnte dies nicht akzeptieren und auch nicht ändern, darum kündigte sie. Sie hatte die Anerkennung, die sie suchte, gefunden. Und nun merkte sie, dass sie Bedürfnisse hatte, die in der Welt der Organisation nicht erfüllt werden konnten. Sie rebellierte und ging weg, um in neuen Welten gefühlsmäßige Nahrung zu suchen. Sie arbeitete wieder als Krankenschwester in einer Entbindungsstation. Ihr progressiver Mond stand im Skorpion, sie war Hebamme und half Freundinnen und anderen Frauen, die ihre Hilfe suchten, bei der Entbindung der Babys. Sehr passend für den Mond im Skorpion.

Eine ihrer engen Freundinnen starb an Krebs, gerade als ihr progressiver Mond die Opposition zur Radixposition verlassen hatte und in Konjunktion zu Saturn ging. Helen begab sich dann in Psychotherapie. Ihre Mutter war sehr hilflos geworden und wohnte in einem Altenheim. Ihr Vater war gestorben. Die Beziehung zu ihrer Mutter war nicht einfach, aber sie liebte sie mit Verantwortlichkeit und Willen auch als Erwachsene.

Als ihr progressiver Mond in den Schützen wechselte, löste sie die Freundschaft zu ihrer engsten Freundin auf, mit der sie zehn Jahre befreundet gewesen war. Sie hatte immer noch keine sexuelle Beziehung zu einem Mann. Sie erzählte mir, dass sie überlegte, ob eine sexuelle Beziehung zu einer Frau das wäre, was ihr fehlte.

Sie sagte: »Ich habe es versucht, ich war offen dafür. Aber es hat nicht funktioniert. Also habe ich es aufgegeben.«

Zwischen der Opposition des progressiven Mondes und dem nächsten Quadrat, dem Quadrat zum Geburtsmond, begann sie, sich selbst gut kennenzulernen. Sie war meistens sehr einsam, aber sie entdeckte ihre Lust am Abenteuer wieder neu. Ihr progressiver Mond stand im Schützen, als eine ihrer Quellen im 1. Haus. Und dann im 2. Haus. Sie versuchte viele Dinge, wurde Lehrerin für verschiedene Methoden der Selbstwahrnehmung. Sie beriet Menschen mit Gewichtsproblemen und betreute Gruppen für Menschen mit Angstzuständen. Sie fand neue Freunde und machte Ausflüge mit ihnen. Sie lernte allerhand handwerkliche Fertigkeiten.

Als ihr progressiver Mond in den Steinbock und in ihr 3. Haus trat, kaufte sie ein Haus in einer für sie neuen Gegend. Vorher hatte sie noch nie ein Haus besessen und die neue Umgebung war eine Antwort auf das 3. Haus. Ende 1993, als Saturn in den Wassermann in ihr 4. Haus kam, hatte sie sich in ihrem neuen Heim eingerichtet. Saturn bildete ein Quadrat zu Mond und Merkur und eine Opposition zu sich selbst. Sie fing etwas an, was »das Transformationsspiel« hieß. Sie übte dieses Spiel für andere Leute zu spielen. Man spielt es auf einem Brett, aber es wird auf eine Weise gesetzt, dass die Einsichten, die man daraus gewinnt, einen psychologisch und spirituell transformieren

Als sie mich dieses Jahr in London besuchte, war ihr progressiver Mond gerade in den Wassermann und in Konjunktion zu Jupiter im 4. Haus gegangen. Das lunare Quadrat wird erst in zwei Jahren eintreten. Sie sagte: »Das letzte Mal, als ich beim Quadrat ankam, war ich so einsam. Erst seit Kurzem ist mir klargeworden, dass ich immer von anderen erwarte, sie mögen meine emotionalen Bedürfnisse erfüllen. Bis zu einem gewissen Grad ist es, weil ich so bin, Mond im 7. Haus. Aber ich habe gelernt mit Einsamkeit zu leben. Früher dachte ich immer, andere schneiden mich ab. Aber oft bin ich es selbst, die abschneidet. Ich muss abgeschnitten werden von dem Fluss zwischen mir und anderen Personen, damit ich mich und den Fluss zwischen mir und dem Leben finden kann.«

Als ich sie dieses Mal traf, fühlte ich die Transformation, durch die sie gegangen war. Ich hatte sie schon früher sich transformieren gesehen. Aufsteigender Skorpion und Sonne Quadrat Pluto – und jedes Mal war es tiefer. Sie hatte immer noch keine sexuelle Beziehung. Sie sagte, sie hätte es noch nicht geschafft, diesen Knoten aufzulösen. Aber sie fühlte sich nicht vom Leben abgeschnitten. Sie sagt: »Dieses Sonne/Pluto-Quadrat und dieses Mond/Saturn-Quadrat ist jetzt meines.«

Ich habe die Erfahrungen dieser besonderen Person mit ihren Mond- und Saturnzyklen aufgezeigt, weil ich die Art mag, wie sie mit ihrem Leben arbeitet und wie sie Astrologie nutzt. Astrologie ist ein sehr einfaches und elegantes System. Es wird kompliziert, wenn wir versuchen, alle Schichten zusammenzuziehen, um es dann für unsere Klienten und Freunde zu interpretieren. Lindsay Radermacher sprach über dieses Thema auf der letzten *Astrological Association Conference*. Sie fragte: »Wie verwandelt Ihr große kosmische Symbole in Verkehrsschilder?« Wir haben das alle als Astrologen erfahren, Ihr schaut auf ein Horoskop und seht einen Aspekt. Ihr seht den Reichtum der geistigen Bilder und dann müsst Ihr es zusammenfassen zu etwas, das eine praktische Gebrauchsanweisung ist. Wir alle haben das schon erlebt. Man sieht einen Aspekt und denkt: »Was bedeutet das?« Sobald Ihr ihm eine Bedeutung zuweist, geht Ihr aus dem Bereich der Symbole, die zurückgehen bis zur Geburt des Bewusstseins, heraus und bringt es auf einen Nenner: »Es bedeutet dies und das und jenes und so und so«. Die Schwierigkeit besteht nicht nur darin, es für eine andere Person zu übersetzen, sondern es für uns selbst zu übersetzen.

Wir finden Wege, die Umstände, die bestimmte Aspekte repräsentieren, auszudrücken.

Aber die Gefahr ist, dass wir in die Falle unserer eigenen Definitionen tappen, dass wir Sklaven unseres eigenen konkretisierenden Geistes werden. Wir artikulieren dies, sei es eine innere oder eine äußere Bedingung. Später vergessen wir, dass wir zu der Zeit für etwas, das einen bestimmten Aspekt reflektiert, einfach Worte benutzt haben. Wir glauben jetzt, der Aspekt habe eine eigene Bedeutung und die setzen wir ein, wann immer wir diesen Aspekt sehen. Wir gehen in die Falle unserer eigenen Definitionen, sind Sklaven unseres eigenen konkretisierenden Geistes.

In den letzten Stunden haben wir in einer besonderen Weise über den progressiven Mond gesprochen. Ich hoffe, Ihr habt Euch nicht in den Definitionen verfangen. Aber ich hoffe auch, dass Ihr Geschmack daran gefunden habt, die Verflechtung von Mond und Saturn zu erforschen. Habt einfach ein Auge auf Euren progressiven Mond, wie er durch die Zeichen und Häuser geht und merkt Euch, wann er Aspekte zu Eurem Geburtsmond bildet. Beobachtet, wie dieser Zyklus sich zusammen mit dem Saturnzyklus verhält. Zusammen repräsentieren sie die sich immer wiederholenden und doch immer wieder neuen Erfahrungen, die wir, als in den zeitgebundenen Raum hineingeborene Seelen, umgeben von der Ewigkeit, machen. Wenn man sie gewissenhaft begleitet, wird sich eine Weisheit entfalten, die uns bis in die Wurzeln unserer Menschlichkeit nährt. Sie sind Kette und Schuss des Gewebes Leben, wie man es im Horoskop sehen kann. Danke für einen interessanten Tag.

Danksagung

An die, die während der letzten beiden Jahre an meinen Seminaren teilgenommen haben. Ich habe auch an anderen Orten und in anderen Ländern Vorträge über den Mond gehalten und davon habe ich Teile in dieses Buch übernommen. Bridget Belgrave, meine Wassermannfreundin, war als Merkur im Steinbock von unschätzbarem Wert, indem sie mir half, durch unsere gemeinsame Liebe, das Mailen, Ströme des Bewusstseins in Sätze und Artikel zu fassen. Auch herzlichen Dank an Teddy, Jules und an Stephen.

Bibliografie

Elliot, Rose. *Life Cycles*, Macmillan, London 1993.

Greene, Liz, Saturn, Samuel Weiser, New York, 1976.

Hillmann, James, The Dream and the Underworld, Harper & Row, New York, 1979

Hillmann, James, Re-Visioning Psychology, Harper & Row, New York, 1975

Odent, Michael, Water and Sexuality, Arkana, London, 1990

Rudhyar, Dane, The Lunation Cycle, Shambhala Publications, San Francisco 1971.

Zohar, Danah, The Quantum Self, Bloomsbury, London, 1990

Standardwerke der Astrologie

LYNN BELL, DARBY COSTELLO, LIZ GREENE UND MELANIE REINHART

Mars im Horoskop

414 Seiten, Hardcover, 35 Abbildungen
ISBN 978-3-89997-115-9

Mars, benannt nach dem antiken Kriegsgott, wird meistens mit Aggression und Gewalt in Verbindung gebracht. In der mittelalterlichen Astrologie galt er sogar als der Unglücksbringer. Aber ohne die Energie und Antriebskraft des Mars wären wir passive Opfer, weil wir unfähig wären, uns zu verteidigen oder zu unseren Überzeugungen zu stehen. Ob wir Mars im individuellen Horoskop oder als eine dynamische Energie in der Gesellschaft ansehen, immer ist es wichtig, sich mit dieser archetypischen Kraft auf positive Weise in Beziehung zu setzen. Die vier Autorinnen zeigen Mars von seiner besten und seiner schlechtesten Seite und beleuchten alle Facetten dieses schillernden Planeten. Dabei erfahren Sie, wie wichtig es ist, dass Sie sich nicht vor seiner Kraft fürchten, und wie Sie mit den Marsqualitäten bewusst und kreativ umgehen können.

Diese Buch sollte mit marsicher Energie in Angriff nehmen, aber mit saturnischer Geduld lesen, denn nicht nur Astrologie-Einsteiger, sondern auch erfahrene Astrologinnen und Astrologen können von den Autorinnen noch viel über den Planeten Mars und seine Wirkung lesen.

sternZeit 23/2005

CHIRON VERLAG

Standardwerke der Astrologie

MICHAEL ROSCHER

Der Mond

Licht und Schatten astrologischer Mond-Konstellationen
542 Seiten, Hardcover, 29 Abbildungen
ISBN 3-89997-128-0

Der Mond ist unser ständiger Begleiter. Dennoch gibt es nur wenige Autoren, die sich mit dem Erdtrabanten aus astrologischer Sicht befassen. Michael Roscher legt mit dem vorliegenden Band das bislang ausführlichste Buch zum Thema vor. In der überarbeiteten und erweiterten Neuausgabe finden Sie ausführliche und psychologisch ausgefeilte Darstellungen zum Mond in den zwölf Tierkreiszeichen, in den zwölf Häusern und den Einfluss des Aszendenten auf die Monddeutung. Außerdem werden alle Mondaspekte der Planeten und des Aszendenten sowie die Mond-Transite behandelt. Dabei hat der Autor nicht nur die Schattenseiten des Mondes berücksichtigt, sondern stellt auch dessen Lichtseiten dar. So erfahren Sie aus der Mondstellung nicht nur Ihre persönliche Lernaufgabe, sondern auch Ihre besonderen Fähigkeiten und Fertigkeiten.

In Vergleich zu der vorliegenden, ja eher spärlichen Literatur zum Thema Mond, ist es wohl nicht zu hoch gegriffen, wenn man Roschers Mond-Buch als einen Klassiker bezeichnet.

Astrologie Heute Nr. 123/2006

CHIRON VERLAG

Standardwerke der Astrologie

BERNHARD ENGLER

Mondprogressionen

Wegweiser für das innere Leben
106 Seiten, Paperback, 35 Abbildungen
ISBN 978-3-89997-113-2

Dieses Buch ist eine leicht verständliche Einführung in die Prognose mit den Mondphasen. Untersucht werden Vollmond und Neumond in der Sekundärprogression. Außerdem der Neumond vor der Geburt. Immer wenn sich Sonne und Mond progressiv begegnen, erfahren wir Wendepunkt im Leben. Diese Sonnen- und Mondkräfte zeigen sich über viele Jahre als Helfer, auch wenn Sie dabei Erfahrungen machen, die Ihnen erst nicht gefallen mögen. Die Erkenntnisse daraus kommen oft später. Das bewusste Erleben wird unbewusst verarbeitet und prägt fortan die innere Landschaft. So öffnet sich für Sie das Tor zu inneren Entwicklung.

Insofern ist das Buch für Einsteiger und fortgeschrittene Astrologinnen und Astrologen, die sich konkreter mit ihrer inneren Entwicklung befassen möchten, sehr empfehlenswert. Mir hat es Freude bereitet, dieses Buch zu lesen, zumal mir der anschauliche und einfühlsame Stil sowie die klare Vorgehensweise sehr zusagen.

sternZeit 23/2005

CHIRON VERLAG